# 卞尺丹几乙し丹卞と
## Translated Language Learning

# Σιντάρτα
# Siddhartha

## Ένα ινδικό ποίημα
## An Indian Poem

### Χέρμαν Έσση
### Hermann Hesse

*ελληνικά* / English

Copyright © 2024 Tranzlaty
All rights reserved
Published by Tranzlaty
Siddhartha – Eine Indische Dichtung
ISBN: 978-1-83566-682-1
Original text by Hermann Hesse
First published in German in 1922
**www.tranzlaty.com**

## Ο γιος του Μπράχμαν
## The Son of the Brahman

**Στη σκιά του σπιτιού**
In the shade of the house
**στην ηλιοφάνεια της όχθης του ποταμού**
in the sunshine of the riverbank
**κοντά στις βάρκες**
near the boats
**στη σκιά του δάσους Sal-wood**
in the shade of the Sal-wood forest
**στη σκιά της συκιάς**
in the shade of the fig tree
**εδώ μεγάλωσε ο Σιντάρτα**
this is where Siddhartha grew up
**ήταν ο όμορφος γιος ενός Μπράχμαν, του νεαρού γερακιού**
he was the handsome son of a Brahman, the young falcon
**μεγάλωσε με τον φίλο του Γκοβίντα**
he grew up with his friend Govinda
**Ο Γκοβίντα ήταν επίσης γιος ενός Μπράχμαν**
Govinda was also the son of a Brahman
**στις όχθες του ποταμού ο ήλιος μαύρισε τους ανάλαφρους ώμους του**
by the banks of the river the sun tanned his light shoulders
**λούσιμο, η ιερή πλύση, η προσφορά ιερών προσφορών**
bathing, performing the sacred ablutions, making sacred offerings
**Στον κήπο με μάνγκο, η σκιά χύθηκε στα μαύρα μάτια του**
In the mango garden, shade poured into his black eyes
**όταν έπαιζε ως αγόρι, όταν η μητέρα του τραγουδούσε**
when playing as a boy, when his mother sang
**όταν έγιναν οι ιερές προσφορές**
when the sacred offerings were made
**όταν τον δίδαξε ο πατέρας του ο λόγιος**

when his father, the scholar, taught him
όταν μιλούσαν οι σοφοί
when the wise men talked
Για πολύ καιρό, ο Σιντάρτα συμμετείχε στις συζητήσεις των σοφών
For a long time, Siddhartha had been partaking in the discussions of the wise men
εξασκήθηκε στη συζήτηση με τον Γκοβίντα
he practiced debating with Govinda
άσκησε την τέχνη του προβληματισμού με τον Γκοβίντα
he practiced the art of reflection with Govinda
και έκανε διαλογισμό
and he practiced meditation
Ήξερε ήδη πώς να μιλάει το Om σιωπηλά
He already knew how to speak the Om silently
ήξερε τη λέξη των λέξεων
he knew the word of words
το μίλησε σιωπηλά μέσα του ενώ εισέπνευσε
he spoke it silently into himself while inhaling
το είπε σιωπηλά έξω από τον εαυτό του ενώ εξέπνευσε
he spoke it silently out of himself while exhaling
το έκανε αυτό με όλη τη συγκέντρωση της ψυχής του
he did this with all the concentration of his soul
το μέτωπό του περιβαλλόταν από τη λάμψη του καθαρού σκεπτόμενου πνεύματος
his forehead was surrounded by the glow of the clear-thinking spirit
Ήξερε ήδη πώς να νιώθει τον Άτμαν στα βάθη της ύπαρξής του
He already knew how to feel Atman in the depths of his being
μπορούσε να νιώσει το άφθαρτο
he could feel the indestructible
ήξερε τι ήταν να είσαι ένα με το σύμπαν
he knew what it was to be at one with the universe
Η χαρά πήδηξε στην καρδιά του πατέρα του
Joy leapt in his father's heart

γιατί ο γιος του έμαθε γρήγορα
because his son was quick to learn
διψούσε για γνώση
he was thirsty for knowledge
ο πατέρας του μπορούσε να τον δει να μεγαλώνει και να γίνει ένας μεγάλος σοφός
his father could see him growing up to become a great wise man
μπορούσε να τον δει να γίνεται ιερέας
he could see him becoming a priest
μπορούσε να τον δει να γίνεται πρίγκιπας ανάμεσα στους Βραχμάνους
he could see him becoming a prince among the Brahmans
Ο Μπλις πήδηξε στο στήθος της μητέρας του όταν τον είδε να περπατά
Bliss leapt in his mother's breast when she saw him walking
Η ευδαιμονία πήδηξε στην καρδιά της όταν τον είδε να κάθεται και να σηκώνεται
Bliss leapt in her heart when she saw him sit down and get up
Ο Σιντάρτα ήταν δυνατός και όμορφος
Siddhartha was strong and handsome
αυτός, που περπατούσε με λεπτά πόδια
he, who was walking on slender legs
τη χαιρέτησε με απόλυτο σεβασμό
he greeted her with perfect respect
Η αγάπη άγγιξε τις καρδιές των μικρών κορών των Μπράμαν
Love touched the hearts of the Brahmans' young daughters
γοητεύτηκαν όταν ο Σιντάρτα περπάτησε στα σοκάκια της πόλης
they were charmed when Siddhartha walked through the lanes of the town
το φωτεινό του μέτωπο, τα μάτια του βασιλιά, οι λεπτοί γοφοί του
his luminous forehead, his eyes of a king, his slim hips
Κυρίως όμως αγαπήθηκε από την Γκοβίντα

But most of all he was loved by Govinda
Ο Γκοβίντα, ο φίλος του, ο γιος ενός Μπράχμαν
Govinda, his friend, the son of a Brahman
Λάτρευε το μάτι και τη γλυκιά φωνή του Σιντάρτα
He loved Siddhartha's eye and sweet voice
του άρεσε ο τρόπος που περπατούσε
he loved the way he walked
και του άρεσε η τέλεια ευπρέπεια των κινήσεών του
and he loved the perfect decency of his movements
του άρεσαν όλα όσα έκανε και έλεγε ο Σιντάρτα
he loved everything Siddhartha did and said
αλλά αυτό που αγαπούσε περισσότερο ήταν το πνεύμα του
but what he loved most was his spirit
αγαπούσε τις υπερβατικές, φλογερές του σκέψεις
he loved his transcendent, fiery thoughts
αγαπούσε τη διακαή θέλησή του και την υψηλή κλήση του
he loved his ardent will and high calling
Ο Γκοβίντα ήξερε ότι δεν θα γινόταν ένας κοινός Μπράχμαν
Govinda knew he would not become a common Brahman
όχι, δεν θα γινόταν τεμπέλης αξιωματούχος
no, he would not become a lazy official
όχι, δεν θα γινόταν άπληστος έμπορος
no, he would not become a greedy merchant
όχι ένα μάταιο, κενό ηχείο
not a vain, vacuous speaker
ούτε ένας κακός, δόλιος ιερέας
nor a mean, deceitful priest
και επίσης δεν θα γινόταν ένα αξιοπρεπές, ηλίθιο πρόβατο
and he also would not become a decent, stupid sheep
ένα πρόβατο στο κοπάδι των πολλών
a sheep in the herd of the many
και δεν ήθελε να γίνει ένα από αυτά τα πράγματα

and he did not want to become one of those things
δεν ήθελε να είναι ένας από αυτούς τους δεκάδες χιλιάδες Βραχμάνους
he did not want to be one of those tens of thousands of Brahmans
Ήθελε να ακολουθήσει τον Σιντάρτα. το αγαπημένο, το υπέροχο
He wanted to follow Siddhartha; the beloved, the splendid
τις επόμενες μέρες, όταν ο Σιντάρθα θα γινόταν θεός, θα ήταν εκεί
in days to come, when Siddhartha would become a god, he would be there
όταν θα έμπαινε στο ένδοξο, θα ήταν εκεί
when he would join the glorious, he would be there
Ο Γκοβίντα ήθελε να τον ακολουθήσει ως φίλο του
Govinda wanted to follow him as his friend
ήταν ο σύντροφός του και ο υπηρέτης του
he was his companion and his servant
ήταν ο δόρατος και η σκιά του
he was his spear-carrier and his shadow
Ο Σιντάρθα αγαπήθηκε από όλους
Siddhartha was loved by everyone
Ήταν πηγή χαράς για όλους
He was a source of joy for everybody
ήταν μια απόλαυση για όλους τους
he was a delight for them all
Αλλά αυτός, ο Σιντάρθα, δεν ήταν πηγή χαράς για τον εαυτό του
But he, Siddhartha, was not a source of joy for himself
δεν βρήκε απόλαυση στον εαυτό του
he found no delight in himself
περπάτησε στα ροδαλά μονοπάτια του κήπου της συκιάς
he walked the rosy paths of the fig tree garden
κάθισε στη γαλαζωπή σκιά στον κήπο της περισυλλογής

he sat in the bluish shade in the garden of contemplation
έπλενε τα μέλη του καθημερινά στο λουτρό της μετάνοιας
he washed his limbs daily in the bath of repentance
έκανε θυσίες στη θαμπή σκιά του μανγκόδασους
he made sacrifices in the dim shade of the mango forest
οι χειρονομίες του ήταν τέλεια ευπρέπεια
his gestures were of perfect decency
ήταν η αγάπη και η χαρά όλων
he was everyone's love and joy
αλλά του έλειπε ακόμα κάθε χαρά στην καρδιά του
but he still lacked all joy in his heart
Στο μυαλό του ήρθαν όνειρα και ανήσυχες σκέψεις
Dreams and restless thoughts came into his mind
τα όνειρά του κυλούσαν από το νερό του ποταμού
his dreams flowed from the water of the river
τα όνειρά του φούντωσαν από τα αστέρια της νύχτας
his dreams sparked from the stars of the night
τα όνειρά του έλιωσαν από τις ακτίνες του ήλιου
his dreams melted from the beams of the sun
του ήρθαν τα όνειρα και του ήρθε μια ταραχή ψυχής
dreams came to him, and a restlessness of the soul came to him
η ψυχή του φουντώνει από τις θυσίες
his soul was fuming from the sacrifices
ανέπνευσε από τους στίχους του Rig-Veda
he breathed forth from the verses of the Rig-Veda
του εμποτίστηκαν οι στίχοι σταγόνα-σταγόνα
the verses were infused into him, drop by drop
οι στίχοι από τις διδασκαλίες των παλαιών Βραχμάνων
the verses from the teachings of the old Brahmans
Ο Σιντάρθα είχε αρχίσει να τρέφει τη δυσαρέσκεια στον εαυτό του
Siddhartha had started to nurse discontent in himself
είχε αρχίσει να αισθάνεται αμφιβολίες για την αγάπη του πατέρα του

he had started to feel doubt about the love of his father
αμφέβαλλε για την αγάπη της μητέρας του
he doubted the love of his mother
και αμφέβαλλε για την αγάπη του φίλου του, Γκοβίντα
and he doubted the love of his friend, Govinda
αμφέβαλλε αν η αγάπη τους θα μπορούσε να του φέρει χαρά για πάντα
he doubted if their love could bring him joy forever and ever
η αγάπη τους δεν μπορούσε να τον γαλουχήσει
their love could not nurse him
η αγάπη τους δεν μπορούσε να τον ταΐσει
their love could not feed him
η αγάπη τους δεν μπορούσε να τον ικανοποιήσει
their love could not satisfy him
είχε αρχίσει να υποψιάζεται τις διδασκαλίες του πατέρα του
he had started to suspect his father's teachings
ίσως του είχε δείξει όλα όσα ήξερε
perhaps he had shown him everything he knew
υπήρχαν οι άλλοι δάσκαλοί του, οι σοφοί Μπράμαν
there were his other teachers, the wise Brahmans
ίσως του είχαν ήδη αποκαλύψει την καλύτερη σοφία τους
perhaps they had already revealed to him the best of their wisdom
φοβόταν ότι είχαν ήδη γεμίσει το δοχείο που περίμενε
he feared that they had already filled his expecting vessel
παρά τον πλούτο των διδασκαλιών τους, το σκάφος δεν ήταν γεμάτο
despite the richness of their teachings, the vessel was not full
το πνεύμα δεν ήταν ικανοποιημένο
the spirit was not content
η ψυχή δεν ήταν ήρεμη
the soul was not calm
η καρδιά δεν ικανοποιήθηκε
the heart was not satisfied

οι πλύσεις ήταν καλές, αλλά ήταν νερό
the ablutions were good, but they were water
η πλύση δεν έπλυνε την αμαρτία
the ablutions did not wash off the sin
δεν θεράπευσαν τη δίψα του πνεύματος
they did not heal the spirit's thirst
δεν απάλλαξαν τον φόβο στην καρδιά του
they did not relieve the fear in his heart
Οι θυσίες και η επίκληση των θεών ήταν εξαιρετικές
The sacrifices and the invocation of the gods were excellent
αλλά ήταν μόνο αυτό;
but was that all there was?
οι θυσίες έδωσαν μια ευτυχισμένη περιουσία;
did the sacrifices give a happy fortune?
και τι γίνεται με τους θεούς;
and what about the gods?
Ήταν πραγματικά ο Prajapati που είχε δημιουργήσει τον κόσμο;
Was it really Prajapati who had created the world?
Δεν ήταν ο Άτμαν που είχε δημιουργήσει τον κόσμο;
Was it not the Atman who had created the world?
Άτμαν, ο μοναδικός, ο μοναδικός
Atman, the only one, the singular one
Οι θεοί δεν ήταν δημιουργήματα;
Were the gods not creations?
δεν δημιουργήθηκαν σαν εμένα και εσύ;
were they not created like me and you?
οι Θεοί δεν υπόκεινταν στον χρόνο;
were the Gods not subject to time?
ήταν θνητοί οι Θεοί; Ήταν καλό;
were the Gods mortal? Was it good?
ήταν σωστό; είχε νόημα;
was it right? was it meaningful?
ήταν η υψηλότερη ασχολία να κάνεις προσφορές στους θεούς;
was it the highest occupation to make offerings to the gods?

Για ποιον άλλον έπρεπε να γίνουν προσφορές;
For whom else were offerings to be made?
ποιος άλλος έπρεπε να λατρευτεί;
who else was to be worshipped?
ποιος άλλος ήταν εκεί εκτός από Αυτόν;
who else was there, but Him?
Το μόνο, το Άτμαν
The only one, the Atman
Και πού βρισκόταν ο Άτμαν;
And where was Atman to be found?
που διέμενε;
where did He reside?
πού χτυπούσε η αιώνια καρδιά Του;
where did His eternal heart beat?
που αλλού εκτός από τον εαυτό του;
where else but in one's own self?
στο πιο ενδόμυχο άφθαρτο μέρος του
in its innermost indestructible part
θα μπορούσε να είναι αυτό που ο καθένας είχε μέσα του;
could he be that which everyone had in himself?
Πού ήταν όμως αυτός ο εαυτός;
But where was this self?
που ήταν αυτό το πιο εσωτερικό μέρος;
where was this innermost part?
που ήταν αυτό το απόλυτο μέρος;
where was this ultimate part?
Δεν ήταν σάρκα και οστά
It was not flesh and bone
δεν ήταν ούτε σκέψη ούτε συνείδηση
it was neither thought nor consciousness
αυτό δίδαξαν οι σοφότεροι
this is what the wisest ones taught
Πού ήταν λοιπόν;
So where was it?
τον εαυτό μου, τον εαυτό μου, το Άτμαν
the self, myself, the Atman

Για να φτάσετε σε αυτό το μέρος, υπήρχε άλλος τρόπος
To reach this place, there was another way
άξιζε αυτός ο άλλος τρόπος να ψάξω;
was this other way worth looking for?
Αλίμονο, κανείς δεν του έδειξε έτσι
Alas, nobody showed him this way
κανείς δεν το ήξερε αυτό αλλιώς
nobody knew this other way
ο πατέρας του δεν το ήξερε
his father did not know it
και οι δάσκαλοι και οι σοφοί δεν το ήξεραν
and the teachers and wise men did not know it
Ήξεραν τα πάντα, οι Μπράμαν
They knew everything, the Brahmans
και τα ιερά τους βιβλία ήξεραν τα πάντα
and their holy books knew everything
είχαν φροντίσει για όλα
they had taken care of everything
φρόντισαν για τη δημιουργία του κόσμου
they took care of the creation of the world
περιέγραψαν την προέλευση της ομιλίας, την τροφή, την εισπνοή, την εκπνοή
they described origin of speech, food, inhaling, exhaling
περιέγραψαν τη διάταξη των αισθήσεων
they described the arrangement of the senses
περιέγραψαν τις πράξεις των θεών
they described the acts of the gods
τα βιβλία τους γνώριζαν άπειρα πολλά
their books knew infinitely much
αλλά ήταν πολύτιμο να γνωρίζουμε όλα αυτά;
but was it valuable to know all of this?
δεν υπήρχε μόνο ένα πράγμα να γνωρίζουμε;
was there not only one thing to be known?
δεν υπήρχε ακόμα το πιο σημαντικό πράγμα να γνωρίζουμε;
was there still not the most important thing to know?

πολλοί στίχοι των ιερών βιβλίων μιλούσαν γι' αυτό το εσώτερο, απόλυτο πράγμα
many verses of the holy books spoke of this innermost, ultimate thing
γι' αυτό μιλούσαν ιδιαίτερα στις Ουπανισάδες της Σαβέδα
it was spoken of particularly in the Upanishades of Samaveda
ήταν υπέροχοι στίχοι
they were wonderful verses
«Η ψυχή σου είναι όλος ο κόσμος», αυτό γράφτηκε εκεί
"Your soul is the whole world", this was written there
και ήταν γραμμένο ότι ο άνθρωπος σε βαθύ ύπνο θα συναντούσε με το ενδότερο μέρος του
and it was written that man in deep sleep would meet with his innermost part
και θα έμενε στο Άτμαν
and he would reside in the Atman
Θαυμαστή σοφία υπήρχε σε αυτούς τους στίχους
Marvellous wisdom was in these verses
όλη η γνώση των σοφότερων είχε συγκεντρωθεί εδώ με μαγικά λόγια
all knowledge of the wisest ones had been collected here in magic words
ήταν τόσο αγνό όσο το μέλι που μάζευαν οι μέλισσες
it was as pure as honey collected by bees
Όχι, οι στίχοι δεν έπρεπε να τους υποτιμήσουμε
No, the verses were not to be looked down upon
περιείχαν τεράστιες ποσότητες φώτισης
they contained tremendous amounts of enlightenment
περιείχαν σοφία που συλλέγεται και διατηρείται
they contained wisdom which lay collected and preserved
σοφία που συλλέγεται από αναρίθμητες γενιές σοφών Βραχμάνων
wisdom collected by innumerable generations of wise Brahmans
Πού ήταν όμως οι Βραχμάνοι;

But where were the Brahmans?
που ήταν οι παπάδες;
where were the priests?
πού οι σοφοί ή οι μετανοούντες;
where the wise men or penitents?
που ήταν αυτοί που τα κατάφεραν;
where were those that had succeeded?
πού ήταν αυτοί που γνώριζαν περισσότερο από τη βαθύτερη γνώση;
where were those who knew more than deepest of all knowledge?
πού ήταν αυτοί που έζησαν επίσης τη φωτισμένη σοφία;
where were those that also lived out the enlightened wisdom?
Πού ήταν ο γνώστης που έβγαλε τον Άτμαν από τον ύπνο του;
Where was the knowledgeable one who brought Atman out of his sleep?
ποιος είχε φέρει αυτή τη γνώση στην ημέρα;
who had brought this knowledge into the day?
ποιος είχε πάρει αυτή τη γνώση στη ζωή του;
who had taken this knowledge into their life?
ποιος κουβαλούσε αυτή τη γνώση σε κάθε βήμα που έκαναν;
who carried this knowledge with every step they took?
ποιος είχε παντρέψει τα λόγια τους με τις πράξεις τους;
who had married their words with their deeds?
Ο Σιντάρτα γνώριζε πολλούς αξιοσέβαστους Βραχμάνους
Siddhartha knew many venerable Brahmans
ο πατέρας του, ο αγνός
his father, the pure one
ο λόγιος, ο σεβασμιώτατος
the scholar, the most venerable one
Ο πατέρας του ήταν άξιος θαυμασμού
His father was worthy of admiration

ήσυχος και ευγενής ήταν οι τρόποι του
quiet and noble were his manners
αγνή ήταν η ζωή του, σοφά τα λόγια του
pure was his life, wise were his words
λεπτές και ευγενείς σκέψεις ζούσαν πίσω από το μέτωπό του
delicate and noble thoughts lived behind his brow
αλλά παρόλο που ήξερε τόσα, ζούσε στην ευδαιμονία;
but even though he knew so much, did he live in blissfulness?
παρ' όλες τις γνώσεις του, είχε ησυχία;
despite all his knowledge, did he have peace?
δεν ήταν και απλώς ένας ερευνητής;
was he not also just a searching man?
δεν ήταν ακόμα διψασμένος;
was he still not a thirsty man?
Δεν έπρεπε να πίνει ξανά και ξανά από ιερές πηγές;
Did he not have to drink from holy sources again and again?
δεν ήπιε από τις προσφορές;
did he not drink from the offerings?
δεν έπινε από τα βιβλία;
did he not drink from the books?
δεν έπινε από τις έριδες των Βραχμάνων;
did he not drink from the disputes of the Brahmans?
Γιατί έπρεπε να ξεπλένει τις αμαρτίες κάθε μέρα;
Why did he have to wash off sins every day?
πρέπει να προσπαθεί για κάθαρση κάθε μέρα;
must he strive for a cleansing every day?
ξανά και ξανά, κάθε μέρα
over and over again, every day
Ο Άτμαν δεν ήταν μέσα του;
Was Atman not in him?
δεν ξεπήδησε από την καρδιά του η παρθένα πηγή;
did not the pristine source spring from his heart?
η παρθένα πηγή έπρεπε να βρεθεί στον εαυτό του
the pristine source had to be found in one's own self
η παρθένα πηγή έπρεπε να κατακτηθεί!

the pristine source had to be possessed!
το να κάνω οτιδήποτε άλλο ήταν ψάξιμο
doing anything else else was searching
η λήψη οποιουδήποτε άλλου πάσου είναι παράκαμψη
taking any other pass is a detour
Το να πηγαίνεις με άλλο τρόπο οδηγεί στο να χαθείς
going any other way leads to getting lost
Αυτές ήταν οι σκέψεις του Σιντάρτα
These were Siddhartha's thoughts
αυτή ήταν η δίψα του και αυτό ήταν το βάσανό του
this was his thirst, and this was his suffering
Συχνά μιλούσε στον εαυτό του από ένα Chandogya-Upanishad:
Often he spoke to himself from a Chandogya-Upanishad:
«Αλήθεια, το όνομα του Μπράχμαν είναι Σατιάμ»
"Truly, the name of the Brahman is Satyam"
«Όποιος ξέρει κάτι τέτοιο, θα μπαίνει στον ουράνιο κόσμο κάθε μέρα»
"he who knows such a thing, will enter the heavenly world every day"
Συχνά ο ουράνιος κόσμος φαινόταν κοντά
Often the heavenly world seemed near
αλλά δεν είχε φτάσει ποτέ ολοκληρωτικά στον ουράνιο κόσμο
but he had never reached the heavenly world completely
δεν είχε σβήσει ποτέ την απόλυτη δίψα
he had never quenched the ultimate thirst
Και ανάμεσα σε όλους τους σοφούς και σοφότερους ανθρώπους, κανείς δεν το είχε φτάσει
And among all the wise and wisest men, none had reached it
έλαβε οδηγίες από αυτούς
he received instructions from them
αλλά δεν είχαν φτάσει εντελώς στον ουράνιο κόσμο
but they hadn't completely reached the heavenly world
δεν είχαν ξεδιψάσει τελείως
they hadn't completely quenched their thirst

γιατί αυτή η δίψα είναι αιώνια δίψα
because this thirst is an eternal thirst

Ο «Γκοβίντα» Σιντάρθα μίλησε στον φίλο του
"Govinda" Siddhartha spoke to his friend
**«Γκοβίντα, αγαπητέ μου, έλα μαζί μου κάτω από το δέντρο Μπάνιαν»**
"Govinda, my dear, come with me under the Banyan tree"
**"Ας ασκηθούμε στο διαλογισμό"**
"let's practise meditation"
**Πήγαν στο δέντρο Banyan**
They went to the Banyan tree
**κάτω από το δέντρο Banyan κάθισαν**
under the Banyan tree they sat down
Ο Σιντάρτα ήταν εδώ
Siddhartha was right here
**Η Γκοβίντα ήταν είκοσι βήματα μακριά**
Govinda was twenty paces away
Ο Σιντάρτα κάθισε και επανέλαβε μουρμουρίζοντας τον στίχο
Siddhartha seated himself and he repeated murmuring the verse
**Το Ομ είναι το τόξο, το βέλος είναι η ψυχή**
Om is the bow, the arrow is the soul
**Το Brahman είναι ο στόχος του βέλους**
The Brahman is the arrow's target
ο στόχος που πρέπει κανείς να χτυπά ασταμάτητα
the target that one should incessantly hit
η συνηθισμένη ώρα της άσκησης στο διαλογισμό είχε περάσει
the usual time of the exercise in meditation had passed
**Η Γκοβίντα σηκώθηκε, είχε έρθει το βράδυ**
Govinda got up, the evening had come
ήρθε η ώρα να κάνουμε την απογευματινή πλύση
it was time to perform the evening's ablution

Φώναξε το όνομα του Σιντάρθα, αλλά ο Σιντάρτα δεν απάντησε
He called Siddhartha's name, but Siddhartha did not answer
Ο Σιντάρτα κάθισε εκεί, χαμένος στις σκέψεις του
Siddhartha sat there, lost in thought
τα μάτια του ήταν άκαμπτα στραμμένα προς έναν πολύ μακρινό στόχο
his eyes were rigidly focused towards a very distant target
η άκρη της γλώσσας του προεξείχε λίγο ανάμεσα στα δόντια
the tip of his tongue was protruding a little between the teeth
φαινόταν να μην αναπνέει
he seemed not to breathe
Έτσι καθόταν, τυλιγμένος σε στοχασμό
Thus sat he, wrapped up in contemplation
ήταν βαθιά στη σκέψη του Ομ
he was deep in thought of the Om
η ψυχή του έστειλε πίσω από το Μπράχμαν σαν βέλος
his soul sent after the Brahman like an arrow
Κάποτε, ο Σαμάνας είχε ταξιδέψει στην πόλη του Σιντάρτα
Once, Samanas had travelled through Siddhartha's town
ήταν ασκητές σε ένα προσκύνημα
they were ascetics on a pilgrimage
τρεις κοκαλιάρικοι, μαραμένοι άντρες, ούτε γέροι ούτε νέοι
three skinny, withered men, neither old nor young
σκονισμένοι και ματωμένοι ήταν οι ώμοι τους
dusty and bloody were their shoulders
σχεδόν γυμνός, καψαλισμένος από τον ήλιο, περιτριγυρισμένος από μοναξιά
almost naked, scorched by the sun, surrounded by loneliness
ξένοι και εχθροί του κόσμου
strangers and enemies to the world
ξένοι και τσακάλια στο βασίλειο των ανθρώπων
strangers and jackals in the realm of humans

Πίσω τους φύσαγε ένα καυτό άρωμα ήσυχου πάθους
Behind them blew a hot scent of quiet passion
ένα άρωμα καταστροφικής υπηρεσίας
a scent of destructive service
ένα άρωμα ανελέητης αυταπάρνησης
a scent of merciless self-denial
είχε έρθει το βράδυ
the evening had come
μετά την ώρα της περισυλλογής, ο Σιντάρθα μίλησε στον Γκοβίντα
after the hour of contemplation, Siddhartha spoke to Govinda
"Αύριο νωρίς το πρωί, φίλε μου, ο Σιντάρθα θα πάει στους Σαμάνα"
"Early tomorrow morning, my friend, Siddhartha will go to the Samanas"
«Θα γίνει Σαμάνα»
"He will become a Samana"
Ο Γκοβίντα χλόμιασε όταν άκουσε αυτά τα λόγια
Govinda turned pale when he heard these words
και διάβασε την απόφαση στο ακίνητο πρόσωπο του φίλου του
and he read the decision in the motionless face of his friend
η αποφασιστικότητα ήταν ασταμάτητη, όπως το βέλος που εκτοξεύτηκε από το τόξο
the determination was unstoppable, like the arrow shot from the bow
Ο Γκοβίντα κατάλαβε με την πρώτη ματιά. τώρα αρχίζει
Govinda realized at first glance; now it is beginning
τώρα ο Σιντάρτα παίρνει το δρόμο του
now Siddhartha is taking his own way
τώρα η μοίρα του αρχίζει να φυτρώνει
now his fate is beginning to sprout
και λόγω του Σιντάρθα, η μοίρα του Γκοβίντα φυτρώνει επίσης
and because of Siddhartha, Govinda's fate is sprouting too
χλόμιασε σαν ξηρό δέρμα μπανάνας

he turned pale like a dry banana-skin
«Ω Σιντάρτα», αναφώνησε
"Oh Siddhartha," he exclaimed
«Θα σου το επιτρέψει ο πατέρας σου;»
"will your father permit you to do that?"
Ο Σιντάρτα κοίταξε σαν να είχε μόλις ξυπνήσει
Siddhartha looked over as if he was just waking up
σαν Βέλος διάβαζε την ψυχή του Γκοβίντα
like an Arrow he read Govinda's soul
μπορούσε να διαβάσει τον φόβο και την υποταγή μέσα του
he could read the fear and the submission in him
«Ω Γκοβίντα», μίλησε ήσυχα, «ας μην χάνουμε λόγια»
"Oh Govinda," he spoke quietly, "let's not waste words"
«Αύριο το ξημέρωμα θα ξεκινήσω τη ζωή των Σαμάνων»
"Tomorrow at daybreak I will begin the life of the Samanas"
«Ας μην το λέμε άλλο»
"let us speak no more of it"

Ο Σιντάρτα μπήκε στην αίθουσα όπου καθόταν ο πατέρας του
Siddhartha entered the chamber where his father was sitting
ο πατέρας του ήταν πάνω σε ένα χαλάκι από μπαστούνι
his father was was on a mat of bast
Ο Σιντάρτα στάθηκε πίσω από τον πατέρα του
Siddhartha stepped behind his father
και έμεινε όρθιος πίσω του
and he remained standing behind him
στάθηκε μέχρι που ο πατέρας του ένιωσε ότι κάποιος στεκόταν πίσω του
he stood until his father felt that someone was standing behind him
Μίλησε ο Μπράχμαν: «Εσύ είσαι, Σιντάρτα;»
Spoke the Brahman: "Is that you, Siddhartha?"
«Τότε πες αυτό που ήρθες να πεις»

"Then say what you came to say"
Μίλησε ο Σιντάρτα: «Με την άδειά σου, πατέρα μου»
Spoke Siddhartha: "With your permission, my father"
«Ήρθα να σου πω ότι είναι λαχτάρα μου να φύγω από το σπίτι σου αύριο»
"I came to tell you that it is my longing to leave your house tomorrow"
«Θέλω να πάω στους ασκητές»
"I wish to go to the ascetics"
«Η επιθυμία μου είναι να γίνω Σαμάνα»
"My desire is to become a Samana"
«Μακάρι ο πατέρας μου να μην αντιταχθεί σε αυτό»
"May my father not oppose this"
Ο Μπράχμαν σώπασε και έμεινε έτσι για πολύ
The Brahman fell silent, and he remained so for long
τα αστέρια στο μικρό παράθυρο περιπλανήθηκαν
the stars in the small window wandered
και άλλαξαν τις σχετικές τους θέσεις
and they changed their relative positions
Σιωπηλός και ακίνητος στεκόταν ο γιος με σταυρωμένα τα χέρια
Silent and motionless stood the son with his arms folded
σιωπηλός και ακίνητος κάθισε ο πατέρας στο χαλάκι
silent and motionless sat the father on the mat
και τα αστέρια χάραξαν τα μονοπάτια τους στον ουρανό
and the stars traced their paths in the sky
Μετά μίλησε ο πατέρας
Then spoke the father
«Δεν είναι σωστό για έναν Μπράχμαν να λέει σκληρά και θυμωμένα λόγια»
"it is not proper for a Brahman to speak harsh and angry words"
«Αλλά η αγανάκτηση είναι στην καρδιά μου»
"But indignation is in my heart"

«Θέλω να μην ακούσω αυτό το αίτημα για δεύτερη φορά»
"I wish not to hear this request for a second time"
Σιγά-σιγά, το Μπράχμαν σηκώθηκε
Slowly, the Brahman rose
Ο Σιντάρτα στεκόταν σιωπηλός, με τα χέρια σταυρωμένα
Siddhartha stood silently, his arms folded
«Τι περιμένεις; ρώτησε ο πατέρας
"What are you waiting for?" asked the father
Μίλησε ο Σιντάρθα, «Ξέρεις τι περιμένω»
Spoke Siddhartha, "You know what I'm waiting for"
Αγανακτισμένος ο πατέρας βγήκε από την αίθουσα
Indignant, the father left the chamber
αγανακτισμένος πήγε στο κρεβάτι του και ξάπλωσε
indignant, he went to his bed and lay down
Πέρασε μια ώρα, αλλά δεν είχε πιάσει ύπνο τα μάτια του
an hour passed, but no sleep had come over his eyes
ο Μπράχμαν σηκώθηκε όρθιος και περπάτησε πέρα δώθε
the Brahman stood up and he paced to and fro
και έφυγε από το σπίτι μέσα στη νύχτα
and he left the house in the night
Μέσα από το μικρό παράθυρο του θαλάμου κοίταξε πίσω μέσα
Through the small window of the chamber he looked back inside
και εκεί είδε τον Σιντάρτα να στέκεται
and there he saw Siddhartha standing
τα χέρια του ήταν σταυρωμένα και δεν είχε κουνηθεί από τη θέση του
his arms were folded and he had not moved from his spot
Ο Χλωμός έλαμψε τη λαμπερή του ρόμπα
Pale shimmered his bright robe
Με το άγχος στην καρδιά, ο πατέρας επέστρεψε στο κρεβάτι του

With anxiety in his heart, the father returned to his bed
πέρασε άλλη μια άγρυπνη ώρα
another sleepless hour passed
αφού δεν είχε πιάσει ύπνος τα μάτια του, ο Μπράχμαν σηκώθηκε ξανά
since no sleep had come over his eyes, the Brahman stood up again
έκανε βήμα πέρα δώθε και βγήκε από το σπίτι
he paced to and fro, and he walked out of the house
και είδε ότι το φεγγάρι είχε ανατείλει
and he saw that the moon had risen
Από το παράθυρο του θαλάμου κοίταξε πίσω μέσα
Through the window of the chamber he looked back inside
Εκεί στεκόταν ο Σιντάρτα, ασυγκίνητος από τη θέση του
there stood Siddhartha, unmoved from his spot
τα χέρια του ήταν σταυρωμένα, όπως ήταν
his arms were folded, as they had been
Το φως του φεγγαριού αντανακλούσε από τις γυμνές του κνήμες
moonlight was reflecting from his bare shins
Με ανησυχία στην καρδιά του, ο πατέρας επέστρεψε στο κρεβάτι
With worry in his heart, the father went back to bed
επέστρεψε μετά από μια ώρα
he came back after an hour
και γύρισε πάλι μετά από δύο ώρες
and he came back again after two hours
κοίταξε από το μικρό παράθυρο
he looked through the small window
είδε τον Σιντάρτα να στέκεται στο φως του φεγγαριού
he saw Siddhartha standing in the moon light
στάθηκε δίπλα στο φως των αστεριών στο σκοτάδι
he stood by the light of the stars in the darkness
Και επέστρεφε ώρα με την ώρα
And he came back hour after hour

σιωπηλά, κοίταξε μέσα στην κάμαρα
silently, he looked into the chamber
τον είδε να στέκεται στο ίδιο μέρος
he saw him standing in the same place
γέμισε την καρδιά του θυμό
it filled his heart with anger
γέμισε την καρδιά του ταραχή
it filled his heart with unrest
γέμισε την καρδιά του με αγωνία
it filled his heart with anguish
γέμισε την καρδιά του θλίψη
it filled his heart with sadness
είχε έρθει η τελευταία ώρα της νύχτας
the night's last hour had come
ο πατέρας του επέστρεψε και μπήκε στο δωμάτιο
his father returned and stepped into the room
είδε τον νεαρό να στέκεται εκεί
he saw the young man standing there
του φαινόταν ψηλός και σαν ξένος
he seemed tall and like a stranger to him
«Σιντάρτα», μίλησε, «τι περιμένεις;»
"Siddhartha," he spoke, "what are you waiting for?"
"Ξέρεις τι περιμένω"
"You know what I'm waiting for"
«Θα στέκεσαι πάντα έτσι και θα περιμένεις;
"Will you always stand that way and wait?
«Πάντα θα στέκομαι και θα περιμένω»
"I will always stand and wait"
«Θα περιμένετε μέχρι να γίνει πρωί, μεσημέρι και βράδυ;»
"will you wait until it becomes morning, noon, and evening?"
«Θα περιμένω μέχρι να γίνει πρωί, μεσημέρι και βράδυ»
"I will wait until it become morning, noon, and evening"
«Θα κουραστείς, Σιντάρτα»
"You will become tired, Siddhartha"
«Θα κουραστώ»

"I will become tired"
«Θα κοιμηθείς, Σιντάρτα»
"You will fall asleep, Siddhartha"
«Δεν θα κοιμηθώ»
"I will not fall asleep"
«Θα πεθάνεις, Σιντάρτα»
"You will die, Siddhartha"
«Θα πεθάνω», απάντησε ο Σιντάρθα
"I will die," answered Siddhartha
«Και θα προτιμούσες να πεθάνεις, παρά να υπακούσεις τον πατέρα σου;»
"And would you rather die, than obey your father?"
«Ο Σιντάρτα πάντα υπάκουε τον πατέρα του»
"Siddhartha has always obeyed his father"
«Λοιπόν θα εγκαταλείψεις το σχέδιό σου;»
"So will you abandon your plan?"
«Ο Σιντάρθα θα κάνει ό,τι θα του πει ο πατέρας του»
"Siddhartha will do what his father will tell him to do"
Το πρώτο φως της ημέρας έλαμψε στο δωμάτιο
The first light of day shone into the room
Ο Μπράχμαν είδε ότι τα γόνατα του Σιντάρθα έτρεμαν απαλά
The Brahman saw that Siddhartha knees were softly trembling
Στο πρόσωπο του Σιντάρτα δεν είδε κανένα τρέμουλο
In Siddhartha's face he saw no trembling
τα μάτια του ήταν καρφωμένα σε ένα μακρινό σημείο
his eyes were fixed on a distant spot
Τότε ήταν που ο πατέρας του κατάλαβε
This was when his father realized
ακόμη και τώρα ο Σιντάρτα δεν έμενε πια μαζί του στο σπίτι του
even now Siddhartha no longer dwelt with him in his home
είδε ότι τον είχε ήδη αφήσει
he saw that he had already left him
Ο Πατέρας άγγιξε τον ώμο του Σιντάρτα
The Father touched Siddhartha's shoulder

«Θα», είπε, «θα πας στο δάσος και θα γίνεις Σαμάνα»
"You will," he spoke, "go into the forest and be a Samana"
"Όταν βρεις ευδαιμονία στο δάσος, έλα πίσω"
"When you find blissfulness in the forest, come back"
"Γύρνα πίσω και μάθε με να είμαι ευτυχισμένος"
"come back and teach me to be blissful"
"Αν βρεις απογοήτευση, τότε επέστρεψε"
"If you find disappointment, then return"
«Επιστρέψτε και ας κάνουμε προσφορές στους θεούς ξανά μαζί»
"return and let us make offerings to the gods together, again"
«Πήγαινε τώρα και φίλησε τη μητέρα σου»
"Go now and kiss your mother"
"πες της που πας"
"tell her where you are going"
"Αλλά για μένα είναι ώρα να πάω στο ποτάμι"
"But for me it is time to go to the river"
«Είναι ώρα να κάνω την πρώτη πλύση»
"it is my time to perform the first ablution"
Πήρε το χέρι του από τον ώμο του γιου του και βγήκε έξω
He took his hand from the shoulder of his son, and went outside
Ο Σιντάρτα ταλαντεύτηκε στο πλάι καθώς προσπαθούσε να περπατήσει
Siddhartha wavered to the side as he tried to walk
Έβαλε ξανά υπό έλεγχο τα άκρα του και υποκλίθηκε στον πατέρα του
He put his limbs back under control and bowed to his father
πήγε στη μητέρα του για να κάνει όπως είχε πει ο πατέρας του
he went to his mother to do as his father had said
Καθώς έφευγε αργά με δύσκαμπτα πόδια, μια σκιά υψώθηκε κοντά στην τελευταία καλύβα
As he slowly left on stiff legs a shadow rose near the last hut
που είχε σκύψει εκεί, και ενώθηκε με τον προσκυνητή·

who had crouched there, and joined the pilgrim?
«Γκοβίντα, ήρθες» είπε η Σιντάρτα και χαμογέλασε
"Govinda, you have come" said Siddhartha and smiled
«Ήρθα», είπε η Γκοβίντα
"I have come," said Govinda

## Με τους Σαμανάδες
## With the Samanas

**Το βράδυ αυτής της ημέρας πρόλαβαν τους ασκητές**
In the evening of this day they caught up with the ascetics
**οι ασκητές; ο αδύνατος Σαμανάς**
the ascetics; the skinny Samanas
**τους πρόσφεραν τη συντροφιά και την υπακοή τους**
they offered them their companionship and obedience
**Η συντροφιά και η υπακοή τους έγινε αποδεκτή**
Their companionship and obedience were accepted
**Ο Σιντάρτα έδωσε τα ρούχα του σε έναν φτωχό Μπράχμαν στο δρόμο**
Siddhartha gave his garments to a poor Brahman in the street
**Δεν φορούσε τίποτε άλλο από ένα εσώρουχο και γήινο, άσπαρτο μανδύα**
He wore nothing more than a loincloth and earth-coloured, unsown cloak
**Έτρωγε μόνο μια φορά την ημέρα, και ποτέ τίποτα μαγειρεμένο**
He ate only once a day, and never anything cooked
**Νήστευε δεκαπέντε μέρες, νήστεψε είκοσι οκτώ μέρες**
He fasted for fifteen days, he fasted for twenty-eight days
**Η σάρκα εξασθενούσε από τους μηρούς και τα μάγουλά του**
The flesh waned from his thighs and cheeks
**Πυρετώδη όνειρα τρεμόπαιξαν από τα διευρυμένα μάτια του**
Feverish dreams flickered from his enlarged eyes
**τα μακριά νύχια μεγάλωσαν αργά στα ξεραμένα δάχτυλά του**
long nails grew slowly on his parched fingers
**και μια ξηρή, δασύτριχη γενειάδα φύτρωσε στο πιγούνι του**
and a dry, shaggy beard grew on his chin
**Το βλέμμα του έγινε πάγος όταν συνάντησε γυναίκες**

His glance turned to ice when he encountered women
περπάτησε μέσα από μια πόλη με όμορφα ντυμένους ανθρώπους
he walked through a city of nicely dressed people
το στόμα του συσπάστηκε από περιφρόνηση για αυτούς
his mouth twitched with contempt for them
Είδε εμπόρους να εμπορεύονται και πρίγκιπες να κυνηγούν
He saw merchants trading and princes hunting
είδε πενθούντες να κλαίνε για τους νεκρούς τους
he saw mourners wailing for their dead
και είδε πόρνες να προσφέρουν τον εαυτό τους
and he saw whores offering themselves
γιατροί που προσπαθούν να βοηθήσουν τους αρρώστους
physicians trying to help the sick
ιερείς που καθορίζουν την καταλληλότερη ημέρα για σπορά
priests determining the most suitable day for seeding
εραστές που αγαπούν και μητέρες που θηλάζουν τα παιδιά τους
lovers loving and mothers nursing their children
και όλα αυτά δεν άξιζαν ούτε μια ματιά από τα μάτια του
and all of this was not worthy of one look from his eyes
όλα ήταν ψέματα, όλα βρωμούσαν, όλα μύριζαν ψέματα
it all lied, it all stank, it all stank of lies
όλα προσποιήθηκαν ότι ήταν νόημα και χαρούμενα και όμορφα
it all pretended to be meaningful and joyful and beautiful
και όλα ήταν απλώς κρυφή σήψη
and it all was just concealed putrefaction
ο κόσμος είχε πικρή γεύση. η ζωή ήταν βασανιστήριο
the world tasted bitter; life was torture

Ένα μόνο γκολ στάθηκε μπροστά από τον Σιντάρτα

A single goal stood before Siddhartha
**στόχος του ήταν να αδειάσει**
his goal was to become empty
**στόχος του ήταν να αδειάσει από τη δίψα**
his goal was to be empty of thirst
**κενό από ευχές και άδειο από όνειρα**
empty of wishing and empty of dreams
**κενό από χαρά και λύπη**
empty of joy and sorrow
**στόχος του ήταν να είναι νεκρός για τον εαυτό του**
his goal was to be dead to himself
**ο στόχος του δεν ήταν πια να είναι ο εαυτός του**
his goal was not to be a self any more
**στόχος του ήταν να βρει ηρεμία με άδεια καρδιά**
his goal was to find tranquillity with an emptied heart
**στόχος του ήταν να είναι ανοιχτός σε θαύματα σε ανιδιοτελείς σκέψεις**
his goal was to be open to miracles in unselfish thoughts
**να το πετύχει αυτό ήταν ο στόχος του**
to achieve this was his goal
**όταν όλος του ο εαυτός είχε νικηθεί και είχε πεθάνει**
when all of his self was overcome and had died
**όταν κάθε επιθυμία και κάθε παρόρμηση ήταν σιωπηλή στην καρδιά**
when every desire and every urge was silent in the heart
**τότε το απόλυτο μέρος του έπρεπε να ξυπνήσει**
then the ultimate part of him had to awake
**το ενδότερο της ύπαρξής του, που δεν είναι πια ο εαυτός του**
the innermost of his being, which is no longer his self
**αυτό ήταν το μεγάλο μυστικό**
this was the great secret

**Σιωπηλά, ο Σιντάρθα εκτέθηκε στις φλεγόμενες ακτίνες του ήλιου**

Silently, Siddhartha exposed himself to the burning rays of the sun
φέγγιζε από τον πόνο και έλαμπε από δίψα
he was glowing with pain and he was glowing with thirst
και στάθηκε εκεί μέχρι που δεν ένιωσε ούτε πόνο ούτε δίψα
and he stood there until he neither felt pain nor thirst
Σιωπηλά, στάθηκε εκεί την εποχή των βροχών
Silently, he stood there in the rainy season
από τα μαλλιά του το νερό έσταζε πάνω από παγωμένους ώμους
from his hair the water was dripping over freezing shoulders
το νερό έσταζε πάνω από τους παγωμένους γοφούς και τα πόδια του
the water was dripping over his freezing hips and legs
και ο μετανοημένος στάθηκε εκεί
and the penitent stood there
στάθηκε εκεί μέχρι που δεν μπορούσε να νιώθει άλλο το κρύο
he stood there until he could not feel the cold any more
στάθηκε εκεί μέχρι που το σώμα του σιώπησε
he stood there until his body was silent
στάθηκε εκεί μέχρι που το σώμα του ήταν ήσυχο
he stood there until his body was quiet
Σιωπηλά, κουκουλώθηκε στους αγκαθωτούς θάμνους
Silently, he cowered in the thorny bushes
αίμα έσταζε από το φλεγόμενο δέρμα
blood dripped from the burning skin
αίμα έσταζε από τα τραύματα
blood dripped from festering wounds
και ο Σιντάρτα έμεινε άκαμπτος και ακίνητος
and Siddhartha stayed rigid and motionless
στάθηκε ώσπου δεν έτρεχε πια αίμα
he stood until no blood flowed any more
στάθηκε μέχρι να μην τσιμπήσει τίποτα πια
he stood until nothing stung any more

στάθηκε ώσπου να μην κάηκε τίποτα πια
he stood until nothing burned any more
Ο Σιντάρτα κάθισε όρθιος και έμαθε να αναπνέει με φειδώ
Siddhartha sat upright and learned to breathe sparingly
έμαθε να τα πηγαίνει καλά με λίγες ανάσες
he learned to get along with few breaths
έμαθε να σταματά να αναπνέει
he learned to stop breathing
Έμαθε, ξεκινώντας από την ανάσα, να ηρεμεί τους χτύπους της καρδιάς του
He learned, beginning with the breath, to calm the beating of his heart
έμαθε να μειώνει τους χτύπους της καρδιάς του
he learned to reduce the beats of his heart
διαλογιζόταν μέχρι που οι χτύποι της καρδιάς του ήταν μόνο λίγοι
he meditated until his heartbeats were only a few
και τότε οι χτύποι της καρδιάς του ήταν σχεδόν καθόλου
and then his heartbeats were almost none
Καθοδηγούμενος από τον παλαιότερο από τους Samanas, ο Siddhartha άσκησε την αυταπάρνηση
Instructed by the oldest of the Samanas, Siddhartha practised self-denial
έκανε διαλογισμό, σύμφωνα με τους νέους κανόνες Samana
he practised meditation, according to the new Samana rules
Ένας ερωδιός πέταξε πάνω από το δάσος από μπαμπού
A heron flew over the bamboo forest
Ο Σιντάρτα δέχτηκε τον ερωδιό στην ψυχή του
Siddhartha accepted the heron into his soul
πέταξε πάνω από δάσος και βουνά
he flew over forest and mountains
ήταν ερωδιός, έτρωγε ψάρι
he was a heron, he ate fish

ένιωσε τον πόνο της πείνας ενός ερωδιού
he felt the pangs of a heron's hunger
μίλησε το κράξιμο του ερωδιού
he spoke the heron's croak
πέθανε από ερωδικό θάνατο
he died a heron's death
Ένα νεκρό τσακάλι ήταν ξαπλωμένο στην αμμώδη όχθη
A dead jackal was lying on the sandy bank
Η ψυχή του Σιντάρτα γλίστρησε μέσα στο σώμα του νεκρού τσακάλου
Siddhartha's soul slipped inside the body of the dead jackal
ήταν το νεκρό τσακάλι ξαπλωμένο στις όχθες και φουσκωμένο
he was the dead jackal laying on the banks and bloated
βρωμούσε και αποσάθρωσε και τεμαχίστηκε από ύαινες
he stank and decayed and was dismembered by hyenas
τον γδέρνουν οι γύπες και τον έκαναν σκελετό
he was skinned by vultures and turned into a skeleton
μετατράπηκε σε σκόνη και φυσήθηκε στα χωράφια
he was turned to dust and blown across the fields
Και η ψυχή του Σιντάρτα επέστρεψε
And Siddhartha's soul returned
είχε πεθάνει, είχε αποσυντεθεί και ήταν σκορπισμένο σαν σκόνη
it had died, decayed, and was scattered as dust
είχε γευτεί τη ζοφερή μέθη του κύκλου
it had tasted the gloomy intoxication of the cycle
περίμενε με νέα δίψα, σαν κυνηγός στο κενό
it awaited with a new thirst, like a hunter in the gap
στο κενό που μπορούσε να ξεφύγει από τον κύκλο
in the gap where he could escape from the cycle
στο χάσμα όπου ξεκίνησε μια αιωνιότητα χωρίς βάσανα
in the gap where an eternity without suffering began
σκότωσε τις αισθήσεις του και τη μνήμη του

he killed his senses and his memory
γλίστρησε έξω από τον εαυτό του σε χιλιάδες άλλες μορφές
he slipped out of his self into thousands of other forms
ήταν ένα ζώο, ένα ψοφίμι, μια πέτρα
he was an animal, a carrion, a stone
ήταν ξύλο και νερό
he was wood and water
και ξυπνούσε κάθε φορά για να ξαναβρεί τον παλιό του εαυτό
and he awoke every time to find his old self again
είτε ήλιος είτε σελήνη, ήταν πάλι ο εαυτός του
whether sun or moon, he was his self again
γύρισε στον κύκλο
he turned round in the cycle
ένιωσε δίψα, ξεπέρασε τη δίψα, ένιωσε νέα δίψα
he felt thirst, overcame the thirst, felt new thirst

Ο Σιντάρτα έμαθε πολλά όταν ήταν με τους Σαμάνα
Siddhartha learned a lot when he was with the Samanas
έμαθε πολλούς τρόπους να απομακρύνεται από τον εαυτό του
he learned many ways leading away from the self
έμαθε πώς να αφήνεται
he learned how to let go
Πήγε τον δρόμο της αυταπάρνησης μέσω του πόνου
He went the way of self-denial by means of pain
έμαθε την αυταπάρνηση μέσα από την εκούσια ταλαιπωρία και την υπέρβαση του πόνου
he learned self-denial through voluntarily suffering and overcoming pain
ξεπέρασε την πείνα, τη δίψα και την κούραση
he overcame hunger, thirst, and tiredness
Πήγε τον δρόμο της αυταπάρνησης μέσω του διαλογισμού
He went the way of self-denial by means of meditation

ακολούθησε τον δρόμο της αυταπάρνησης μέσω της φαντασίας του νου να είναι κενός από όλες τις αντιλήψεις
he went the way of self-denial through imagining the mind to be void of all conceptions
με αυτούς και άλλους τρόπους έμαθε να αφήνεται
with these and other ways he learned to let go
χίλιες φορές άφησε τον εαυτό του
a thousand times he left his self
ώρες και μέρες παρέμενε στον μη εαυτό
for hours and days he remained in the non-self
όλοι αυτοί οι τρόποι οδηγούσαν μακριά από τον εαυτό
all these ways led away from the self
αλλά ο δρόμος τους οδηγούσε πάντα πίσω στον εαυτό
but their path always led back to the self
Ο Σιντάρτα έφυγε από τον εαυτό του χιλιάδες φορές
Siddhartha fled from the self a thousand times
αλλά η επιστροφή στον εαυτό ήταν αναπόφευκτη
but the return to the self was inevitable
αν και έμεινε στο τίποτα, η επιστροφή ήταν αναπόφευκτη
although he stayed in nothingness, coming back was inevitable
αν και έμεινε σε ζώα και πέτρες, η επιστροφή ήταν αναπόφευκτη
although he stayed in animals and stones, coming back was inevitable
βρέθηκε πάλι στον ήλιο ή στο φως του φεγγαριού
he found himself in the sunshine or in the moonlight again
βρέθηκε πάλι στη σκιά ή στη βροχή
he found himself in the shade or in the rain again
και ήταν για άλλη μια φορά ο εαυτός του. Σιντάρτα
and he was once again his self; Siddhartha
και πάλι ένιωσε την αγωνία του κύκλου που του είχε επιβληθεί

and again he felt the agony of the cycle which had been forced upon him

δίπλα του ζούσε η Γκοβίντα, η σκιά του
by his side lived Govinda, his shadow
Ο Γκοβίντα βάδισε τον ίδιο δρόμο και έκανε τις ίδιες προσπάθειες
Govinda walked the same path and undertook the same efforts
μιλούσαν μεταξύ τους όχι περισσότερο από όσο απαιτούσαν οι ασκήσεις
they spoke to one another no more than the exercises required
περιστασιακά περνούσαν οι δυο τους από τα χωριά
occasionally the two of them went through the villages
πήγαν να ζητιανέψουν φαγητό για τους εαυτούς τους και τους δασκάλους τους
they went to beg for food for themselves and their teachers
«Πώς πιστεύεις ότι έχουμε προχωρήσει, Γκοβίντα», ρώτησε
"How do you think we have progressed, Govinda" he asked
«Πετύχαμε κάποιους στόχους;» απάντησε η Γκοβίντα
"Did we reach any goals?" Govinda answered
«Μάθαμε και θα συνεχίσουμε να μαθαίνουμε»
"We have learned, and we'll continue learning"
«Θα γίνεις σπουδαία Σαμάνα, Σιντάρτα»
"You'll be a great Samana, Siddhartha"
"Γρήγορα, έχεις μάθει κάθε άσκηση"
"Quickly, you've learned every exercise"
«Συχνά σε έχουν θαυμάσει ο παλιός Σαμανάς»
"often, the old Samanas have admired you"
«Μια μέρα, θα γίνεις άγιος άνθρωπος, ω Σιντάρτα»
"One day, you'll be a holy man, oh Siddhartha"
Μίλησε ο Σιντάρθα, «Δεν μπορώ παρά να νιώσω ότι δεν είναι έτσι, φίλε μου»
Spoke Siddhartha, "I can't help but feel that it is not like this, my friend"

«Αυτό που έμαθα ανάμεσα στους Σαμάνες θα μπορούσε να είχε μάθει πιο γρήγορα»
"What I've learned being among the Samanas could have been learned more quickly"
«θα μπορούσε να είχε μαθευτεί με απλούστερα μέσα»
"it could have been learned by simpler means"
«Θα μπορούσε να το είχε μάθει σε οποιαδήποτε ταβέρνα»
"it could have been learned in any tavern"
«θα μπορούσε να είχε μαθευτεί πού είναι τα πουνάκια»
"it could have been learned where the whorehouses are"
«Θα μπορούσα να το είχα μάθει ανάμεσα σε καρτέρι και τζογαδόρους»
"I could have learned it among carters and gamblers"
Μίλησε ο Γκοβίντα, «Ο Σιντάρτα αστειεύεται μαζί μου»
Spoke Govinda, "Siddhartha is joking with me"
«Πώς μπόρεσες να μάθεις τον διαλογισμό ανάμεσα σε άθλιους ανθρώπους;»
"How could you have learned meditation among wretched people?"
«Πώς θα μπορούσαν οι πόρνες να σε έμαθαν να κρατάς την αναπνοή σου;»
"how could whores have taught you about holding your breath?"
«Πώς θα μπορούσαν οι τζογαδόροι να σου διδάξουν την αναισθησία ενάντια στον πόνο;»
"how could gamblers have taught you insensitivity against pain?"
Ο Σιντάρτα μίλησε ήσυχα, σαν να μιλούσε μόνος του
Siddhartha spoke quietly, as if he was talking to himself
«Τι είναι ο διαλογισμός;»
"What is meditation?"
«Τι αφήνει κανείς από το σώμα του;»
"What is leaving one's body?"
«Τι είναι η νηστεία;»
"What is fasting?"

«Τι κρατάει κανείς την αναπνοή του;»
"What is holding one's breath?"
«Φεύγει από τον εαυτό»
"It is fleeing from the self"
«Είναι μια σύντομη απόδραση από την αγωνία του να είσαι εαυτός»
"it is a short escape of the agony of being a self"
«Είναι ένα σύντομο μούδιασμα των αισθήσεων ενάντια στον πόνο»
"it is a short numbing of the senses against the pain"
«Είναι αποφυγή της ανούσιας ζωής»
"it is avoiding the pointlessness of life"
«Το ίδιο μούδιασμα είναι αυτό που βρίσκει ο οδηγός ενός βοδιού στο πανδοχείο»
"The same numbing is what the driver of an ox-cart finds in the inn"
"πίνοντας μερικά μπολ ρύζι-κρασί ή γάλα καρύδας που έχει υποστεί ζύμωση"
"drinking a few bowls of rice-wine or fermented coconut-milk"
«Τότε δεν θα νιώθει πια τον εαυτό του»
"Then he won't feel his self anymore"
«Τότε δεν θα νιώθει πια τους πόνους της ζωής»
"then he won't feel the pains of life anymore"
«Τότε βρίσκει ένα σύντομο μούδιασμα των αισθήσεων»
"then he finds a short numbing of the senses"
«Όταν αποκοιμηθεί πάνω από το μπολ του με ρύζι-κρασί, θα βρει το ίδιο που βρίσκουμε κι εμείς»
"When he falls asleep over his bowl of rice-wine, he'll find the same what we find"
"βρίσκει αυτό που βρίσκουμε όταν ξεφεύγουμε από το σώμα μας μέσω μακρών ασκήσεων"
"he finds what we find when we escape our bodies through long exercises"
«Όλοι μας μένουμε στον μη εαυτό»
"all of us are staying in the non-self"
«Έτσι είναι, ω Γκοβίντα»

"This is how it is, oh Govinda"
**Μίλησε ο Γκοβίντα, «Το λες, ω φίλε»**
Spoke Govinda, "You say so, oh friend"
**«Κι όμως ξέρεις ότι ο Σιντάρθα δεν είναι οδηγός βοδιού»**
"and yet you know that Siddhartha is no driver of an ox-cart"
**"Και ξέρεις ότι ένας Samana δεν είναι μεθυσμένος"**
"and you know a Samana is no drunkard"
**"Είναι αλήθεια ότι ένας πότης μουδιάζει τις αισθήσεις του"**
"it's true that a drinker numbs his senses"
**«Είναι αλήθεια ότι δραπετεύει για λίγο και ξεκουράζεται»**
"it's true that he briefly escapes and rests"
**"αλλά θα επιστρέψει από την αυταπάτη και θα βρει τα πάντα αμετάβλητα"**
"but he'll return from the delusion and finds everything to be unchanged"
**«Δεν έγινε σοφότερος»**
"he has not become wiser"
**"Έχει συγκεντρώσει οποιαδήποτε διαφώτιση"**
"he has gathered any enlightenment"
**«Δεν έχει ανέβει πολλά σκαλιά»**
"he has not risen several steps"
**Και ο Σιντάρτα μίλησε με ένα χαμόγελο**
And Siddhartha spoke with a smile
**«Δεν ξέρω, δεν ήμουν ποτέ μεθυσμένος»**
"I do not know, I've never been a drunkard"
**"Ξέρω ότι βρίσκω μόνο ένα σύντομο μούδιασμα των αισθήσεων"**
"I know that I find only a short numbing of the senses"
**«Το βρίσκω στις ασκήσεις και στους διαλογισμούς μου»**
"I find it in my exercises and meditations"
**«και διαπιστώνω ότι είμαι τόσο μακριά από τη σοφία όσο ένα παιδί στην κοιλιά της μητέρας»**
"and I find I am just as far removed from wisdom as a child in the mother's womb"

"Αυτό το ξέρω, ω Γκοβίντα"
"this I know, oh Govinda"

Και για άλλη μια φορά, μια άλλη φορά, ο Σιντάρτα άρχισε να μιλάει
And once again, another time, Siddhartha began to speak
Ο Σιντάρτα είχε φύγει από το δάσος μαζί με τον Γκοβίντα
Siddhartha had left the forest, together with Govinda
έφυγαν να ζητιανέψουν λίγο φαγητό στο χωριό
they left to beg for some food in the village
είπε, «Τι τώρα, ω Γκοβίντα;»
he said, "What now, oh Govinda?"
«Είμαστε στο σωστό δρόμο;»
"are we on the right path?"
«πλησιάζουμε στη φώτιση;»
"are we getting closer to enlightenment?"
«πλησιάζουμε στη σωτηρία;»
"are we getting closer to salvation?"
«Ή μήπως ζούμε σε κύκλο;»
"Or do we perhaps live in a circle?"
«Εμείς που πιστεύαμε ότι ξεφεύγαμε από τον κύκλο»
"we, who have thought we were escaping the cycle"
Μίλησε ο Γκοβίντα, «Έχουμε μάθει πολλά»
Spoke Govinda, "We have learned a lot"
"Σιντάρτα, υπάρχουν ακόμα πολλά να μάθουν"
"Siddhartha, there is still much to learn"
«Δεν κάνουμε κύκλους»
"We are not going around in circles"
"προχωράμε, ο κύκλος είναι μια σπείρα"
"we are moving up; the circle is a spiral"
«Έχουμε ήδη ανέβει πολλά επίπεδα»
"we have already ascended many levels"
Ο Σιντάρτα απάντησε: «Πόσο χρονών θα νόμιζες ότι είναι η μεγαλύτερη Σαμάνα μας;»

Siddhartha answered, "How old would you think our oldest Samana is?"
«Πόσο χρονών είναι ο αξιοσέβαστος δάσκαλός μας;»
"how old is our venerable teacher?"
Μίλησε ο Γκοβίντα, «Ο μεγαλύτερος μας μπορεί να είναι περίπου εξήντα ετών»
Spoke Govinda, "Our oldest one might be about sixty years of age"
Μίλησε ο Σιντάρθα, «Έζησε εξήντα χρόνια»
Spoke Siddhartha, "He has lived for sixty years"
"και όμως δεν έχει φτάσει στη νιρβάνα"
"and yet he has not reached the nirvana"
«Θα γίνει εβδομήντα και ογδόντα»
"He'll turn seventy and eighty"
"Εσύ κι εγώ, θα γεράσουμε όσο κι εκείνος"
"you and me, we will grow just as old as him"
"Και θα κάνουμε τις ασκήσεις μας"
"and we will do our exercises"
«και θα νηστεύουμε και θα διαλογιστούμε»
"and we will fast, and we will meditate"
«Αλλά δεν θα φτάσουμε στη νιρβάνα»
"But we will not reach the nirvana"
"Δεν θα φτάσει στη νιρβάνα και δεν θα φτάσουμε"
"he won't reach nirvana and we won't"
«Υπάρχουν αμέτρητοι Σαμανάδες εκεί έξω»
"there are uncountable Samanas out there"
«ίσως ούτε ένας να φτάσει στη νιρβάνα»
"perhaps not a single one will reach the nirvana"
«Βρίσκουμε παρηγοριά, βρίσκουμε μούδιασμα, μαθαίνουμε κατορθώματα»
"We find comfort, we find numbness, we learn feats"
"Μαθαίνουμε αυτά τα πράγματα για να εξαπατήσουμε τους άλλους"
"we learn these things to deceive others"
"Αλλά το πιο σημαντικό πράγμα, το μονοπάτι των μονοπατιών, δεν θα το βρούμε"

"But the most important thing, the path of paths, we will not find"
Μίλησε ο Γκοβίντα «Αν δεν θα έλεγες τόσο τρομερά λόγια, Σιντάρτα!»
Spoke Govinda "If you only wouldn't speak such terrible words, Siddhartha!"
"Υπάρχουν τόσοι πολλοί μορφωμένοι άνθρωποι"
"there are so many learned men"
"πώς δεν μπορούσε ένας από αυτούς να μην βρει το μονοπάτι των μονοπατιών;"
"how could not one of them not find the path of paths?"
«Πώς γίνεται τόσοι πολλοί Μπράμαν να μην το βρουν;»
"how can so many Brahmans not find it?"
«Πώς να μην το βρίσκουν τόσοι αυστηροί και σεβαστοί Σαμανάδες;».
"how can so many austere and venerable Samanas not find it?"
"Πώς να μην το βρουν όλοι όσοι ψάχνουν;"
"how can all those who are searching not find it?"
«Πώς να μην το βρουν οι άγιοι άνθρωποι;»
"how can the holy men not find it?"
Αλλά ο Σιντάρτα μίλησε με τόση θλίψη όσο και με κοροϊδία
But Siddhartha spoke with as much sadness as mockery
μίλησε με μια ήσυχη, μια ελαφρώς λυπημένη, μια ελαφρώς σκωπτική φωνή
he spoke with a quiet, a slightly sad, a slightly mocking voice
«Σύντομα, Γκοβίντα, ο φίλος σου θα φύγει από το μονοπάτι των Σαμάνων»
"Soon, Govinda, your friend will leave the path of the Samanas"
"Έχει περπατήσει δίπλα σου τόσο καιρό"
"he has walked along your side for so long"
"Υποφέρω από δίψα"
"I'm suffering of thirst"
"Σε αυτό το μακρύ μονοπάτι μιας Samana, η δίψα μου έχει παραμείνει τόσο δυνατή όσο ποτέ"

"on this long path of a Samana, my thirst has remained as strong as ever"
«Πάντα διψούσα για γνώση»
"I always thirsted for knowledge"
«Πάντα ήμουν γεμάτος ερωτήσεις»
"I have always been full of questions"
«Έχω ρωτήσει τους Μπράμαν, χρόνο με το χρόνο»
"I have asked the Brahmans, year after year"
"Και έχω ζητήσει τις ιερές Βέδες, χρόνο με το χρόνο"
"and I have asked the holy Vedas, year after year"
"Και έχω ζητήσει τον αφοσιωμένο Σαμανά, χρόνο με τον χρόνο"
"and I have asked the devoted Samanas, year after year"
"Ίσως θα μπορούσα να το είχα μάθει από το πουλί hornbill"
"perhaps I could have learned it from the hornbill bird"
«ίσως έπρεπε να ρωτήσω τον χιμπατζή»
"perhaps I should have asked the chimpanzee"
«Μου πήρε πολύ καιρό»
"It took me a long time"
"και δεν το έχω τελειώσει ακόμα"
"and I am not finished learning this yet"
«Ω Γκοβίντα, έμαθα ότι δεν υπάρχει τίποτα να μάθω!»
"oh Govinda, I have learned that there is nothing to be learned!"
«Πραγματικά δεν υπάρχει μάθηση»
"There is indeed no such thing as learning"
"Υπάρχει μόνο μία γνώση"
"There is just one knowledge"
"Αυτή η γνώση είναι παντού, αυτός είναι ο Άτμαν"
"this knowledge is everywhere, this is Atman"
"Αυτή η γνώση είναι μέσα μου και μέσα σου"
"this knowledge is within me and within you"
"και αυτή η γνώση είναι μέσα σε κάθε πλάσμα"
"and this knowledge is within every creature"

«Αυτή η γνώση δεν έχει χειρότερο εχθρό από την επιθυμία να τη γνωρίσεις»
"this knowledge has no worse enemy than the desire to know it"
"αυτό πιστεύω"
"that is what I believe"
Σε αυτό, ο Γκοβίντα σταμάτησε στο μονοπάτι
At this, Govinda stopped on the path
σήκωσε τα χέρια του και μίλησε
he rose his hands, and spoke
«Μακάρι να μην ενοχλούσες τον φίλο σου με τέτοιου είδους κουβέντες»
"If only you would not bother your friend with this kind of talk"
«Αλήθεια, τα λόγια σου προκαλούν φόβο στην καρδιά μου»
"Truly, your words stir up fear in my heart"
"Σκεφτείτε, τι θα γινόταν με την ιερότητα της προσευχής;"
"consider, what would become of the sanctity of prayer?"
"Τι θα γινόταν με την ευλάβεια της κάστας των Μπράμαν;"
"what would become of the venerability of the Brahmans' caste?"
«τι θα γινόταν με την αγιότητα των Σαμανάδων;
"what would happen to the holiness of the Samanas?
«Τι θα γινόταν τότε με όλα αυτά είναι ιερό»
"What would then become of all of that is holy"
"Τι θα ήταν ακόμα πολύτιμο;"
"what would still be precious?"
Και ο Γκοβίντα μουρμούρισε έναν στίχο από μια Ουπανισάντ στον εαυτό του
And Govinda mumbled a verse from an Upanishad to himself
«Αυτός που στοχάζεται, με καθαρό πνεύμα, χάνει τον εαυτό του στο διαλογισμό του Άτμαν»

"He who ponderingly, of a purified spirit, loses himself in the meditation of Atman"
«Ανέκφραστη με λόγια είναι η ευδαιμονία της καρδιάς του»
"inexpressible by words is the blissfulness of his heart"
Όμως ο Σιντάρτα παρέμεινε σιωπηλός
But Siddhartha remained silent
Σκέφτηκε τα λόγια που του είχε πει η Γκοβίντα
He thought about the words which Govinda had said to him
και σκέφτηκε τις λέξεις μέχρι το τέλος τους
and he thought the words through to their end
σκέφτηκε τι θα έμενε από όλα αυτά που φαινόταν άγια
he thought about what would remain of all that which seemed holy
Τι μένει; Τι μπορεί να αντέξει τη δοκιμασία;
What remains? What can stand the test?
Και κούνησε το κεφάλι του
And he shook his head

οι δύο νέοι είχαν ζήσει ανάμεσα στους Σαμάνες για περίπου τρία χρόνια
the two young men had lived among the Samanas for about three years
κάποια νέα, μια φήμη, ένας μύθος τους έφτασε
some news, a rumour, a myth reached them
η φήμη είχε ξαναειπωθεί πολλές φορές
the rumour had been retold many times
Είχε εμφανιστεί ένας άντρας, με το όνομα Gotama
A man had appeared, Gotama by name
ο εξυψωμένος, ο Βούδας
the exalted one, the Buddha
είχε ξεπεράσει τα βάσανα του κόσμου μέσα του
he had overcome the suffering of the world in himself
και είχε σταματήσει τον κύκλο των αναγεννήσεων
and he had halted the cycle of rebirths
Λέγεται ότι περιπλανιόταν στη γη, διδάσκοντας

He was said to wander through the land, teaching
λέγεται ότι περιβάλλεται από μαθητές
he was said to be surrounded by disciples
Λέγεται ότι ήταν χωρίς κατοχή, σπίτι ή σύζυγο
he was said to be without possession, home, or wife
λέγεται ότι ήταν μόνο με τον κίτρινο μανδύα ενός ασκητή
he was said to be in just the yellow cloak of an ascetic
αλλά ήταν με ένα χαρούμενο μέτωπο
but he was with a cheerful brow
και λεγόταν ότι ήταν άνθρωπος της ευδαιμονίας
and he was said to be a man of bliss
Βραχμάνοι και πρίγκιπες υποκλίθηκαν μπροστά του
Brahmans and princes bowed down before him
και έγιναν μαθητές του
and they became his students
Αυτός ο μύθος, αυτή η φήμη, αυτός ο θρύλος αντήχησε
This myth, this rumour, this legend resounded
το άρωμά του αναδύθηκε, εδώ κι εκεί, στις πόλεις
its fragrance rose up, here and there, in the towns
οι Βραχμάνοι μίλησαν για αυτόν τον μύθο
the Brahmans spoke of this legend
και στο δάσος το μιλούσαν οι Σαμανάδες
and in the forest, the Samanas spoke of it
ξανά και ξανά, το όνομα του Γκοτάμα του Βούδα
έφτασε στα αυτιά των νεαρών ανδρών
again and again, the name of Gotama the Buddha reached the ears of the young men
μιλούσαν καλά και κακά για τον Γκότάμα
there was good and bad talk of Gotama
άλλοι επαίνεσαν τον Γκοτάμα, άλλοι τον δυσφημούσαν
some praised Gotama, others defamed him
Ήταν σαν να είχε ξεσπάσει η πανούκλα σε μια χώρα
It was as if the plague had broken out in a country
είχε διαδοθεί η είδηση ότι στο ένα ή στο άλλο μέρος
υπήρχε ένας άντρας

news had been spreading around that in one or another place there was a man
**ένας σοφός άνθρωπος, ένας γνώστης**
a wise man, a knowledgeable one
**ένας άνθρωπος που ο λόγος και η ανάσα του ήταν αρκετά για να γιατρέψει τους πάντες**
a man whose word and breath was enough to heal everyone
**Η παρουσία του θα μπορούσε να θεραπεύσει οποιονδήποτε είχε μολυνθεί από τον λοιμό**
his presence could heal anyone who had been infected with the pestilence
**τέτοιες ειδήσεις κυκλοφόρησαν στη χώρα και όλοι θα μιλούσαν γι' αυτό**
such news went through the land, and everyone would talk about it
**πολλοί πίστεψαν τις φήμες, πολλοί τις αμφισβήτησαν**
many believed the rumours, many doubted them
**αλλά πολλοί πήραν το δρόμο τους το συντομότερο δυνατό**
but many got on their way as soon as possible
**πήγαν να αναζητήσουν τον σοφό, τον βοηθό**
they went to seek the wise man, the helper
**ο σοφός της οικογένειας των Σακυών**
the wise man of the family of Sakya
**Κατείχε, όπως είπαν οι πιστοί, την ύψιστη φώτιση**
He possessed, so the believers said, the highest enlightenment
**Θυμήθηκε τις προηγούμενες ζωές του. είχε φτάσει στη νιρβάνα**
he remembered his previous lives; he had reached the nirvana
**και δεν επέστρεψε ποτέ στον κύκλο**
and he never returned into the cycle
**δεν βυθίστηκε ποτέ ξανά στο θολό ποτάμι των φυσικών μορφών**
he was never again submerged in the murky river of physical forms
**Πολλά υπέροχα και απίστευτα αναφέρθηκαν γι' αυτόν**

Many wonderful and unbelievable things were reported of him
είχε κάνει θαύματα
he had performed miracles
είχε νικήσει τον διάβολο
he had overcome the devil
είχε μιλήσει στους θεούς
he had spoken to the gods
Αλλά οι εχθροί του και οι άπιστοι είπαν ότι ο Γκοτάμα ήταν ένας ματαιόδοξος σαγηνευτής
But his enemies and disbelievers said Gotama was a vain seducer
είπαν ότι περνούσε τις μέρες του στην πολυτέλεια
they said he spent his days in luxury
είπαν ότι περιφρονούσε τις προσφορές
they said he scorned the offerings
είπαν ότι ήταν χωρίς να μάθει
they said he was without learning
είπαν ότι δεν ήξερε ούτε διαλογιστικές ασκήσεις ούτε αυτοκατηγορία
they said he knew neither meditative exercises nor self-castigation
Ο μύθος του Βούδα ακουγόταν γλυκός
The myth of Buddha sounded sweet
Το άρωμα της μαγείας αναβλύζει από αυτές τις αναφορές
The scent of magic flowed from these reports
Εξάλλου, ο κόσμος ήταν άρρωστος και η ζωή ήταν δύσκολη
After all, the world was sick, and life was hard to bear
και ιδού, εδώ φαινόταν να ξεπηδά μια πηγή ανακούφισης
and behold, here a source of relief seemed to spring forth
εδώ φαινόταν να φωνάζει ένας αγγελιοφόρος
here a messenger seemed to call out
παρήγορο, ήπιο, γεμάτο ευγενείς υποσχέσεις

comforting, mild, full of noble promises
Παντού όπου ακούστηκε η φήμη του Βούδα, οι νεαροί άντρες άκουγαν
Everywhere where the rumour of Buddha was heard, the young men listened up
παντού στα εδάφη της Ινδίας ένιωθαν μια λαχτάρα
everywhere in the lands of India they felt a longing
παντού όπου οι άνθρωποι έψαχναν, ένιωθαν ελπίδα
everywhere where the people searched, they felt hope
κάθε προσκυνητής και ξένος ήταν ευπρόσδεκτος όταν έφερνε νέα του
every pilgrim and stranger was welcome when he brought news of him
ο εξυψωμένος, ο Σακιαμούνι
the exalted one, the Sakyamuni
Ο μύθος είχε φτάσει και στον Σαμανά στο δάσος
The myth had also reached the Samanas in the forest
και ο Σιντάρτα και η Γκοβίντα άκουσαν επίσης τον μύθο
and Siddhartha and Govinda heard the myth too
σιγά σιγά, σταγόνα σταγόνα, άκουσαν τον μύθο
slowly, drop by drop, they heard the myth
κάθε σταγόνα ήταν φορτωμένη με ελπίδα
every drop was laden with hope
κάθε σταγόνα ήταν φορτωμένη με αμφιβολία
every drop was laden with doubt
Σπάνια μιλούσαν γι' αυτό
They rarely talked about it
γιατί στον πιο παλιό από τους Σαμανάδες δεν άρεσε αυτός ο μύθος
because the oldest one of the Samanas did not like this myth
είχε ακούσει ότι αυτός ο υποτιθέμενος Βούδας ήταν ασκητής
he had heard that this alleged Buddha used to be an ascetic
άκουσε ότι είχε ζήσει στο δάσος
he heard he had lived in the forest

αλλά είχε γυρίσει πίσω στην πολυτέλεια και τις κοσμικές απολαύσεις
but he had turned back to luxury and worldly pleasures
και δεν είχε μεγάλη γνώμη γι' αυτόν τον Γκοτάμα
and he had no high opinion of this Gotama

«Ω Σιντάρτα», μίλησε μια μέρα ο Γκοβίντα στον φίλο του
"Oh Siddhartha," Govinda spoke one day to his friend
«Σήμερα ήμουν στο χωριό»
"Today, I was in the village"
«Και ένας Μπράχμαν με κάλεσε στο σπίτι του»
"and a Brahman invited me into his house"
"Και στο σπίτι του ήταν ο γιος ενός Μπράχμαν από τη Μαγκάντα"
"and in his house, there was the son of a Brahman from Magadha"
"είδε τον Βούδα με τα μάτια του"
"he has seen the Buddha with his own eyes"
"και τον άκουσε να διδάσκει"
"and he has heard him teach"
«Αλήθεια, αυτό με πονούσε στο στήθος όταν ανέπνεα»
"Verily, this made my chest ache when I breathed"
«Και σκέφτηκα αυτό από μέσα μου:»
"and I thought this to myself:"
"Μακάρι να ακούσαμε τις διδασκαλίες από το στόμα αυτού του τελειοποιημένου ανθρώπου!"
"if only we heard the teachings from the mouth of this perfected man!"
«Μίλα, φίλε, δεν θα θέλαμε να πάμε κι εμείς εκεί»
"Speak, friend, wouldn't we want to go there too"
«Δεν θα ήταν καλό να ακούσουμε τις διδασκαλίες από το στόμα του Βούδα;»
"wouldn't it be good to listen to the teachings from the Buddha's mouth?"

Μίλησε ο Σιντάρθα, «Νόμιζα ότι θα έμενες με τους Σαμάνες»
Spoke Siddhartha, "I had thought you would stay with the Samanas"
«Πάντα πίστευα ότι στόχος σου ήταν να ζήσεις μέχρι τα εβδομήντα»
"I always had believed your goal was to live to be seventy"
«Νόμιζα ότι θα συνέχιζες να εξασκείς αυτά τα κατορθώματα και τις ασκήσεις»
"I thought you would keep practising those feats and exercises"
"και νόμιζα ότι θα γίνεις σαμάνα"
"and I thought you would become a Samana"
«Μα ιδού, δεν γνώριζα αρκετά καλά τον Γκοβίντα»
"But behold, I had not known Govinda well enough"
«Γνώριζα λίγα πράγματα για την καρδιά του»
"I knew little of his heart"
"Λοιπόν τώρα θέλεις να πάρεις έναν νέο δρόμο"
"So now you want to take a new path"
«Και θέλετε να πάτε εκεί όπου ο Βούδας διαδίδει τις διδασκαλίες του»
"and you want to go there where the Buddha spreads his teachings"
Μίλησε ο Γκοβίντα, «Με κοροϊδεύεις»
Spoke Govinda, "You're mocking me"
«Χλεύασέ με αν θέλεις, Σιντάρτα!»
"Mock me if you like, Siddhartha!"
«Αλλά δεν έχετε αναπτύξει επίσης την επιθυμία να ακούσετε αυτές τις διδασκαλίες;»
"But have you not also developed a desire to hear these teachings?"
«Δεν είπες ότι δεν θα περπατούσες το μονοπάτι των Σαμανών για πολύ ακόμα;»
"have you not said you would not walk the path of the Samanas for much longer?"
Σε αυτό, ο Σιντάρτα γέλασε με τον δικό του τρόπο

At this, Siddhartha laughed in his very own manner
τον τρόπο με τον οποίο η φωνή του έπαιρνε ένα άγγιγμα θλίψης
the manner in which his voice assumed a touch of sadness
αλλά είχε ακόμα αυτό το άγγιγμα της κοροϊδίας
but it still had that touch of mockery
Μίλησε ο Σιντάρθα, «Γκοβίντα, μίλησες καλά»
Spoke Siddhartha, "Govinda, you've spoken well"
"Σωστά θυμήθηκες αυτό που είπα"
"you've remembered correctly what I said"
«Αν θυμηθείς το άλλο που άκουσες από μένα»
"If only you remembered the other thing you've heard from me"
«Έχω γίνει δυσπιστία και κουράστηκα απέναντι στις διδασκαλίες και τη μάθηση»
"I have grown distrustful and tired against teachings and learning"
"Η πίστη μου στις λέξεις, που μας φέρνουν οι δάσκαλοι, είναι μικρή"
"my faith in words, which are brought to us by teachers, is small"
«Αλλά ας το κάνουμε, αγαπητέ μου»
"But let's do it, my dear"
«Είμαι πρόθυμος να ακούσω αυτές τις διδασκαλίες»
"I am willing to listen to these teachings"
«αν και στην καρδιά μου δεν έχω ελπίδα»
"though in my heart I do not have hope"
«Πιστεύω ότι έχουμε ήδη δοκιμάσει τον καλύτερο καρπό αυτών των διδασκαλιών»
"I believe that we've already tasted the best fruit of these teachings"
Μίλησε ο Γκοβίντα, «Η προθυμία σου ευχαριστεί την καρδιά μου»
Spoke Govinda, "Your willingness delights my heart"
«Μα πες μου, πώς θα μπορούσε να είναι αυτό;»
"But tell me, how should this be possible?"

«Πώς μπορούν οι διδασκαλίες του Gotama να μας έχουν ήδη αποκαλύψει τον καλύτερο καρπό τους;»
"How can the Gotama's teachings have already revealed their best fruit to us?"
«Δεν έχουμε ακούσει ακόμα τα λόγια του»
"we have not heard his words yet"
Μίλησε ο Σιντάρτα, «Ας φάμε αυτό το φρούτο»
Spoke Siddhartha, "Let us eat this fruit"
«Και ας περιμένουμε τα υπόλοιπα, ω Γκοβίντα!»
"and let us wait for the rest, oh Govinda!"
«Αλλά αυτός ο καρπός συνίσταται στο να μας καλεί μακριά από τους Σαμάνες»
"But this fruit consists in him calling us away from the Samanas"
"και το έχουμε ήδη λάβει χάρη στο Gotama!"
"and we have already received it thanks to the Gotama!"
"Είτε έχει περισσότερα, ας περιμένουμε με ήρεμη καρδιά"
"Whether he has more, let us await with calm hearts"

Την ίδια ακριβώς μέρα ο Σιντάρτα μίλησε στον γηραιότερο Σαμάνα
On this very same day Siddhartha spoke to the oldest Samana
του είπε την απόφασή του να αποχωρήσει από τους Σαμανά
he told him of his decision to leaves the Samanas
ενημέρωσε τον μεγαλύτερο με ευγένεια και σεμνότητα
he informed the oldest one with courtesy and modesty
αλλά ο Σαμάνα θύμωσε που οι δύο νέοι ήθελαν να τον αφήσουν
but the Samana became angry that the two young men wanted to leave him
και μιλούσε δυνατά και χρησιμοποιούσε χοντροκομμένα λόγια
and he talked loudly and used crude words
Η Γκοβίντα τρόμαξε και ντράπηκε

Govinda was startled and became embarrassed
Αλλά ο Σιντάρτα έβαλε το στόμα του κοντά στο αυτί του Γκοβίντα
But Siddhartha put his mouth close to Govinda's ear
«Τώρα, θέλω να δείξω στον γέρο τι έχω μάθει από αυτόν»
"Now, I want to show the old man what I've learned from him"
Ο Σιντάρτα τοποθετήθηκε κοντά στη Σαμάνα
Siddhartha positioned himself closely in front of the Samana
με συγκεντρωμένη ψυχή αιχμαλώτισε το βλέμμα του γέρου
with a concentrated soul, he captured the old man's glance
του στέρησε τη δύναμή του και τον έκανε βουβό
he deprived him of his power and made him mute
του αφαίρεσε την ελεύθερη βούληση
he took away his free will
τον υπέταξε με τη θέλησή του και τον πρόσταξε
he subdued him under his own will, and commanded him
τα μάτια του έγιναν ακίνητα και η θέλησή του παρέλυσε
his eyes became motionless, and his will was paralysed
τα χέρια του κρέμονταν χωρίς ρεύμα
his arms were hanging down without power
είχε πέσει θύμα του ξόρκι του Σιντάρθα
he had fallen victim to Siddhartha's spell
Οι σκέψεις του Σιντάρτα έφεραν τους Σαμάνα υπό τον έλεγχό τους
Siddhartha's thoughts brought the Samana under their control
έπρεπε να εκτελέσει αυτό που διέταξαν
he had to carry out what they commanded
Και έτσι, ο γέρος έκανε αρκετές υπόκλιση
And thus, the old man made several bows
έκανε χειρονομίες ευλογίας
he performed gestures of blessing
μίλησε τραυλίζοντας μια θεϊκή ευχή για καλό ταξίδι

he spoke stammeringly a godly wish for a good journey
οι νέοι ανταπέδωσαν τις ευχές με ευχαριστίες
the young men returned the good wishes with thanks
συνέχισαν το δρόμο τους με χαιρετισμούς
they went on their way with salutations
Στο δρόμο, η Γκοβίντα μίλησε ξανά
On the way, Govinda spoke again
«Ω Σιντάρτα, έχεις μάθει περισσότερα από τους Σαμάνες από όσα ήξερα εγώ»
"Oh Siddhartha, you have learned more from the Samanas than I knew"
«Είναι πολύ δύσκολο να κάνεις ξόρκι σε μια παλιά Samana»
"It is very hard to cast a spell on an old Samana"
«Πραγματικά, αν είχες μείνει εκεί, σύντομα θα μάθαινες να περπατάς στο νερό»
"Truly, if you had stayed there, you would soon have learned to walk on water"
«Δεν επιδιώκω να περπατήσω στο νερό», είπε ο Σιντάρτα
"I do not seek to walk on water" said Siddhartha
«Ας αρκείται ο παλιός Σαμανάς με τέτοια κατορθώματα!»
"Let old Samanas be content with such feats!"

## Γκοτάμα
## Gotama

Στο Σαβάθι, κάθε παιδί γνώριζε το όνομα του εξυψωμένου Βούδα
In Savathi, every child knew the name of the exalted Buddha
κάθε σπίτι ήταν προετοιμασμένο για τον ερχομό του
every house was prepared for his coming
κάθε σπίτι γέμιζε τις ελεημοσύνη-πιάτα των μαθητών του Γκόταμα
each house filled the alms-dishes of Gotama's disciples
Οι μαθητές του Γκόταμα ήταν εκείνοι που σιωπηλά ζητιανεύουν
Gotama's disciples were the silently begging ones
Κοντά στην πόλη ήταν το αγαπημένο μέρος για διαμονή της Gotama
Near the town was Gotama's favourite place to stay
έμεινε στον κήπο της Τζεταβάνα
he stayed in the garden of Jetavana
ο πλούσιος έμπορος Αναθαπίνδικα είχε δώσει τον κήπο στον Γκόταμα
the rich merchant Anathapindika had given the garden to Gotama
του το είχε κάνει δώρο
he had given it to him as a gift
ήταν υπάκουος λάτρης του υψωμένου
he was an obedient worshipper of the exalted one
οι δύο νεαροί ασκητές είχαν λάβει παραμύθια και απαντήσεις
the two young ascetics had received tales and answers
όλες αυτές οι ιστορίες και οι απαντήσεις τους έδειχναν στην κατοικία του Γκόταμα
all these tales and answers pointed them to Gotama's abode
έφτασαν στην πόλη Σαβάθι
they arrived in the town of Savathi
πήγαν στην πρώτη κιόλας πόρτα της πόλης

they went to the very first door of the town
**και παρακαλούσαν για φαγητό στην πόρτα**
and they begged for food at the door
**μια γυναίκα τους πρόσφερε φαγητό**
a woman offered them food
**και δέχτηκαν το φαγητό**
and they accepted the food
**ρώτησε τη γυναίκα ο Σιντάρτα**
Siddhartha asked the woman
**«Ω φιλάνθρωπος, πού κατοικεί ο Βούδας;»**
"oh charitable one, where does the Buddha dwell?"
**"Είμαστε δύο σαμάνες από το δάσος"**
"we are two Samanas from the forest"
**«Ήρθαμε να δούμε το τελειοποιημένο»**
"we have come to see the perfected one"
**«Ήρθαμε να ακούσουμε τις διδασκαλίες από το στόμα του»**
"we have come to hear the teachings from his mouth"
**Μίλησε η γυναίκα, "εσύ Σαμανά από το δάσος"**
Spoke the woman, "you Samanas from the forest"
**"Πραγματικά ήρθες στο σωστό μέρος"**
"you have truly come to the right place"
**«Να ξέρεις, στη Τζεταβάνα, υπάρχει ο κήπος των Αναθαπίνδικα»**
"you should know, in Jetavana, there is the garden of Anathapindika"
**«εκεί κατοικεί ο εξυψωμένος»**
"that is where the exalted one dwells"
**«Εκεί θα διανυκτερεύσετε εσείς οι προσκυνητές»**
"there you pilgrims shall spend the night"
**"Υπάρχει αρκετός χώρος για τους αναρίθμητους, που συρρέουν εδώ"**
"there is enough space for the innumerable, who flock here"
**«έρχονται κι αυτοί να ακούσουν τις διδασκαλίες από το στόμα του»**
"they too come to hear the teachings from his mouth"

**Αυτό έκανε τον Γκοβίντα χαρούμενο και γεμάτο χαρά**
This made Govinda happy, and full of joy
αναφώνησε, "φτάσαμε στον προορισμό μας"
he exclaimed, "we have reached our destination"
**"Η πορεία μας έφτασε στο τέλος της!"**
"our path has come to an end!"
«Μα πες μας, ω μάνα των προσκυνητών»
"But tell us, oh mother of the pilgrims"
«τον ξέρεις, τον Βούδα;»
"do you know him, the Buddha?"
«Τον έχεις δει με τα μάτια σου;»
"have you seen him with your own eyes?"
**Είπε η γυναίκα, «Πολλές φορές τον έχω δει, τον εξυψωμένο»**
Spoke the woman, "Many times I have seen him, the exalted one"
«Πολλές μέρες τον έχω δει»
"On many days I have seen him"
«Τον έχω δει να περπατάει στα σοκάκια σιωπηλός»
"I have seen him walking through the alleys in silence"
«Τον έχω δει να φοράει τον κίτρινο μανδύα του»
"I have seen him wearing his yellow cloak"
«Τον έχω δει να παρουσιάζει το πιάτο ελεημοσύνης του σιωπηλά»
"I have seen him presenting his alms-dish in silence"
«Τον έχω δει στις πόρτες των σπιτιών»
"I have seen him at the doors of the houses"
"Και τον είδα να φεύγει με ένα γεμάτο πιάτο"
"and I have seen him leaving with a filled dish"
**Με χαρά, η Γκοβίντα άκουσε τη γυναίκα**
Delightedly, Govinda listened to the woman
**και ήθελε να ρωτήσει και να ακούσει πολλά περισσότερα**
and he wanted to ask and hear much more
**Αλλά ο Σιντάρτα τον παρότρυνε να συνεχίσει**
But Siddhartha urged him to walk on

Ευχαρίστησαν τη γυναίκα και έφυγαν
They thanked the woman and left
σχεδόν δεν χρειάστηκε να ζητήσουν οδηγίες
they hardly had to ask for directions
πολλοί προσκυνητές και μοναχοί πήγαιναν στο Jetavana
many pilgrims and monks were on their way to the Jetavana
το έφτασαν το βράδυ, οπότε υπήρχαν συνεχείς αφίξεις
they reached it at night, so there were constant arrivals
και όσοι αναζήτησαν καταφύγιο το πήραν
and those who sought shelter got it
Οι δύο Σαμάνες είχαν συνηθίσει τη ζωή στο δάσος
The two Samanas were accustomed to life in the forest
έτσι χωρίς να κάνουν θόρυβο βρήκαν γρήγορα ένα μέρος να μείνουν
so without making any noise they quickly found a place to stay
και ξεκουράστηκαν εκεί μέχρι το πρωί
and they rested there until the morning

Με την ανατολή του ηλίου, είδαν με έκπληξη το μέγεθος του πλήθους
At sunrise, they saw with astonishment the size of the crowd
είχε έρθει μεγάλος αριθμός πιστών
a great many number of believers had come
και ένας μεγάλος αριθμός περίεργων ανθρώπων είχε περάσει τη νύχτα εδώ
and a great number of curious people had spent the night here
Σε όλα τα μονοπάτια του υπέροχου κήπου, μοναχοί περπατούσαν με κίτρινες ρόμπες
On all paths of the marvellous garden, monks walked in yellow robes
κάτω από τα δέντρα κάθονταν εδώ κι εκεί, σε βαθιά περισυλλογή
under the trees they sat here and there, in deep contemplation
ή ήταν σε μια συζήτηση για πνευματικά θέματα
or they were in a conversation about spiritual matters

οι σκιεροί κήποι έμοιαζαν με πόλη
the shady gardens looked like a city
μια πόλη γεμάτη κόσμο, πολύβουη σαν μέλισσες
a city full of people, bustling like bees
Η πλειοψηφία των μοναχών βγήκε με το πιάτο της ελεημοσύνης τους
The majority of the monks went out with their alms-dish
βγήκαν έξω να μαζέψουν φαγητό για το μεσημεριανό τους
they went out to collect food for their lunch
αυτό θα ήταν το μοναδικό τους γεύμα της ημέρας
this would be their only meal of the day
Ο ίδιος ο Βούδας, ο φωτισμένος, παρακαλούσε επίσης τα πρωινά
The Buddha himself, the enlightened one, also begged in the mornings
Ο Σιντάρθα τον είδε και τον αναγνώρισε αμέσως
Siddhartha saw him, and he instantly recognised him
τον αναγνώρισε σαν να τον είχε υποδείξει κάποιος Θεός
he recognised him as if a God had pointed him out
Τον είδε, έναν απλό άντρα με κίτρινη ρόμπα
He saw him, a simple man in a yellow robe
κρατούσε το πιάτο της ελεημοσύνης στο χέρι του, περπατώντας σιωπηλά
he was bearing the alms-dish in his hand, walking silently
"Κοίτα εδώ!" είπε ήσυχα ο Σιντάρτα στον Γκοβίντα
"Look here!" Siddhartha said quietly to Govinda
"Αυτός είναι ο Βούδας"
"This one is the Buddha"
Προσεκτικά, η Γκοβίντα κοίταξε τον μοναχό με την κίτρινη ρόμπα
Attentively, Govinda looked at the monk in the yellow robe
αυτός ο μοναχός φαινόταν να μην είναι καθόλου διαφορετικός από κανέναν από τους άλλους
this monk seemed to be in no way different from any of the others

αλλά σύντομα, η Γκοβίντα συνειδητοποίησε επίσης ότι αυτό ήταν το ένα
but soon, Govinda also realized that this is the one
Και τον ακολούθησαν και τον παρατήρησαν
And they followed him and observed him
Ο Βούδας συνέχισε το δρόμο του, σεμνά και βαθιά στις σκέψεις του
The Buddha went on his way, modestly and deep in his thoughts
Το ήρεμο πρόσωπό του δεν ήταν ούτε χαρούμενο ούτε λυπημένο
his calm face was neither happy nor sad
το πρόσωπό του φαινόταν να χαμογελάει ήσυχα και μέσα του
his face seemed to smile quietly and inwardly
το χαμόγελό του ήταν κρυφό, ήσυχο και ήρεμο
his smile was hidden, quiet and calm
ο τρόπος που περπατούσε ο Βούδας έμοιαζε κάπως με υγιές παιδί
the way the Buddha walked somewhat resembled a healthy child
περπάτησε όπως έκαναν όλοι οι μοναχοί του
he walked just as all of his monks did
τοποθέτησε τα πόδια του σύμφωνα με έναν ακριβή κανόνα
he placed his feet according to a precise rule
το πρόσωπό του και το περπάτημά του, το ήσυχα χαμηλωμένο βλέμμα του
his face and his walk, his quietly lowered glance
το σιωπηλά κρεμασμένο χέρι του, κάθε δάχτυλό του
his quietly dangling hand, every finger of it
όλα αυτά εξέφραζαν ειρήνη
all these things expressed peace
όλα αυτά τα πράγματα εξέφραζαν την τελειότητα
all these things expressed perfection
δεν έψαξε, ούτε μιμήθηκε

he did not search, nor did he imitate
ανέπνευσε απαλά μέσα του μια απέραντη ηρεμία
he softly breathed inwardly an unwhithering calm
έλαμπε εξωτερικά ένα αδέσποτο φως
he shone outwardly an unwhithering light
είχε πάνω του μια άθικτη γαλήνη
he had about him an untouchable peace
οι δύο Σαμάνες τον αναγνώρισαν μόνο από την τελειότητα της ηρεμίας του
the two Samanas recognised him solely by the perfection of his calm
τον αναγνώρισαν από την ησυχία της εμφάνισής του
they recognized him by the quietness of his appearance
η ησυχία στην εμφάνισή του στην οποία δεν υπήρχε ψάξιμο
the quietness in his appearance in which there was no searching
δεν υπήρχε επιθυμία, ούτε μίμηση
there was no desire, nor imitation
δεν έγινε προσπάθεια να φανεί
there was no effort to be seen
μόνο φως και γαλήνη φαινόταν στην εμφάνισή του
only light and peace was to be seen in his appearance
«Σήμερα, θα ακούσουμε τις διδασκαλίες από το στόμα του», είπε ο Γκοβίντα
"Today, we'll hear the teachings from his mouth" said Govinda
Ο Σιντάρτα δεν απάντησε
Siddhartha did not answer
Ένιωθε λίγη περιέργεια για τις διδασκαλίες
He felt little curiosity for the teachings
δεν πίστευε ότι θα του μάθαιναν κάτι καινούργιο
he did not believe that they would teach him anything new
είχε ακούσει το περιεχόμενο των διδασκαλιών αυτού του Βούδα ξανά και ξανά

he had heard the contents of this Buddha's teachings again and again
αλλά αυτές οι αναφορές αντιπροσώπευαν μόνο μεταχειρισμένες πληροφορίες
but these reports only represented second hand information
Αλλά κοίταξε προσεκτικά το κεφάλι της Γκόταμα
But attentively he looked at Gotama's head
τους ώμους του, τα πόδια του, το χέρι του που κρέμεται ήσυχα
his shoulders, his feet, his quietly dangling hand
ήταν σαν κάθε δάχτυλο αυτού του χεριού να ήταν από αυτές τις διδασκαλίες
it was as if every finger of this hand was of these teachings
τα δάχτυλά του μιλούσαν για αλήθεια
his fingers spoke of truth
τα δάχτυλά του ανέπνευσαν και εξέπνευσαν το άρωμα της αλήθειας
his fingers breathed and exhaled the fragrance of truth
τα δάχτυλά του έλαμπαν από αλήθεια
his fingers glistened with truth
αυτός ο Βούδας ήταν ειλικρινής μέχρι τη χειρονομία του τελευταίου του δαχτύλου
this Buddha was truthful down to the gesture of his last finger
Ο Σιντάρτα μπορούσε να δει ότι αυτός ο άνθρωπος ήταν άγιος
Siddhartha could see that this man was holy
Ποτέ πριν, ο Σιντάρτα δεν είχε σεβαστεί τόσο πολύ έναν άνθρωπο
Never before, Siddhartha had venerated a person so much
ποτέ άλλοτε δεν είχε αγαπήσει έναν άνθρωπο όσο αυτό
he had never before loved a person as much as this one
Και οι δύο ακολούθησαν τον Βούδα μέχρι να φτάσουν στην πόλη
They both followed the Buddha until they reached the town
και μετά επέστρεψαν στη σιωπή τους
and then they returned to their silence

οι ίδιοι σκόπευαν να απόσχουν αυτή την ημέρα
they themselves intended to abstain on this day
Είδαν τον Γκοτάμα να επιστρέφει το φαγητό που του είχαν δώσει
They saw Gotama returning the food that had been given to him
αυτό που έτρωγε δεν θα μπορούσε να ικανοποιήσει ούτε την όρεξη ενός πουλιού
what he ate could not even have satisfied a bird's appetite
και τον είδαν να αποσύρεται στη σκιά των μανγκόδεντρων
and they saw him retiring into the shade of the mango-trees

το βράδυ η ζέστη είχε κρυώσει
in the evening the heat had cooled down
όλοι στο στρατόπεδο άρχισαν να βουίζουν και μαζεύτηκαν γύρω
everyone in the camp started to bustle about and gathered around
άκουσαν τη διδασκαλία του Βούδα και τη φωνή του
they heard the Buddha teaching, and his voice
και η φωνή του τελειοποιήθηκε επίσης
and his voice was also perfected
η φωνή του ήταν τέλεια ήρεμη
his voice was of perfect calmness
η φωνή του ήταν γεμάτη γαλήνη
his voice was full of peace
Ο Γκοτάμα δίδαξε τις διδασκαλίες του πόνου
Gotama taught the teachings of suffering
δίδασκε για την προέλευση του πόνου
he taught of the origin of suffering
δίδαξε τον τρόπο για να ανακουφίσει τα βάσανα
he taught of the way to relieve suffering
Ήρεμα και ξεκάθαρα ο ήσυχος λόγος του κυλούσε
Calmly and clearly his quiet speech flowed on

Τα βάσανα ήταν ζωή και γεμάτος βάσανα ήταν ο κόσμος
Suffering was life, and full of suffering was the world
αλλά η σωτηρία από τα βάσανα είχε βρεθεί
but salvation from suffering had been found
Η σωτηρία επιτεύχθηκε από αυτόν που θα περπατούσε το μονοπάτι του Βούδα
salvation was obtained by him who would walk the path of the Buddha
Με μια απαλή, αλλά σταθερή φωνή μίλησε ο εξυψωμένος
With a soft, yet firm voice the exalted one spoke
δίδαξε τα τέσσερα κύρια δόγματα
he taught the four main doctrines
δίδαξε το οκταπλό μονοπάτι
he taught the eight-fold path
υπομονετικά πήγε το συνηθισμένο μονοπάτι των διδασκαλιών
patiently he went the usual path of the teachings
οι διδασκαλίες του περιείχαν τα παραδείγματα
his teachings contained the examples
η διδασκαλία του έκανε χρήση των επαναλήψεων
his teaching made use of the repetitions
φωτεινά και ήσυχα η φωνή του αιωρούνταν πάνω από τους ακροατές
brightly and quietly his voice hovered over the listeners
η φωνή του ήταν σαν φως
his voice was like a light
η φωνή του ήταν σαν έναστρος ουρανός
his voice was like a starry sky
Όταν ο Βούδας τελείωσε την ομιλία του, πολλοί προσκυνητές προχώρησαν
When the Buddha ended his speech, many pilgrims stepped forward
ζήτησαν να γίνουν δεκτοί στην κοινότητα
they asked to be accepted into the community

αναζήτησαν καταφύγιο στις διδασκαλίες
they sought refuge in the teachings
Και ο Γκοτάμα τους δέχτηκε μιλώντας
And Gotama accepted them by speaking
"Έχετε ακούσει καλά τις διδασκαλίες"
"You have heard the teachings well"
"Ενταχθείτε μαζί μας και περπατήστε στην αγιότητα"
"join us and walk in holiness"
«δώστε ένα τέλος σε όλα τα δεινά»
"put an end to all suffering"
Ιδού, τότε ο Γκοβίντα, ο ντροπαλός, προχώρησε και μίλησε
Behold, then Govinda, the shy one, also stepped forward and spoke
«Και εγώ βρίσκω καταφύγιο στον υψωμένο και τις διδασκαλίες του»
"I also take my refuge in the exalted one and his teachings"
και ζήτησε να γίνει δεκτός στην κοινότητα των μαθητών του
and he asked to be accepted into the community of his disciples
και έγινε δεκτός στην κοινότητα των μαθητών του **Gotama**
and he was accepted into the community of Gotama's disciples

ο Βούδας είχε αποσυρθεί για τη νύχτα
the Buddha had retired for the night
Η Γκοβίντα γύρισε στον Σιντάρτα και μίλησε με ανυπομονησία
Govinda turned to Siddhartha and spoke eagerly
«Σιντάρτα, δεν είναι το μέρος μου να σε μαλώσω»
"Siddhartha, it is not my place to scold you"
«Έχουμε ακούσει και οι δύο τον εξυψωμένο»
"We have both heard the exalted one"
«Και οι δύο αντιληφθήκαμε τις διδασκαλίες»
"we have both perceived the teachings"

"Ο Γκοβίντα άκουσε τις διδασκαλίες"
"Govinda has heard the teachings"
«Έχει βρει καταφύγιο στις διδασκαλίες»
"he has taken refuge in the teachings"
«Αλλά, αξιότιμη μου φίλη, πρέπει να σε ρωτήσω»
"But, my honoured friend, I must ask you"
«Δεν θέλεις κι εσύ να βαδίσεις τον δρόμο της σωτηρίας;»
"don't you also want to walk the path of salvation?"
«Θα θέλατε να διστάσετε;
"Would you want to hesitate?"
"θέλεις να περιμένεις άλλο;"
"do you want to wait any longer?"
Ο Σιντάρτα ξύπνησε σαν να είχε κοιμηθεί
Siddhartha awakened as if he had been asleep
Για πολλή ώρα, κοίταξε το πρόσωπο της Γκοβίντα
For a long time, he looked into Govinda's face
Μετά μίλησε ήσυχα, με φωνή χωρίς κοροϊδία
Then he spoke quietly, in a voice without mockery
«Γκοβίντα, φίλε μου, τώρα έκανες αυτό το βήμα»
"Govinda, my friend, now you have taken this step"
«Τώρα διάλεξες αυτόν τον δρόμο»
"now you have chosen this path"
«Πάντα, ω Γκοβίντα, ήσουν φίλος μου»
"Always, oh Govinda, you've been my friend"
"Πάντα περπατούσες ένα βήμα πίσω μου"
"you've always walked one step behind me"
«Συχνά σε έχω σκεφτεί»
"Often I have thought about you"
«Δεν θα κάνει ούτε ο Γκοβίντα ένα βήμα μόνος του»»
"'Won't Govinda for once also take a step by himself'"
«Δεν θα κάνει ο Γκοβίντα ένα βήμα χωρίς εμένα;»
"'won't Govinda take a step without me?'"
«Δεν θα κάνει ένα βήμα οδηγούμενος από την ίδια του την ψυχή;»
"'won't he take a step driven by his own soul?'"
«Να, τώρα έγινες άντρας»

"Behold, now you've turned into a man"
"Εσύ επιλέγεις τον δρόμο σου μόνος σου"
"you are choosing your path for yourself"
«Μακάρι να το φτάσεις μέχρι το τέλος»
"I wish that you would go it up to its end"
"Ω φίλε μου, ελπίζω να βρεις τη σωτηρία!"
"oh my friend, I hope that you shall find salvation!"
Η Γκοβίντα, δεν το είχε καταλάβει ακόμα εντελώς
Govinda, did not completely understand it yet
επανέλαβε την ερώτησή του με ανυπόμονο τόνο
he repeated his question in an impatient tone
«Μίλα, σε ικετεύω, καλή μου!»
"Speak up, I beg you, my dear!"
«Πες μου, γιατί δεν γινόταν αλλιώς»
"Tell me, since it could not be any other way"
«Δεν θα καταφύγεις κι εσύ στον εξυψωμένο Βούδα;»
"won't you also take your refuge with the exalted Buddha?"
Ο Σιντάρτα έβαλε το χέρι του στον ώμο της Γκοβίντα
Siddhartha placed his hand on Govinda's shoulder
«Δεν άκουσες την καλή μου ευχή για σένα»
"You failed to hear my good wish for you"
"Επαναλαμβάνω την ευχή μου για σένα"
"I'm repeating my wish for you"
«Μακάρι να ακολουθούσες αυτόν τον δρόμο»
"I wish that you would go this path"
«Μακάρι να ανέβαινες μέχρι το τέλος αυτού του μονοπατιού»
"I wish that you would go up to this path's end"
«Μακάρι να βρεις τη σωτηρία!»
"I wish that you shall find salvation!"
Εκείνη τη στιγμή, ο Γκοβίντα συνειδητοποίησε ότι ο φίλος του τον είχε αφήσει
In this moment, Govinda realized that his friend had left him
όταν το κατάλαβε άρχισε να κλαίει
when he realized this he started to weep
"Σιντάρτα!" αναφώνησε θρηνητικά

"Siddhartha!" he exclaimed lamentingly
Ο Σιντάρτα του μίλησε ευγενικά
Siddhartha kindly spoke to him
«Μην ξεχνάς, Γκοβίντα, ποιος είσαι»
"don't forget, Govinda, who you are"
"Είσαι τώρα ένας από τους Σαμάνες του Βούδα"
"you are now one of the Samanas of the Buddha"
«Απαρνήθηκες το σπίτι σου και τους γονείς σου»
"You have renounced your home and your parents"
"Έχετε απαρνηθεί τη γέννηση και τα υπάρχοντά σας"
"you have renounced your birth and possessions"
«Απαρνήθηκες την ελεύθερη βούλησή σου»
"you have renounced your free will"
"Έχεις απαρνηθεί κάθε φιλία"
"you have renounced all friendship"
«Αυτό απαιτούν οι διδασκαλίες»
"This is what the teachings require"
«αυτό θέλει ο εξυψωμένος»
"this is what the exalted one wants"
«Αυτό ήθελες για τον εαυτό σου»
"This is what you wanted for yourself"
«Αύριο, ω Γκοβίντα, θα σε αφήσω»
"Tomorrow, oh Govinda, I will leave you"
Για πολλή ώρα οι φίλοι συνέχισαν να περπατούν στον κήπο
For a long time, the friends continued walking in the garden
για πολλή ώρα, ξάπλωσαν εκεί και δεν βρήκαν ύπνο
for a long time, they lay there and found no sleep
Και ξανά και ξανά, ο Γκοβίντα παρότρυνε τον φίλο του
And over and over again, Govinda urged his friend
"Γιατί δεν θέλετε να αναζητήσετε καταφύγιο στις διδασκαλίες του Gotama;"
"why would you not want to seek refuge in Gotama's teachings?"
«Τι λάθος θα μπορούσες να βρεις σε αυτές τις διδασκαλίες;»

"what fault could you find in these teachings?"
Όμως ο Σιντάρτα αποστράφηκε από τον φίλο του
But Siddhartha turned away from his friend
κάθε φορά που έλεγε, "Να είσαι ικανοποιημένος, Γκοβίντα!"
every time he said, "Be content, Govinda!"
«Πολύ καλές είναι οι διδασκαλίες του υψωμένου»
"Very good are the teachings of the exalted one"
«Πώς θα μπορούσα να βρω ένα λάθος στις διδασκαλίες του;»
"how could I find a fault in his teachings?"

ήταν πολύ νωρίς το πρωί
it was very early in the morning
ένας από τους παλαιότερους μοναχούς πέρασε από τον κήπο
one of the oldest monks went through the garden
κάλεσε εκείνους που είχαν βρει καταφύγιο στις διδασκαλίες
he called to those who had taken their refuge in the teachings
τους κάλεσε να τους ντύσει με την κίτρινη ρόμπα
he called them to dress them up in the yellow robe
και τους καθοδήγησε στις πρώτες διδασκαλίες και καθήκοντα της θέσης τους
and he instruct them in the first teachings and duties of their position
Ο Γκοβίντα αγκάλιασε για άλλη μια φορά τον παιδικό του φίλο
Govinda once again embraced his childhood friend
και μετά έφυγε με τους αρχάριους
and then he left with the novices
Αλλά ο Σιντάρτα περπάτησε στον κήπο, χαμένος στις σκέψεις του
But Siddhartha walked through the garden, lost in thought
Τότε έτυχε να συναντήσει τον Γκόταμα, τον εξυψωμένο
Then he happened to meet Gotama, the exalted one

τον χαιρέτησε με σεβασμό
he greeted him with respect
το βλέμμα του Βούδα ήταν γεμάτο καλοσύνη και ηρεμία
the Buddha's glance was full of kindness and calm
ο νεαρός κάλεσε το θάρρος του
the young man summoned his courage
ζήτησε από τον σεβαστό την άδεια να του μιλήσει
he asked the venerable one for the permission to talk to him
Σιωπηλά, ο εξυψωμένος έγνεψε την επιδοκιμασία του
Silently, the exalted one nodded his approval
Μίλησε ο Σιντάρθα, "Χθες, ω εξυψωμένος"
Spoke Siddhartha, "Yesterday, oh exalted one"
«Είχα το προνόμιο να ακούσω τις θαυμαστές διδασκαλίες σου»
"I had been privileged to hear your wondrous teachings"
«Μαζί με τον φίλο μου, είχα έρθει από μακριά, για να ακούσω τις διδασκαλίες σου»
"Together with my friend, I had come from afar, to hear your teachings"
«Και τώρα ο φίλος μου θα μείνει με τους δικούς σου ανθρώπους»
"And now my friend is going to stay with your people"
"Έχει βρει το καταφύγιό του μαζί σου"
"he has taken his refuge with you"
«Αλλά θα ξαναρχίσω το προσκύνημα μου»
"But I will again start on my pilgrimage"
«Όπως θέλεις», είπε ευγενικά ο σεβάσμιος
"As you please," the venerable one spoke politely
«Πολύ τολμηρή είναι η ομιλία μου», συνέχισε ο Σιντάρτα
"Too bold is my speech," Siddhartha continued
"Αλλά δεν θέλω να αφήσω τον εξυψωμένο σε αυτό το σημείωμα"
"but I do not want to leave the exalted on this note"

«Θέλω να μοιραστώ με τον πιο σεβαστό τις ειλικρινείς σκέψεις μου»
"I want to share with the most venerable one my honest thoughts"
«Είναι ευχαριστημένος ο σεβαστός να ακούει για μια στιγμή ακόμα;»
"Does it please the venerable one to listen for one moment longer?"
Σιωπηλά, ο Βούδας έγνεψε την επιδοκιμασία του
Silently, the Buddha nodded his approval
Μίλησε ο Σιντάρθα, «ω, σεβασμιώτατε»
Spoke Siddhartha, "oh most venerable one"
"Υπάρχει ένα πράγμα που θαύμασα στις διδασκαλίες σου περισσότερο από όλα"
"there is one thing I have admired in your teachings most of all"
«Τα πάντα στις διδασκαλίες σου είναι απολύτως ξεκάθαρα»
"Everything in your teachings is perfectly clear"
"Αυτό που λες είναι αποδεδειγμένο"
"what you speak of is proven"
"παρουσιάζεις τον κόσμο σαν μια τέλεια αλυσίδα"
"you are presenting the world as a perfect chain"
«μια αλυσίδα που δεν σπάει ποτέ και πουθενά»
"a chain which is never and nowhere broken"
«μια αιώνια αλυσίδα της οποίας οι κρίκοι είναι αιτίες και αποτελέσματα»
"an eternal chain the links of which are causes and effects"
«Ποτέ πριν, δεν έχει δει τόσο καθαρά αυτό»
"Never before, has this been seen so clearly"
"Ποτέ πριν, δεν έχει παρουσιαστεί τόσο αδιάψευστα"
"never before, has this been presented so irrefutably"
"Πραγματικά, η καρδιά κάθε Brahman πρέπει να χτυπά πιο δυνατά με αγάπη"
"truly, the heart of every Brahman has to beat stronger with love"

"Έχει δει τον κόσμο μέσα από τις τέλεια συνδεδεμένες διδασκαλίες σου"
"he has seen the world through your perfectly connected teachings"
"χωρίς κενά, καθαρό σαν κρύσταλλο"
"without gaps, clear as a crystal"
"δεν εξαρτάται από την τύχη, όχι από τους θεούς"
"not depending on chance, not depending on Gods"
«Πρέπει να το αποδεχθεί είτε είναι καλό είτε κακό»
"he has to accept it whether it may be good or bad"
«Πρέπει να ζήσει με αυτό είτε θα ήταν πόνο είτε χαρά»
"he has to live by it whether it would be suffering or joy"
"αλλά δεν θέλω να συζητήσω την ομοιομορφία του κόσμου"
"but I do not wish to discuss the uniformity of the world"
"Είναι πιθανό αυτό να μην είναι απαραίτητο"
"it is possible that this is not essential"
«Ο,τι συμβαίνει συνδέεται»
"everything which happens is connected"
"Τα μεγάλα και τα μικρά πράγματα περικλείονται όλα"
"the great and the small things are all encompassed"
«Τους συνδέουν οι ίδιες δυνάμεις του χρόνου»
"they are connected by the same forces of time"
«Συνδέονται με τον ίδιο νόμο των αιτιών»
"they are connected by the same law of causes"
«οι αιτίες της ύπαρξης και του θανάτου»
"the causes of coming into being and of dying"
"Αυτό είναι που λάμπει λαμπρά από τις υψηλές διδασκαλίες σου"
"this is what shines brightly out of your exalted teachings"
"Αλλά, σύμφωνα με τις δικές σας διδασκαλίες, υπάρχει ένα μικρό κενό"
"But, according to your very own teachings, there is a small gap"
"Αυτή η ενότητα και η απαραίτητη αλληλουχία όλων των πραγμάτων σπάνε σε ένα μέρος"

"this unity and necessary sequence of all things is broken in one place"
"αυτός ο κόσμος της ενότητας εισβάλλει από κάτι ξένο"
"this world of unity is invaded by something alien"
"Υπάρχει κάτι καινούργιο, που δεν ήταν εκεί πριν"
"there is something new, which had not been there before"
"υπάρχει κάτι που δεν μπορεί να αποδειχθεί"
"there is something which cannot be demonstrated"
«Υπάρχει κάτι που δεν μπορεί να αποδειχθεί»
"there is something which cannot be proven"
«Αυτές είναι οι διδασκαλίες σου για να ξεπεράσεις τον κόσμο»
"these are your teachings of overcoming the world"
«αυτές είναι οι διδασκαλίες σου για τη σωτηρία»
"these are your teachings of salvation"
«Αλλά με αυτό το μικρό κενό, το αιώνιο διαλύεται ξανά»
"But with this small gap, the eternal breaks apart again"
«Με αυτή τη μικρή παραβίαση, ο νόμος του κόσμου ακυρώνεται»
"with this small breach, the law of the world becomes void"
«Συγχωρέστε με που εξέφρασα αυτήν την αντίρρηση»
"Please forgive me for expressing this objection"
Ήσυχα, η Γκοτάμα τον είχε ακούσει ασυγκίνητη
Quietly, Gotama had listened to him, unmoved
Τώρα μιλούσε, ο τελειοποιημένος, με την ευγενική και ευγενική καθαρή φωνή του
Now he spoke, the perfected one, with his kind and polite clear voice
"Έχεις ακούσει τις διδασκαλίες, ω γιε ενός Μπράχμαν"
"You've heard the teachings, oh son of a Brahman"
"Και καλά για σένα που το σκέφτηκες τόσο βαθιά"
"and good for you that you've thought about it this deeply"
«Βρήκες ένα κενό στις διδασκαλίες μου, ένα λάθος»
"You've found a gap in my teachings, an error"
«Θα πρέπει να το σκεφτείς περισσότερο»
"You should think about this further"

«Προειδοποιήσου, όμως, ω αναζητητής της γνώσης, για το πλήθος των απόψεων»
"But be warned, oh seeker of knowledge, of the thicket of opinions"
"Προειδοποιήστε να μαλώνετε για λέξεις"
"be warned of arguing about words"
«Δεν υπάρχει τίποτα για απόψεις»
"There is nothing to opinions"
«μπορεί να είναι όμορφα ή άσχημα»
"they may be beautiful or ugly"
"Οι απόψεις μπορεί να είναι έξυπνες ή ανόητες"
"opinions may be smart or foolish"
«Όλοι μπορούν να υποστηρίξουν απόψεις ή να τις απορρίψουν»
"everyone can support opinions, or discard them"
«Αλλά οι διδασκαλίες, που ακούσατε από εμένα, δεν είναι γνώμη»
"But the teachings, you've heard from me, are no opinion"
«Στόχος τους δεν είναι να εξηγήσουν τον κόσμο σε αυτούς που αναζητούν τη γνώση»
"their goal is not to explain the world to those who seek knowledge"
«Έχουν διαφορετικό στόχο»
"They have a different goal"
«Στόχος τους είναι η σωτηρία από τα βάσανα»
"their goal is salvation from suffering"
"Αυτό διδάσκει ο Gotama, τίποτα άλλο"
"This is what Gotama teaches, nothing else"
«Εύχομαι να μην θυμώσεις εσύ, ω εξοχέ μου», είπε ο νεαρός
"I wish that you, oh exalted one, would not be angry with me" said the young man
«Δεν σου μίλησα έτσι για να σε μαλώσω»
"I have not spoken to you like this to argue with you"
«Δεν θέλω να διαφωνήσω για λόγια»
"I do not wish to argue about words"

"Έχετε πραγματικά δίκιο, υπάρχουν ελάχιστες απόψεις"
"You are truly right, there is little to opinions"
«Αλλά επιτρέψτε μου να πω κάτι ακόμα»
"But let me say one more thing"
«Δεν αμφέβαλα για σένα ούτε μια στιγμή»
"I have not doubted in you for a single moment"
«Δεν αμφισβήτησα ούτε μια στιγμή ότι είσαι ο Βούδας»
"I have not doubted for a single moment that you are Buddha"
«Δεν αμφισβήτησα ότι έφτασες στον υψηλότερο στόχο»
"I have not doubted that you have reached the highest goal"
"ο υψηλότερος στόχος προς τον οποίο βρίσκονται τόσοι πολλοί Μπράμαν στο δρόμο τους"
"the highest goal towards which so many Brahmans are on their way"
«Βρήκες τη σωτηρία από τον θάνατο»
"You have found salvation from death"
"Σου ήρθε κατά τη διάρκεια της δικής σου αναζήτησης"
"It has come to you in the course of your own search"
"Σου ήρθε στο δικό σου μονοπάτι"
"it has come to you on your own path"
"Έχει έρθει σε σας μέσω των σκέψεων και του διαλογισμού"
"it has come to you through thoughts and meditation"
"έχει έρθει σε σας μέσω συνειδητοποιήσεων και διαφώτισης"
"it has come to you through realizations and enlightenment"
"Αλλά δεν ήρθε σε σας μέσω διδαχών!"
"but it has not come to you by means of teachings!"
«Και αυτή είναι η σκέψη μου»
"And this is my thought"
"Κανείς δεν θα αποκτήσει τη σωτηρία μέσω των διδασκαλιών!"
"nobody will obtain salvation by means of teachings!"
«Δεν θα μπορέσετε να μεταφέρετε την ώρα της φώτισής σας»
"You will not be able to convey your hour of enlightenment"

"Τα λόγια για αυτό που σου συνέβη δεν θα μεταφέρουν τη στιγμή!"
"words of what has happened to you won't convey the moment!"
«Οι διδασκαλίες του φωτισμένου Βούδα περιέχουν πολλά»
"The teachings of the enlightened Buddha contain much"
«Διδάσκει σε πολλούς να ζουν δίκαια»
"it teaches many to live righteously"
"Διδάσκει σε πολλούς να αποφεύγουν το κακό"
"it teaches many to avoid evil"
«Αλλά υπάρχει ένα πράγμα που αυτές οι διδασκαλίες δεν περιέχουν»
"But there is one thing which these teachings do not contain"
"Είναι ξεκάθαροι και αξιοσέβαστοι, αλλά οι διδασκαλίες χάνουν κάτι"
"they are clear and venerable, but the teachings miss something"
"οι διδασκαλίες δεν περιέχουν το μυστήριο"
"the teachings do not contain the mystery"
«το μυστήριο αυτού που έχει βιώσει ο εξυψωμένος για τον εαυτό του»
"the mystery of what the exalted one has experienced for himself"
«Μεταξύ εκατοντάδων χιλιάδων, μόνο αυτός το βίωσε»
"among hundreds of thousands, only he experienced it"
"Αυτό σκέφτηκα και συνειδητοποίησα, όταν άκουσα τις διδασκαλίες"
"This is what I have thought and realized, when I heard the teachings"
«Γι' αυτό συνεχίζω τα ταξίδια μου»
"This is why I am continuing my travels"
"γι' αυτό δεν επιδιώκω άλλες, καλύτερες διδασκαλίες"
"this is why I do not to seek other, better teachings"
"Ξέρω ότι δεν υπάρχουν καλύτερες διδασκαλίες"
"I know there are no better teachings"

«Φεύγω για να φύγω από όλες τις διδασκαλίες και όλους τους δασκάλους»
"I leave to depart from all teachings and all teachers"
"Φεύγω για να φτάσω μόνος μου στο στόχο μου ή για να πεθάνω"
"I leave to reach my goal by myself, or to die"
«Αλλά συχνά, θα σκέφτομαι αυτή τη μέρα, ω εξοχότατε»
"But often, I'll think of this day, oh exalted one"
«Και θα σκεφτώ αυτήν την ώρα, όταν τα μάτια μου είδαν έναν άγιο άνθρωπο»
"and I'll think of this hour, when my eyes beheld a holy man"
Τα μάτια του Βούδα κοίταξαν ήσυχα στο έδαφος
The Buddha's eyes quietly looked to the ground
ήσυχα, σε απόλυτη ηρεμία, το ανεξιχνίαστο πρόσωπό του χαμογελούσε
quietly, in perfect equanimity, his inscrutable face was smiling
μίλησε αργά ο σεβάσμιος
the venerable one spoke slowly
«Μακάρι οι σκέψεις σου να μην είναι λανθασμένες»
"I wish that your thoughts shall not be in error"
«Μακάρι να πετύχεις τον στόχο!»
"I wish that you shall reach the goal!"
"Αλλά υπάρχει κάτι που σου ζητώ να μου πεις"
"But there is something I ask you to tell me"
«Είδες το πλήθος των Σαμανάδων μου;
"Have you seen the multitude of my Samanas?"
«Έχουν καταφύγει στις διδασκαλίες»
"they have taken refuge in the teachings"
"Πιστεύεις ότι θα ήταν καλύτερο να εγκαταλείψουν τις διδασκαλίες;"
"do you believe it would be better for them to abandon the teachings?"
«Πρέπει να επιστρέψουν στον κόσμο των επιθυμιών;»
"should they to return into the world of desires?"

«Μακριά μια τέτοια σκέψη από το μυαλό μου» αναφώνησε ο Σιντάρθα

"Far is such a thought from my mind" exclaimed Siddhartha

«Μακάρι να μείνουν όλοι με τις διδασκαλίες»

"I wish that they shall all stay with the teachings"

«Μακάρι να πετύχουν τον στόχο τους!»

"I wish that they shall reach their goal!"

«Δεν είναι το μέρος μου να κρίνω τη ζωή ενός άλλου ανθρώπου»

"It is not my place to judge another person's life"

«Μπορώ να κρίνω μόνο τη ζωή μου»

"I can only judge my own life."

«Πρέπει να αποφασίσω, πρέπει να διαλέξω, πρέπει να αρνηθώ»

"I must decide, I must chose, I must refuse"

«Η σωτηρία από τον εαυτό μας είναι αυτό που ψάχνουμε οι Σαμανάδες»

"Salvation from the self is what we Samanas search for"

"Ω εξυψωτέ, αν ήμουν ένας από τους μαθητές σου"

"oh exalted one, if only I were one of your disciples"

«Θα φοβόμουν ότι μπορεί να μου συμβεί»

"I'd fear that it might happen to me"

"μόνο φαινομενικά, ο εαυτός μου θα ήταν ήρεμος και θα λυτρωθεί"

"only seemingly, would my self be calm and be redeemed"

"αλλά στην πραγματικότητα θα ζούσε και θα αναπτυσσόταν"

"but in truth it would live on and grow"

"γιατί τότε θα αντικαθιστούσα τον εαυτό μου με τις διδασκαλίες"

"because then I would replace my self with the teachings"

"Ο εαυτός μου θα ήταν χρέος μου να σε ακολουθήσω"

"my self would be my duty to follow you"

"Ο εαυτός μου θα ήταν η αγάπη μου για σένα"

"my self would be my love for you"

"και ο εαυτός μου θα ήταν η κοινότητα των μοναχών!"

"and my self would be the community of the monks!"
Με μισό χαμόγελο η Γκοτάμα κοίταξε στα μάτια τον ξένο
With half of a smile Gotama looked into the stranger's eyes
τα μάτια του ήταν αταλάντευτα ανοιχτά και ευγενικά
his eyes were unwaveringly open and kind
του είπε να φύγει με μια κίνηση που δεν έγινε αντιληπτή
he bid him to leave with a hardly noticeable gesture
«Είσαι σοφός, ω Σαμάνα» μίλησε ο σεβάσμιος
"You are wise, oh Samana" the venerable one spoke
«Ξέρεις να μιλάς σοφά φίλε μου»
"You know how to talk wisely, my friend"
"Να έχετε επίγνωση της υπερβολικής σοφίας!"
"Be aware of too much wisdom!"
Ο Βούδας γύρισε μακριά
The Buddha turned away
Ο Σιντάρτα δεν θα ξεχνούσε ποτέ το βλέμμα του
Siddhartha would never forget his glance
Το μισό του χαμόγελο έμεινε για πάντα χαραγμένο στη μνήμη του Σιντάρτα
his half smile remained forever etched in Siddhartha's memory
σκέφτηκε μέσα του ο Σιντάρτα
Siddhartha thought to himself
«Δεν έχω ξαναδεί άνθρωπο να κοιτάζει και να χαμογελά με αυτόν τον τρόπο»
"I have never before seen a person glance and smile this way"
"κανείς άλλος δεν κάθεται και δεν περπατάει όπως αυτός"
"no one else sits and walks like he does"
«Πραγματικά, θα ήθελα να μπορώ να κοιτάξω και να χαμογελάσω με αυτόν τον τρόπο»
"truly, I wish to be able to glance and smile this way"
«Μακάρι να μπορώ να κάθομαι και να περπατάω κι εγώ με αυτόν τον τρόπο»

"I wish to be able to sit and walk this way, too"
**«απελευθερωμένος, σεβαστός, κρυφός, ανοιχτός, παιδικός και μυστηριώδης»**
"liberated, venerable, concealed, open, childlike and mysterious"
**«Πρέπει να έχει καταφέρει να φτάσει στο πιο εσωτερικό μέρος του εαυτού του»**
"he must have succeeded in reaching the innermost part of his self"
"Μόνο τότε μπορεί κάποιος να ρίξει μια ματιά και να περπατήσει προς αυτόν τον τρόπο"
"only then can someone glance and walk this way"
**«Θα επιδιώξω επίσης να φτάσω στο πιο εσωτερικό μέρος του εαυτού μου»**
"I will also seek to reach the innermost part of my self"
**«Είδα έναν άντρα» σκέφτηκε ο Σιντάρτα**
"I saw a man" Siddhartha thought
"ένας ανύπαντρος, μπροστά στον οποίο θα έπρεπε να χαμηλώσω το βλέμμα μου"
"a single man, before whom I would have to lower my glance"
**«Δεν θέλω να χαμηλώσω το βλέμμα μου πριν από κανέναν άλλον»**
"I do not want to lower my glance before anyone else"
**«Καμία διδασκαλία δεν θα με δελεάσει πια»**
"No teachings will entice me more anymore"
"γιατί οι διδασκαλίες αυτού του ανθρώπου δεν με έχουν δελεάσει"
"because this man's teachings have not enticed me"
**«Με στερείται ο Βούδας» σκέφτηκε ο Σιντάρτα**
"I am deprived by the Buddha" thought Siddhartha
**«Στερούμαι, αν και έχει δώσει τόσα πολλά»**
"I am deprived, although he has given so much"
**«Μου έχει στερήσει τον φίλο μου»**
"he has deprived me of my friend"
"Ο φίλος μου που πίστεψε σε εμένα"
"my friend who had believed in me"

«Ο φίλος μου που τώρα τον πιστεύει»
"my friend who now believes in him"
"Ο φίλος μου που ήταν η σκιά μου"
"my friend who had been my shadow"
"Και τώρα είναι η σκιά του Gotama"
"and now he is Gotama's shadow"
"αλλά μου έδωσε τον Σιντάρτα"
"but he has given me Siddhartha"
"μου έδωσε τον εαυτό μου"
"he has given me myself"

## Αφύπνιση
## Awakening

Ο Σιντάρτα άφησε πίσω του το άλσος μάνγκο
Siddhartha left the mango grove behind him
αλλά ένιωθε ότι και η προηγούμενη ζωή του έμεινε πίσω
but he felt his past life also stayed behind
ο Βούδας, ο τελειοποιημένος, έμεινε πίσω
the Buddha, the perfected one, stayed behind
και ο Γκοβίντα έμεινε κι αυτός πίσω
and Govinda stayed behind too
και η προηγούμενη ζωή του είχε χωρίσει μαζί του
and his past life had parted from him
συλλογίστηκε καθώς περπατούσε αργά
he pondered as he was walking slowly
συλλογίστηκε αυτή την αίσθηση, που τον γέμισε εντελώς
he pondered about this sensation, which filled him completely
Συλλογίστηκε βαθιά, σαν να βουτάει σε βαθιά νερά
He pondered deeply, like diving into a deep water
άφησε τον εαυτό του να βυθιστεί στο έδαφος της αίσθησης
he let himself sink down to the ground of the sensation
άφησε τον εαυτό του να βυθιστεί στο μέρος όπου βρίσκονται τα αίτια
he let himself sink down to the place where the causes lie
ο εντοπισμός των αιτιών είναι η ίδια η ουσία της σκέψης
to identify the causes is the very essence of thinking
έτσι του φαινόταν
this was how it seemed to him
και μόνο από αυτό, οι αισθήσεις μετατρέπονται σε συνειδητοποιήσεις
and by this alone, sensations turn into realizations
και αυτές οι αισθήσεις δεν χάνονται

and these sensations are not lost
αλλά οι αισθήσεις γίνονται οντότητες
but the sensations become entities
και οι αισθήσεις αρχίζουν να εκπέμπουν αυτό που υπάρχει μέσα τους
and the sensations start to emit what is inside of them
δείχνουν τις αλήθειες τους σαν ακτίνες φωτός
they show their truths like rays of light
Προχωρώντας αργά, ο Σιντάρτα συλλογίστηκε
Slowly walking along, Siddhartha pondered
Συνειδητοποίησε ότι δεν ήταν πια νέος
He realized that he was no youth any more
κατάλαβε ότι είχε μετατραπεί σε άντρα
he realized that he had turned into a man
Κατάλαβε ότι κάτι τον είχε αφήσει
He realized that something had left him
με τον ίδιο τρόπο που ένα φίδι αφήνεται από το παλιό του δέρμα
the same way a snake is left by its old skin
αυτό που είχε σε όλη τη νιότη του δεν υπήρχε πια μέσα του
what he had throughout his youth no longer existed in him
Κάποτε ήταν μέρος του. την επιθυμία να έχουμε δασκάλους
it used to be a part of him; the wish to have teachers
την επιθυμία να ακούσουμε διδασκαλίες
the wish to listen to teachings
Είχε αφήσει και τον τελευταίο δάσκαλο που είχε εμφανιστεί στο δρόμο του
He had also left the last teacher who had appeared on his path
είχε αφήσει ακόμη και τον υψηλότερο και σοφότερο δάσκαλο
he had even left the highest and wisest teacher
είχε αφήσει τον πιο άγιο, τον Βούδα
he had left the most holy one, Buddha

έπρεπε να τον αποχωριστεί, μη μπορώντας να δεχτεί τις διδασκαλίες του
he had to part with him, unable to accept his teachings
Πιο αργά, προχωρούσε στις σκέψεις του
Slower, he walked along in his thoughts
και ρώτησε τον εαυτό του, "Μα τι είναι αυτό;"
and he asked himself, "But what is this?"
"Τι επιδίωξες να μάθεις από τις διδασκαλίες και από τους δασκάλους;"
"what have you sought to learn from teachings and from teachers?"
«Και τι ήταν αυτοί, που σου έμαθαν τόσα πολλά;»
"and what were they, who have taught you so much?"
"Τι είναι αν δεν μπόρεσαν να σε διδάξουν;"
"what are they if they have been unable to teach you?"
Και βρήκε, "Ήταν ο εαυτός"
And he found, "It was the self"
«Ήταν ο σκοπός και η ουσία του οποίου επιδίωξα να μάθω»
"it was the purpose and essence of which I sought to learn"
«Ήταν ο εαυτός από τον οποίο ήθελα να απελευθερωθώ»
"It was the self I wanted to free myself from"
«ο εαυτός που προσπάθησα να ξεπεράσω»
"the self which I sought to overcome"
«Αλλά δεν μπόρεσα να το ξεπεράσω»
"But I was not able to overcome it"
«Μόνο θα μπορούσα να το εξαπατήσω»
"I could only deceive it"
«Μόνο μπορούσα να ξεφύγω από αυτό»
"I could only flee from it"
«Μόνο μπορούσα να κρυφτώ από αυτό»
"I could only hide from it"
«Πραγματικά, τίποτα σε αυτόν τον κόσμο δεν έχει κρατήσει τις σκέψεις μου τόσο απασχολημένες»
"Truly, no thing in this world has kept my thoughts so busy"

«Με έχει απασχολήσει το μυστήριο του ότι είμαι ζωντανός»
"I have been kept busy by the mystery of me being alive"
"το μυστήριο του ότι είμαι ένα"
"the mystery of me being one"
"το μυστήριο αν είσαι χωρισμένος και απομονωμένος από όλους τους άλλους"
"the mystery if being separated and isolated from all others"
"Το μυστήριο του ότι είμαι ο Σιντάρτα!"
"the mystery of me being Siddhartha!"
"Και δεν υπάρχει τίποτα σε αυτόν τον κόσμο για το οποίο ξέρω λιγότερα"
"And there is no thing in this world I know less about"
συλλογιζόταν ενώ περπατούσε αργά
he had been pondering while slowly walking along
σταμάτησε καθώς τον έπιασαν αυτές οι σκέψεις
he stopped as these thoughts caught hold of him
και αμέσως μια άλλη σκέψη ξεπήδησε από αυτές τις σκέψεις
and right away another thought sprang forth from these thoughts
"Υπάρχει ένας λόγος για τον οποίο δεν ξέρω τίποτα για τον εαυτό μου"
"there's one reason why I know nothing about myself"
"Υπάρχει ένας λόγος για τον οποίο ο Σιντάρτα έμεινε ξένος για μένα"
"there's one reason why Siddhartha has remained alien to me"
«όλα αυτά πηγάζουν από μια αιτία»
"all of this stems from one cause"
«Φοβόμουν τον εαυτό μου και έφευγα»
"I was afraid of myself, and I was fleeing"
«Έχω ψάξει και για τον Άτμαν και για το Μπράχμαν»
"I have searched for both Atman and Brahman"
"Για αυτό ήμουν πρόθυμος να αναλύσω τον εαυτό μου"
"for this I was willing to dissect my self"

"και ήμουν πρόθυμος να ξεφλουδίσω όλα τα στρώματα του"
"and I was willing to peel off all of its layers"
«Ήθελα να βρω τον πυρήνα όλων των φλοιών στο άγνωστο εσωτερικό του»
"I wanted to find the core of all peels in its unknown interior"
"το Άτμαν, η ζωή, το θεϊκό μέρος, το απόλυτο μέρος"
"the Atman, life, the divine part, the ultimate part"
«Αλλά έχασα τον εαυτό μου στη διαδικασία»
"But I have lost myself in the process"
Ο Σιντάρτα άνοιξε τα μάτια του και κοίταξε τριγύρω
Siddhartha opened his eyes and looked around
κοιτάζοντας γύρω του, ένα χαμόγελο γέμισε το πρόσωπό του
looking around, a smile filled his face
μια αίσθηση αφύπνισης από μακροχρόνια όνειρα διέτρεχε μέσα του
a feeling of awakening from long dreams flowed through him
η αίσθηση κύλησε από το κεφάλι του μέχρι τα δάχτυλα των ποδιών του
the feeling flowed from his head down to his toes
Και δεν άργησε να περπατήσει ξανά
And it was not long before he walked again
περπάτησε γρήγορα, σαν άνθρωπος που ξέρει τι πρέπει να κάνει
he walked quickly, like a man who knows what he has got to do
«Τώρα δεν θα αφήσω τον Σιντάρθα να μου ξεφύγει ξανά!»
"now I will not let Siddhartha escape from me again!"
«Δεν θέλω πλέον να ξεκινήσω τις σκέψεις μου και τη ζωή μου με τον Άτμαν»
"I no longer want to begin my thoughts and my life with Atman"
«Ούτε θέλω να ξεκινήσω τις σκέψεις μου με τα βάσανα του κόσμου»

"nor do I want to begin my thoughts with the suffering of the world"
«Δεν θέλω πια να αυτοκτονήσω και να αυτοκτονήσω»
"I do not want to kill and dissect myself any longer"
«Η γιόγκα-βέδα δεν θα με διδάξει πια»
"Yoga-Veda shall not teach me anymore"
«ούτε Αθάρβα-Βέδα, ούτε οι ασκητές»
"nor Atharva-Veda, nor the ascetics"
«Δεν θα υπάρξει κανένα είδος διδασκαλίας»
"there will not be any kind of teachings"
«Θέλω να μάθω από τον εαυτό μου και να είμαι μαθητής μου»
"I want to learn from myself and be my student"
«Θέλω να γνωρίσω τον εαυτό μου· το μυστικό του Σιντάρτα»
"I want to get to know myself; the secret of Siddhartha"

Κοίταξε γύρω του, σαν να έβλεπε τον κόσμο για πρώτη φορά
He looked around, as if he was seeing the world for the first time
Όμορφος και πολύχρωμος ήταν ο κόσμος
Beautiful and colourful was the world
παράξενος και μυστηριώδης ήταν ο κόσμος
strange and mysterious was the world
Εδώ ήταν μπλε, υπήρχε κίτρινο, εδώ ήταν πράσινο
Here was blue, there was yellow, here was green
κυλούσε ο ουρανός και το ποτάμι
the sky and the river flowed
το δάσος και τα βουνά ήταν άκαμπτα
the forest and the mountains were rigid
όλος ο κόσμος ήταν όμορφος
all of the world was beautiful
όλα ήταν μυστηριώδη και μαγικά
all of it was mysterious and magical

και στο μέσο του ήταν αυτός, ο Σιντάρθα, ο αφυπνίζοντας
and in its midst was he, Siddhartha, the awakening one
και ήταν στο μονοπάτι προς τον εαυτό του
and he was on the path to himself
όλο αυτό το κίτρινο και το μπλε και το ποτάμι και το δάσος μπήκαν στη Σιντάρτα
all this yellow and blue and river and forest entered Siddhartha
για πρώτη φορά μπήκε μέσα από τα μάτια
for the first time it entered through the eyes
δεν ήταν πια ξόρκι της Μάρας
it was no longer a spell of Mara
δεν ήταν πια το πέπλο της Μάγιας
it was no longer the veil of Maya
δεν ήταν πια ένα άσκοπο και τυχαίο
it was no longer a pointless and coincidental
τα πράγματα δεν ήταν απλώς μια ποικιλία από απλές εμφανίσεις
things were not just a diversity of mere appearances
εμφανίσεις αποκρουστικές για τον βαθιά σκεπτόμενο Μπράχμαν
appearances despicable to the deeply thinking Brahman
ο σκεπτόμενος Μπράχμαν περιφρονεί τη διαφορετικότητα και αναζητά την ενότητα
the thinking Brahman scorns diversity, and seeks unity
Το μπλε ήταν μπλε και το ποτάμι ήταν ποτάμι
Blue was blue and river was river
ο μοναδικός και θεϊκός ζούσε κρυμμένος στη Σιντάρθα
the singular and divine lived hidden in Siddhartha
ο τρόπος και ο σκοπός της θεότητας ήταν να είναι κίτρινο εδώ και μπλε εκεί
divinity's way and purpose was to be yellow here, and blue there
εκεί ουρανό, εκεί δάσος και εδώ ο Σιντάρτα
there sky, there forest, and here Siddhartha

Ο σκοπός και οι βασικές ιδιότητες δεν ήταν κάπου πίσω από τα πράγματα

The purpose and essential properties was not somewhere behind the things

ο σκοπός και οι βασικές ιδιότητες ήταν μέσα σε όλα

the purpose and essential properties was inside of everything

«Πόσο κουφός και ανόητος υπήρξα! σκέφτηκε

"How deaf and stupid have I been!" he thought

και περπάτησε γρήγορα

and he walked swiftly along

"Όταν κάποιος διαβάζει ένα κείμενο δεν θα περιφρονεί τα σύμβολα και τα γράμματα"

"When someone reads a text he will not scorn the symbols and letters"

«Δεν θα ονομάσει τα σύμβολα απάτες ή συμπτώσεις»

"he will not call the symbols deceptions or coincidences"

«αλλά θα τα διαβάσει όπως γράφτηκαν»

"but he will read them as they were written"

«Θα τα μελετήσει και θα τα αγαπήσει, γράμμα προς γράμμα»

"he will study and love them, letter by letter"

«Ήθελα να διαβάσω το βιβλίο του κόσμου και περιφρόνησα τα γράμματα»

"I wanted to read the book of the world and scorned the letters"

«Ήθελα να διαβάσω το βιβλίο του εαυτού μου και περιφρόνησα τα σύμβολα»

"I wanted to read the book of myself and scorned the symbols"

«Ονόμασα τα μάτια μου και τη γλώσσα μου συμπτωματικά»

"I called my eyes and my tongue coincidental"

"Είπα ότι ήταν άχρηστες μορφές χωρίς ουσία"

"I said they were worthless forms without substance"

"Όχι, αυτό τελείωσε, ξύπνησα"

"No, this is over, I have awakened"

«Πραγματικά ξύπνησα»

"I have indeed awakened"
«Δεν είχα γεννηθεί πριν από αυτή τη μέρα»
"I had not been born before this very day"
Σε αυτές τις σκέψεις, ο Σιντάρτα σταμάτησε ξαφνικά για άλλη μια φορά
In thinking these thoughts, Siddhartha suddenly stopped once again
σταμάτησε σαν να ήταν ένα φίδι ξαπλωμένο μπροστά του
he stopped as if there was a snake lying in front of him
ξαφνικά, είχε αντιληφθεί και κάτι άλλο
suddenly, he had also become aware of something else
Ήταν πράγματι σαν κάποιον που μόλις είχε ξυπνήσει
He was indeed like someone who had just woken up
ήταν σαν νεογέννητο μωρό που ξεκινούσε εκ νέου τη ζωή
he was like a new-born baby starting life anew
και έπρεπε να ξαναρχίσει από την αρχή
and he had to start again at the very beginning
το πρωί είχε πολύ διαφορετικές προθέσεις
in the morning he had had very different intentions
είχε σκεφτεί να επιστρέψει στο σπίτι του και στον πατέρα του
he had thought to return to his home and his father
Τώρα όμως σταμάτησε σαν να βρισκόταν στο δρόμο του ένα φίδι
But now he stopped as if a snake was lying on his path
συνειδητοποίησε πού βρισκόταν
he made a realization of where he was
«Δεν είμαι πια αυτός που ήμουν»
"I am no longer the one I was"
«Δεν είμαι πια ασκητής»
"I am no ascetic anymore"
«Δεν είμαι πια ιερέας»
"I am not a priest anymore"
«Δεν είμαι πια Μπράχμαν»

"I am no Brahman anymore"
«Τι να κάνω στο σπίτι του πατέρα μου;»
"Whatever should I do at my father's place?"
"Μελέτη; Κάντε προσφορές; Ασκηθείτε στο διαλογισμό;"
"Study? Make offerings? Practise meditation?"
«Αλλά όλα αυτά τελείωσαν για μένα»
"But all this is over for me"
"Όλα αυτά δεν είναι πια στο δρόμο μου"
"all of this is no longer on my path"
Ακίνητος, ο Σιντάρτα παρέμεινε όρθιος εκεί
Motionless, Siddhartha remained standing there
και για μια στιγμή και μια ανάσα, η καρδιά του ένιωσε κρύα
and for the time of one moment and breath, his heart felt cold
ένιωσε μια ψυχρότητα στο στήθος του
he felt a coldness in his chest
το ίδιο συναίσθημα νιώθει ένα μικρό ζώο όταν βλέπει πόσο μόνο του είναι
the same feeling a small animal feels when it sees how alone it is
Για πολλά χρόνια, ήταν χωρίς σπίτι και δεν ένιωθε τίποτα
For many years, he had been without home and had felt nothing
Τώρα, ένιωθε ότι είχε μείνει χωρίς σπίτι
Now, he felt he had been without a home
Ωστόσο, ακόμη και στον πιο βαθύ διαλογισμό, ήταν γιος του πατέρα του
Still, even in the deepest meditation, he had been his father's son
ήταν Μπράχμαν, υψηλής κάστας
he had been a Brahman, of a high caste
ήταν κληρικός
he had been a cleric
Τώρα, δεν ήταν παρά ο Σιντάρτα, ο ξύπνιος
Now, he was nothing but Siddhartha, the awoken one

δεν έμεινε τίποτα άλλο από αυτόν
nothing else was left of him
Βαθιά, εισέπνευσε και ένιωσε να κρυώνει
Deeply, he inhaled and felt cold
ένα ρίγος διαπέρασε το κορμί του
a shiver ran through his body
Κανείς δεν ήταν τόσο μόνος όσο αυτός
Nobody was as alone as he was
Δεν υπήρχε ευγενής που να μην ανήκε στους ευγενείς
There was no nobleman who did not belong to the noblemen
Δεν υπήρχε εργάτης που να μην ανήκε στους εργάτες
there was no worker that did not belong to the workers
όλοι είχαν βρει καταφύγιο μεταξύ τους
they had all found refuge among themselves
μοιράστηκαν τη ζωή τους και μιλούσαν τις γλώσσες τους
they shared their lives and spoke their languages
Δεν υπάρχει κανένας Μπράχμαν που δεν θα μπορούσε να θεωρηθεί ως Μπράμαν
there are no Brahman who would not be regarded as Brahmans
και δεν υπάρχουν Βραχμάνοι που να μην έζησαν ως Μπράμαν
and there are no Brahmans that didn't live as Brahmans
δεν υπάρχει ασκητής που να μην μπορούσε να βρει καταφύγιο στους Σαμάνες
there are no ascetic who could not find refuge with the Samanas
και ακόμη και ο πιο απογοητευμένος ερημίτης στο δάσος δεν ήταν μόνος
and even the most forlorn hermit in the forest was not alone
περιβαλλόταν επίσης από ένα μέρος που ανήκε
he was also surrounded by a place he belonged to
ανήκε επίσης σε μια κάστα στην οποία βρισκόταν στο σπίτι
he also belonged to a caste in which he was at home

Ο Γκοβίντα τον είχε αφήσει και έγινε μοναχός
Govinda had left him and became a monk
και χίλιοι μοναχοί ήταν αδέρφια του
and a thousand monks were his brothers
φορούσαν την ίδια ρόμπα με αυτόν
they wore the same robe as him
πίστεψαν στην πίστη του και μιλούσαν τη γλώσσα του
they believed in his faith and spoke his language
Αλλά αυτός, ο Σιντάρτα, πού ανήκε;
But he, Siddhartha, where did he belong to?
Με ποιον θα μοιραζόταν τη ζωή του;
With whom would he share his life?
Ποιανού γλώσσα θα μιλούσε;
Whose language would he speak?
ο κόσμος έλιωσε γύρω του
the world melted away all around him
στεκόταν μόνος σαν αστέρι στον ουρανό
he stood alone like a star in the sky
κρύο και απόγνωση τον περικύκλωσαν
cold and despair surrounded him
αλλά ο Σιντάρτα αναδύθηκε από αυτή τη στιγμή
but Siddhartha emerged out of this moment
Ο Σιντάρτα αναδείχθηκε περισσότερο τον αληθινό του εαυτό από πριν
Siddhartha emerged more his true self than before
ήταν πιο σταθερά συγκεντρωμένος από ποτέ
he was more firmly concentrated than he had ever been
Ένιωθε; "Αυτός ήταν ο τελευταίος τρόμος της αφύπνισης"
He felt; "this had been the last tremor of the awakening"
"ο τελευταίος αγώνας αυτής της γέννησης"
"the last struggle of this birth"
Και δεν άργησε να περπατήσει ξανά με μεγάλους βηματισμούς
And it was not long until he walked again in long strides
άρχισε να προχωράει βιαστικά και ανυπόμονα

he started to proceed swiftly and impatiently
**δεν πήγαινε πια σπίτι**
he was no longer going home
**δεν πήγαινε πια στον πατέρα του**
he was no longer going to his father

## Μέρος Δεύτερο
## Part Two

\*\*\*

## Καμάλα
## Kamala

Ο Σιντάρτα μάθαινε κάτι νέο σε κάθε βήμα του
Siddhartha learned something new on every step of his path
γιατί ο κόσμος μεταμορφώθηκε και η καρδιά του μαγεύτηκε
because the world was transformed and his heart was enchanted
Είδε τον ήλιο να ανατέλλει πάνω από τα βουνά
He saw the sun rising over the mountains
και είδε τον ήλιο να δύει πάνω από τη μακρινή παραλία
and he saw the sun setting over the distant beach
Τη νύχτα, είδε τα αστέρια στον ουρανό σε σταθερές θέσεις
At night, he saw the stars in the sky in their fixed positions
και είδε το μισοφέγγαρο να επιπλέει σαν βάρκα στο γαλάζιο
and he saw the crescent of the moon floating like a boat in the blue
Είδε δέντρα, αστέρια, ζώα και σύννεφα
He saw trees, stars, animals, and clouds
ουράνια τόξα, βράχια, βότανα, λουλούδια, ρυάκια και ποτάμια
rainbows, rocks, herbs, flowers, streams and rivers
είδε την αστραφτερή δροσιά στους θάμνους το πρωί
he saw the glistening dew in the bushes in the morning
είδε μακρινά ψηλά βουνά που ήταν μπλε
he saw distant high mountains which were blue
άνεμος φύσηξε μέσα από τον ορυζώνα
wind blew through the rice-field

όλα αυτά, χιλιοειπωμένα και πολύχρωμα, ήταν πάντα εκεί
all of this, a thousand-fold and colourful, had always been there
**ο ήλιος και το φεγγάρι πάντα έλαμπαν**
the sun and the moon had always shone
**τα ποτάμια πάντα μούγκριζαν και οι μέλισσες πάντα βούιζαν**
rivers had always roared and bees had always buzzed
**αλλά σε παλαιότερες εποχές όλα αυτά ήταν ένα παραπλανητικό πέπλο**
but in former times all of this had been a deceptive veil
**γι' αυτόν δεν ήταν τίποτα άλλο παρά φευγαλέο**
to him it had been nothing more than fleeting
**υποτίθεται ότι το έβλεπαν με δυσπιστία**
it was supposed to be looked upon in distrust
**ήταν προορισμένο να το διαπεράσει και να το καταστρέψει η σκέψη**
it was destined to be penetrated and destroyed by thought
**αφού δεν ήταν η ουσία της ύπαρξης**
since it was not the essence of existence
**αφού αυτή η ουσία βρισκόταν πέρα από, στην άλλη πλευρά, του ορατού**
since this essence lay beyond, on the other side of, the visible
**Αλλά τώρα, τα απελευθερωμένα μάτια του έμειναν σε αυτή την πλευρά**
But now, his liberated eyes stayed on this side
**είδε και αντιλήφθηκε τα ορατά**
he saw and became aware of the visible
**έψαχνε να είναι στο σπίτι σε αυτόν τον κόσμο**
he sought to be at home in this world
**δεν αναζήτησε την αληθινή ουσία**
he did not search for the true essence
**δεν στόχευε σε έναν κόσμο πέρα**
he did not aim at a world beyond
**αυτός ο κόσμος ήταν αρκετά όμορφος για εκείνον**

this world was beautiful enough for him
κοιτάζοντάς το έτσι έκανε τα πάντα παιδικά
looking at it like this made everything childlike
Όμορφα ήταν το φεγγάρι και τα αστέρια
Beautiful were the moon and the stars
όμορφα ήταν το ρέμα και οι όχθες
beautiful was the stream and the banks
το δάσος και τα βράχια, η κατσίκα και ο χρυσοκάνθαρος
the forest and the rocks, the goat and the gold-beetle
το λουλούδι και η πεταλούδα? όμορφο και υπέροχο ήταν
the flower and the butterfly; beautiful and lovely it was
το να περπατήσω στον κόσμο ήταν πάλι παιδικό
to walk through the world was childlike again
έτσι ξύπνησε
this way he was awoken
έτσι ήταν ανοιχτός σε ό,τι ήταν κοντά
this way he was open to what is near
έτσι ήταν χωρίς δυσπιστία
this way he was without distrust
διαφορετικά ο ήλιος έκαιγε το κεφάλι
differently the sun burnt the head
διαφορετικά η σκιά του δάσους τον δρόσιζε
differently the shade of the forest cooled him down
διαφορετική γεύση η κολοκύθα και η μπανάνα
differently the pumpkin and the banana tasted
Μικρές ήταν οι μέρες, μικρές ήταν οι νύχτες
Short were the days, short were the nights
κάθε ώρα απομακρύνονταν γρήγορα σαν πανί στη θάλασσα
every hour sped swiftly away like a sail on the sea
και κάτω από το πανί ήταν ένα πλοίο γεμάτο θησαυρούς, γεμάτο χαρά
and under the sail was a ship full of treasures, full of joy

Ο Σιντάρτα είδε μια ομάδα πιθήκων να κινείται μέσα από τον ψηλό θόλο
Siddhartha saw a group of apes moving through the high canopy
ήταν ψηλά στα κλαδιά των δέντρων
they were high in the branches of the trees
και άκουσε το άγριο, άπληστο τραγούδι τους
and he heard their savage, greedy song
Ο Σιντάρτα είδε ένα αρσενικό πρόβατο να ακολουθεί ένα θηλυκό και να ζευγαρώνει μαζί της
Siddhartha saw a male sheep following a female one and mating with her
Σε μια λίμνη από καλάμια, είδε τον λούτσο να κυνηγάει πεινασμένος για το δείπνο του
In a lake of reeds, he saw the pike hungrily hunting for its dinner
νεαρά ψάρια απομακρύνονταν από τον λούτσο
young fish were propelling themselves away from the pike
ήταν φοβισμένοι, κουνούσαν και σπινθηροβόλησαν
they were scared, wiggling and sparkling
τα νεαρά ψάρια πήδηξαν ομαδικά έξω από το νερό
the young fish jumped in droves out of the water
το άρωμα της δύναμης και του πάθους βγήκε με δύναμη από το νερό
the scent of strength and passion came forcefully out of the water
και ο λούτσος ανακάτεψε το άρωμα
and the pike stirred up the scent
Όλα αυτά υπήρχαν πάντα
All of this had always existed
και δεν το είχε δει, ούτε ήταν μαζί του
and he had not seen it, nor had he been with it
Τώρα ήταν μαζί του και ήταν μέρος του
Now he was with it and he was part of it
Φως και σκιά διέτρεχαν τα μάτια του
Light and shadow ran through his eyes

αστέρια και φεγγάρι διέτρεξαν την καρδιά του
stars and moon ran through his heart

Ο Σιντάρτα θυμήθηκε όλα όσα είχε ζήσει στον Κήπο Τζεταβάνα
Siddhartha remembered everything he had experienced in the Garden Jetavana
θυμήθηκε τη διδασκαλία που είχε ακούσει εκεί από τον θείο Βούδα
he remembered the teaching he had heard there from the divine Buddha
θυμήθηκε τον αποχαιρετισμό από τον Γκοβίντα
he remembered the farewell from Govinda
θυμήθηκε τη συνομιλία με τον υψωμένο
he remembered the conversation with the exalted one
Και πάλι θυμήθηκε τα δικά του λόγια που είχε μιλήσει στον υψωμένο
Again he remembered his own words that he had spoken to the exalted one
θυμόταν κάθε λέξη
he remembered every word
συνειδητοποίησε ότι είχε πει πράγματα που δεν ήξερε πραγματικά
he realized he had said things which he had not really known
έμεινε έκπληκτος με όσα είχε πει στον Γκόταμα
he astonished himself with what he had said to Gotama
ο θησαυρός και το μυστικό του Βούδα δεν ήταν οι διδασκαλίες
the Buddha's treasure and secret was not the teachings
αλλά το μυστικό ήταν το ανέκφραστο και μη διδασκόμενο
but the secret was the inexpressible and not teachable
το μυστικό που είχε βιώσει την ώρα της φώτισής του
the secret which he had experienced in the hour of his enlightenment

το μυστικό δεν ήταν παρά αυτό ακριβώς το πράγμα που είχε τώρα να βιώσει
the secret was nothing but this very thing which he had now gone to experience
το μυστικό ήταν αυτό που τώρα άρχισε να βιώνει
the secret was what he now began to experience
Τώρα έπρεπε να βιώσει τον εαυτό του
Now he had to experience his self
ήξερε ήδη από καιρό ότι ο εαυτός του ήταν ο Άτμαν
he had already known for a long time that his self was Atman
ήξερε ότι ο Άτμαν είχε τα ίδια αιώνια χαρακτηριστικά με τον Μπράχμαν
he knew Atman bore the same eternal characteristics as Brahman
Ποτέ όμως δεν είχε βρει πραγματικά αυτόν τον εαυτό
But he had never really found this self
γιατί ήθελε να αιχμαλωτίσει τον εαυτό του στο δίχτυ της σκέψης
because he had wanted to capture the self in the net of thought
αλλά το σώμα δεν ήταν μέρος του εαυτού
but the body was not part of the self
δεν ήταν το θέαμα των αισθήσεων
it was not the spectacle of the senses
έτσι δεν ήταν ούτε η σκέψη, ούτε ο λογικός νους
so it also was not the thought, nor the rational mind
δεν ήταν η μαθημένη σοφία, ούτε η μαθημένη ικανότητα
it was not the learned wisdom, nor the learned ability
από αυτά τα πράγματα δεν μπορούσαν να εξαχθούν συμπεράσματα
from these things no conclusions could be drawn
Όχι, ο κόσμος της σκέψης ήταν επίσης ακόμα σε αυτήν την πλευρά
No, the world of thought was also still on this side
Και οι δύο, οι σκέψεις και οι αισθήσεις, ήταν όμορφα πράγματα

Both, the thoughts as well as the senses, were pretty things
αλλά το απόλυτο νόημα κρυβόταν πίσω από τους δύο
but the ultimate meaning was hidden behind both of them
έπρεπε να ακουστούν και να παίξουν και τα δύο
both had to be listened to and played with
ούτε έπρεπε να περιφρονηθεί ούτε να υπερεκτιμηθεί
neither had to be scorned nor overestimated
υπήρχαν κρυφές φωνές της πιο εσώτερης αλήθειας
there were secret voices of the innermost truth
αυτές οι φωνές έπρεπε να γίνουν αντιληπτές με προσοχή
these voices had to be attentively perceived
Δεν ήθελε να αγωνιστεί για τίποτα άλλο
He wanted to strive for nothing else
θα έκανε ό,τι του πρόσταζε η φωνή
he would do what the voice commanded him to do
θα έμενε εκεί που τον συμβούλευαν οι φωνές
he would dwell where the voices advised him to
Γιατί ο Γκοτάμα είχε καθίσει κάτω από το δέντρο Μπόντι;
Why had Gotama sat down under the Bodhi tree?
Είχε ακούσει μια φωνή στην καρδιά του
He had heard a voice in his own heart
μια φωνή που τον είχε διατάξει να αναζητήσει ανάπαυση κάτω από αυτό το δέντρο
a voice which had commanded him to seek rest under this tree
θα μπορούσε να είχε προχωρήσει σε προσφορές
he could have gone on to make offerings
θα μπορούσε να είχε κάνει την πλύση του
he could have performed his ablutions
θα μπορούσε να είχε περάσει εκείνη τη στιγμή στην προσευχή
he could have spent that moment in prayer
είχε επιλέξει να μην φάει ή να πιει
he had chosen not to eat or drink
είχε επιλέξει να μην κοιμηθεί ή να ονειρευτεί

he had chosen not to sleep or dream
αντίθετα, είχε υπακούσει στη φωνή
instead, he had obeyed the voice
Το να υπακούς έτσι ήταν καλό
To obey like this was good
καλό ήταν να μην υπακούσουμε σε εξωτερική εντολή
it was good not to obey to an external command
ήταν καλό να υπακούς μόνο στη φωνή
it was good to obey only the voice
να είσαι έτοιμος έτσι ήταν καλό και απαραίτητο
to be ready like this was good and necessary
δεν υπήρχε τίποτα άλλο απαραίτητο
there was nothing else that was necessary

τη νύχτα ο Σιντάρτα έφτασε σε ένα ποτάμι
in the night Siddhartha got to a river
κοιμήθηκε στην αχυρένια καλύβα ενός πορθμείου
he slept in the straw hut of a ferryman
αυτό το βράδυ ο Σιντάρτα είδε ένα όνειρο
this night Siddhartha had a dream
Η Γκοβίντα στεκόταν μπροστά του
Govinda was standing in front of him
ήταν ντυμένος με την κίτρινη ρόμπα ενός ασκητή
he was dressed in the yellow robe of an ascetic
Λυπημένη ήταν η εμφάνιση της Γκοβίντα
Sad was how Govinda looked
λυπημένα ρώτησε: "Γιατί με εγκατέλειψες;"
sadly he asked, "Why have you forsaken me?"
Ο Σιντάρτα αγκάλιασε τον Γκοβίντα και τύλιξε τα χέρια του γύρω του
Siddhartha embraced Govinda, and wrapped his arms around him
τον τράβηξε κοντά στο στήθος του και τον φίλησε
he pulled him close to his chest and kissed him
αλλά δεν ήταν πια ο Γκοβίντα, αλλά μια γυναίκα
but it was not Govinda anymore, but a woman

ένα γεμάτο στήθος έσκασε από το φόρεμα της γυναίκας
a full breast popped out of the woman's dress
Ο Σιντάρτα ξάπλωσε και έπινε από το στήθος
Siddhartha lay and drank from the breast
γλυκά και δυνατά γεύτηκε το γάλα από αυτό το στήθος
sweetly and strongly tasted the milk from this breast
Είχε γεύση γυναίκας και άνδρα
It tasted of woman and man
είχε γεύση ήλιου και δάσους
it tasted of sun and forest
είχε γεύση ζώου και λουλουδιού
it tasted of animal and flower
γεύτηκε από κάθε φρούτο και κάθε χαρούμενη επιθυμία
it tasted of every fruit and every joyful desire
Τον μέθυσε και τον άφησε αναίσθητο
It intoxicated him and rendered him unconscious
Ο Σιντάρτα ξύπνησε από το όνειρο
Siddhartha woke up from the dream
το χλωμό ποτάμι έλαμψε από την πόρτα της καλύβας
the pale river shimmered through the door of the hut
ένα σκοτεινό κάλεσμα μιας κουκουβάγιας αντήχησε βαθιά μέσα στο δάσος
a dark call of an owl resounded deeply through the forest
Ο Σιντάρτα ζήτησε από τον πορθμέα να τον περάσει από το ποτάμι
Siddhartha asked the ferryman to get him across the river
Ο πορθμεάρχης τον πέρασε από το ποτάμι με τη σχεδία μπαμπού του
The ferryman got him across the river on his bamboo-raft
το νερό έλαμψε κοκκινωπό στο φως του πρωινού
the water shimmered reddish in the light of the morning
«Αυτό είναι ένα όμορφο ποτάμι», είπε στον σύντροφό του
"This is a beautiful river," he said to his companion
«Ναι», είπε ο φέρι, «ένα πολύ όμορφο ποτάμι»
"Yes," said the ferryman, "a very beautiful river"

"Το αγαπώ περισσότερο από οτιδήποτε άλλο"
"I love it more than anything"
«Συχνά το έχω ακούσει»
"Often I have listened to it"
«Συχνά την έχω κοιτάξει στα μάτια»
"often I have looked into its eyes"
"και πάντα έμαθα από αυτό"
"and I have always learned from it"
«Πολλά μπορούν να μάθουν από ένα ποτάμι»
"Much can be learned from a river"
«Σε ευχαριστώ, ευεργέ μου» είπε ο Σιντάρτα
"I thank you, my benefactor" spoke Siddhartha
αποβιβάστηκε στην άλλη άκρη του ποταμού
he disembarked on the other side of the river
«Δεν έχω δώρο που θα μπορούσα να σου δώσω για τη φιλοξενία σου, αγαπητέ μου»
"I have no gift I could give you for your hospitality, my dear"
"Και εγώ επίσης δεν έχω καμία πληρωμή για τη δουλειά σου"
"and I also have no payment for your work"
«Είμαι άνθρωπος χωρίς σπίτι»
"I am a man without a home"
"Είμαι ο γιος ενός Μπράχμαν και ενός Σαμάνα"
"I am the son of a Brahman and a Samana"
«Το είδα», είπε ο φέρι
"I did see it," spoke the ferryman
«Δεν περίμενα καμία πληρωμή από σένα»
"I did not expect any payment from you"
"είναι έθιμο οι επισκέπτες να φέρνουν ένα δώρο"
"it is custom for guests to bear a gift"
"αλλά δεν το περίμενα ούτε από σένα"
"but I did not expect this from you either"
«Θα μου κάνεις το δώρο άλλη φορά»
"You will give me the gift another time"
«Έτσι νομίζεις; ρώτησε σαστισμένος ο Σιντάρθα
"Do you think so?" asked Siddhartha, bemusedly

«Είμαι σίγουρος γι' αυτό», απάντησε ο πορθμέας
"I am sure of it," replied the ferryman
"Κι αυτό, το έχω μάθει από το ποτάμι"
"This too, I have learned from the river"
«Ό,τι πάει επιστρέφει!»
"everything that goes comes back!"
«Κι εσύ, Σαμάνα, θα γυρίσεις»
"You too, Samana, will come back"
"Τώρα αντίο! Ας είναι η φιλία σου η ανταμοιβή μου"
"Now farewell! Let your friendship be my reward"
«Μνήμη μου, όταν κάνεις προσφορές στους θεούς»
"Commemorate me, when you make offerings to the gods"
Χαμογελαστοί χώρισαν ο ένας από τον άλλον
Smiling, they parted from each other
Χαμογελώντας, ο Σιντάρθα ήταν χαρούμενος για τη φιλία
Smiling, Siddhartha was happy about the friendship
και χάρηκε για την καλοσύνη του πορθμείου
and he was happy about the kindness of the ferryman
«Είναι σαν τον Γκοβίντα», σκέφτηκε χαμογελώντας
"He is like Govinda," he thought with a smile
"Όλα όσα συναντώ στο δρόμο μου είναι σαν τον Γκοβίντα"
"all I meet on my path are like Govinda"
«Όλοι είναι ευγνώμονες για αυτό που έχουν»
"All are thankful for what they have"
"αλλά είναι αυτοί που θα έχουν το δικαίωμα να λάβουν ευχαριστίες"
"but they are the ones who would have a right to receive thanks"
"Όλοι είναι υποτακτικοί και θα ήθελαν να είμαστε φίλοι"
"all are submissive and would like to be friends"
«Σε όλους αρέσει να υπακούουν και να σκέφτονται ελάχιστα»
"all like to obey and think little"

«Όλοι οι άνθρωποι είναι σαν παιδιά»
"all people are like children"

**Περίπου το μεσημέρι πέρασε από ένα χωριό**
At about noon, he came through a village
**Μπροστά από τα σπιτάκια με λάσπη, παιδιά τριγυρνούσαν στο δρόμο**
In front of the mud cottages, children were rolling about in the street
**έπαιζαν με κολοκυθόσπορους και κοχύλια**
they were playing with pumpkin-seeds and sea-shells
**ούρλιαξαν και τσακώθηκαν μεταξύ τους**
they screamed and wrestled with each other
**αλλά όλοι δειλά δειλά τράπηκαν σε φυγή από την άγνωστη Σαμάνα**
but they all timidly fled from the unknown Samana
**Στο τέλος του χωριού το μονοπάτι οδηγούσε μέσα από ένα ρέμα**
In the end of the village, the path led through a stream
**δίπλα στο ρέμα, μια νεαρή γυναίκα ήταν γονατισμένη**
by the side of the stream, a young woman was kneeling
**έπλενε ρούχα στο ρέμα**
she was washing clothes in the stream
**Όταν η Σιντάρθα τη χαιρέτησε, σήκωσε το κεφάλι της**
When Siddhartha greeted her, she lifted her head
**και τον κοίταξε με ένα χαμόγελο**
and she looked up to him with a smile
**μπορούσε να δει το λευκό στα μάτια της να γυαλίζει**
he could see the white in her eyes glistening
**Της φώναξε μια ευλογία**
He called out a blessing to her
**αυτό ήταν το έθιμο μεταξύ των ταξιδιωτών**
this was the custom among travellers
**και ρώτησε πόσο μακριά ήταν η μεγάλη πόλη**
and he asked how far it was to the large city
**Μετά σηκώθηκε και ήρθε κοντά του**

Then she got up and came to him
όμορφα το βρεγμένο στόμα της γυάλιζε στο νεανικό της πρόσωπο
beautifully her wet mouth was shimmering in her young face
Αντάλλαξε χιουμοριστικά αστεία μαζί του
She exchanged humorous banter with him
ρώτησε αν είχε φάει ήδη
she asked whether he had eaten already
και έκανε περίεργες ερωτήσεις
and she asked curious questions
«Είναι αλήθεια ότι οι Σαμανάδες κοιμόντουσαν μόνοι τους στο δάσος το βράδυ;»
"is it true that the Samanas slept alone in the forest at night?"
"Είναι αλήθεια ότι οι Σαμάνες δεν επιτρέπεται να έχουν γυναίκες μαζί τους"
"is it true Samanas are not allowed to have women with them"
Ενώ μιλούσε, έβαλε το αριστερό της πόδι στο δεξί του
While talking, she put her left foot on his right one
η κίνηση μιας γυναίκας που θα ήθελε να ξεκινήσει τη σεξουαλική απόλαυση
the movement of a woman who would want to initiate sexual pleasure
τα σχολικά βιβλία το ονομάζουν "σκαρφάλωμα σε δέντρο"
the textbooks call this "climbing a tree"
Ο Σιντάρτα ένιωσε το αίμα του να ζεσταίνεται
Siddhartha felt his blood heating up
έπρεπε να σκεφτεί ξανά το όνειρό του
he had to think of his dream again
έσκυψε ελαφρά προς τη γυναίκα
he bend slightly down to the woman
και φίλησε με τα χείλη του την καφέ θηλή του στήθους της
and he kissed with his lips the brown nipple of her breast
Σηκώνοντας το βλέμμα, είδε το πρόσωπό της να χαμογελά

Looking up, he saw her face smiling
**και τα μάτια της ήταν γεμάτα πόθο**
and her eyes were full of lust
**Η Σιντάρτα ένιωθε επίσης επιθυμία για εκείνη**
Siddhartha also felt desire for her
**ένιωσε την πηγή της σεξουαλικότητάς του να κινείται**
he felt the source of his sexuality moving
**αλλά ποτέ πριν δεν είχε αγγίξει γυναίκα**
but he had never touched a woman before
**οπότε δίστασε για μια στιγμή**
so he hesitated for a moment
**τα χέρια του ήταν ήδη έτοιμα να την απλώσουν**
his hands were already prepared to reach out for her
**αλλά μετά άκουσε τη φωνή του εσώτερου εαυτού του**
but then he heard the voice of his innermost self
**ανατρίχιασε από δέος στη φωνή του**
he shuddered with awe at his voice
**και αυτή η φωνή του είπε όχι**
and this voice told him no
**όλα τα γούρια εξαφανίστηκαν από το χαμογελαστό πρόσωπο της νεαρής γυναίκας**
all charms disappeared from the young woman's smiling face
**δεν έβλεπε πια τίποτα άλλο παρά ένα υγρό βλέμμα**
he no longer saw anything else but a damp glance
**το μόνο που μπορούσε να δει ήταν θηλυκό ζώο στη ζέστη**
all he could see was female animal in heat
**Ευγενικά, της χάιδεψε το μάγουλο**
Politely, he petted her cheek
**γύρισε μακριά της και εξαφανίστηκε**
he turned away from her and disappeared away
**έφυγε από την απογοητευμένη γυναίκα με ανάλαφρα βήματα**
he left from the disappointed woman with light steps
**και εξαφανίστηκε στο ξύλο μπαμπού**
and he disappeared into the bamboo-wood

έφτασε στη μεγάλη πόλη πριν το βράδυ
he reached the large city before the evening
και χάρηκε που έφτασε στην πόλη
and he was happy to have reached the city
γιατί ένιωθε την ανάγκη να είναι ανάμεσα στους ανθρώπους
because he felt the need to be among people
ή πολύ καιρό, είχε ζήσει στα δάση
or a long time, he had lived in the forests
για πρώτη φορά μετά από πολύ καιρό κοιμήθηκε κάτω από μια στέγη
for first time in a long time he slept under a roof
Πριν η πόλη ήταν ένας όμορφα περιφραγμένος κήπος
Before the city was a beautifully fenced garden
ο ταξιδιώτης συνάντησε μια μικρή ομάδα υπηρετών
the traveller came across a small group of servants
οι υπηρέτες κουβαλούσαν καλάθια με φρούτα
the servants were carrying baskets of fruit
τέσσερις υπηρέτες κουβαλούσαν μια διακοσμητική καρέκλα σεντάν
four servants were carrying an ornamental sedan-chair
σε αυτή την καρέκλα καθόταν μια γυναίκα, η ερωμένη
on this chair sat a woman, the mistress
ήταν πάνω σε κόκκινα μαξιλάρια κάτω από έναν πολύχρωμο θόλο
she was on red pillows under a colourful canopy
Ο Σιντάρτα σταμάτησε στην είσοδο του κήπου αναψυχής
Siddhartha stopped at the entrance to the pleasure-garden
και είδε την παρέλαση να περνάει
and he watched the parade go by
είδε είδε τους υπηρέτες και τις υπηρέτριες
he saw saw the servants and the maids
είδε τα καλάθια και την καρέκλα-σεντάν
he saw the baskets and the sedan-chair

και είδε την κυρία στην καρέκλα
and he saw the lady on the chair
Κάτω από τα μαύρα μαλλιά της είδε ένα πολύ λεπτό πρόσωπο
Under her black hair he saw a very delicate face
ένα λαμπερό κόκκινο στόμα, σαν φρεσκοραγισμένο σύκο
a bright red mouth, like a freshly cracked fig
φρύδια που ήταν καλά περιποιημένα και βαμμένα σε ψηλό τόξο
eyebrows which were well tended and painted in a high arch
ήταν έξυπνα και άγρυπνα σκοτεινά μάτια
they were smart and watchful dark eyes
ένας καθαρός, ψηλός λαιμός σηκώθηκε από ένα πράσινο και χρυσό ένδυμα
a clear, tall neck rose from a green and golden garment
τα χέρια της ακουμπούσαν, μακριά και λεπτά
her hands were resting, long and thin
είχε φαρδιά χρυσά βραχιόλια στους καρπούς της
she had wide golden bracelets over her wrists
Ο Σιντάρθα είδε πόσο όμορφη ήταν και η καρδιά του χάρηκε
Siddhartha saw how beautiful she was, and his heart rejoiced
Υποκλίθηκε βαθιά, όταν η καρέκλα-σεντάν πλησίασε
He bowed deeply, when the sedan-chair came closer
ισιώνοντας ξανά, κοίταξε το όμορφο, γοητευτικό πρόσωπο
straightening up again, he looked at the fair, charming face
διάβασε τα έξυπνα μάτια της με τα ψηλά τόξα
he read her smart eyes with the high arcs
ανέπνευσε ένα άρωμα από κάτι που δεν ήξερε
he breathed in a fragrance of something he did not know
Με ένα χαμόγελο, η όμορφη γυναίκα έγνεψε για μια στιγμή
With a smile, the beautiful woman nodded for a moment
μετά εξαφανίστηκε στον κήπο

then she disappeared into the garden
και μετά εξαφανίστηκαν και οι υπηρέτες
and then the servants disappeared as well
«Μπαίνω σε αυτή την πόλη με έναν γοητευτικό οιωνό» σκέφτηκε ο Σιντάρτα
"I am entering this city with a charming omen" Siddhartha thought
Αμέσως ένιωσε να τραβιέται στον κήπο
He instantly felt drawn into the garden
αλλά σκέφτηκε την κατάστασή του
but he thought about his situation
αντιλήφθηκε πώς τον είχαν κοιτάξει οι υπηρέτες και οι υπηρέτριες
he became aware of how the servants and maids had looked at him
τον θεωρούσαν απεχθές, δύσπιστο και τον απέρριψαν
they thought him despicable, distrustful, and rejected him
«Είμαι ακόμα Σαμάνα» σκέφτηκε
"I am still a Samana" he thought
«Είμαι ακόμα ασκητής και ζητιάνος»
"I am still an ascetic and beggar"
«Δεν πρέπει να μείνω έτσι»
"I must not remain like this"
«Δεν θα μπορέσω να μπω έτσι στον κήπο», γέλασε
"I will not be able to enter the garden like this," he laughed
ρώτησε το επόμενο άτομο που ήρθε στο μονοπάτι για τον κήπο
he asked the next person who came along the path about the garden
και ρώτησε το όνομα της γυναίκας
and he asked for the name of the woman
του είπαν ότι αυτός ήταν ο κήπος της Καμάλα, της διάσημης εταίρας
he was told that this was the garden of Kamala, the famous courtesan
και του είπαν ότι είχε και εκείνη ένα σπίτι στην πόλη

and he was told that she also owned a house in the city
Μετά, μπήκε στην πόλη με στόχο
Then, he entered the city with a goal
Επιδιώκοντας τον στόχο του, επέτρεψε στην πόλη να τον ρουφήξει
Pursuing his goal, he allowed the city to suck him in
παρασύρθηκε μέσα από τη ροή των δρόμων
he drifted through the flow of the streets
στάθηκε ακίνητος στις πλατείες της πόλης
he stood still on the squares in the city
ακούμπησε στα πέτρινα σκαλοπάτια δίπλα στο ποτάμι
he rested on the stairs of stone by the river
Όταν ήρθε το βράδυ, έκανε παρέα με έναν βοηθό κουρέα
When the evening came, he made friends with a barber's assistant
τον είχε δει να δουλεύει στη σκιά μιας καμάρας
he had seen him working in the shade of an arch
και τον ξαναβρήκε να προσεύχεται σε έναν ναό του Βισνού
and he found him again praying in a temple of Vishnu
είπε για ιστορίες του Βισνού και των Λάκσμι
he told about stories of Vishnu and the Lakshmi
Ανάμεσα στις βάρκες δίπλα στο ποτάμι, κοιμήθηκε αυτό το βράδυ
Among the boats by the river, he slept this night
Ο Σιντάρτα ήρθε κοντά του πριν έρθουν οι πρώτοι πελάτες στο μαγαζί του
Siddhartha came to him before the first customers came into his shop
έβαλε τον βοηθό του κουρέα να του ξυρίσει τα γένια και να του κόψει τα μαλλιά
he had the barber's assistant shave his beard and cut his hair
χτένισε τα μαλλιά του και τα άλειψε με ψιλό λάδι
he combed his hair and anointed it with fine oil
Μετά πήγε να κάνει το μπάνιο του στο ποτάμι
Then he went to take his bath in the river

αργά το απόγευμα, η όμορφη Καμάλα πλησίασε τον κήπο της
late in the afternoon, beautiful Kamala approached her garden
Ο Σιντάρτα στεκόταν πάλι στην είσοδο
Siddhartha was standing at the entrance again
έκανε μια υπόκλιση και δέχτηκε τον χαιρετισμό της εταίρας
he made a bow and received the courtesan's greeting
τράβηξε την προσοχή ενός από τον υπηρέτη
he got the attention of one of the servant
του ζήτησε να ενημερώσει την ερωμένη του
he asked him to inform his mistress
"Ένας νεαρός Μπράχμαν θέλει να της μιλήσει"
"a young Brahman wishes to talk to her"
Μετά από λίγο, ο υπηρέτης επέστρεψε
After a while, the servant returned
ο υπηρέτης ζήτησε από τον Σιντάρτα να τον ακολουθήσει
the servant asked Siddhartha to follow him
Ο Σιντάρτα ακολούθησε τον υπηρέτη σε ένα περίπτερο
Siddhartha followed the servant into a pavilion
εδώ η Καμάλα ήταν ξαπλωμένη σε έναν καναπέ
here Kamala was lying on a couch
και ο υπηρέτης τον άφησε μόνο μαζί της
and the servant left him alone with her
«Δεν στάθηκες κι εσύ εκεί έξω χθες και με χαιρετούσες;» ρώτησε η Καμάλα
"Weren't you also standing out there yesterday, greeting me?" asked Kamala
"Είναι αλήθεια ότι σε έχω ήδη δει και χαιρετήσει χθες"
"It's true that I've already seen and greeted you yesterday"
«Μα δεν φορούσες χθες μούσι και μακριά μαλλιά;»
"But didn't you yesterday wear a beard, and long hair?"
«Και δεν υπήρχε σκόνη στα μαλλιά σου;»
"and was there not dust in your hair?"

«Έχεις παρατηρήσει καλά, τα έχεις δει όλα»
"You have observed well, you have seen everything"
"Έχετε δει τον Σιντάρθα, τον γιο ενός Μπράχμαν"
"You have seen Siddhartha, the son of a Brahman"
«Ο Μπράχμαν που άφησε το σπίτι του για να γίνει Σαμάνα»
"the Brahman who has left his home to become a Samana"
"ο Μπράχμαν που είναι Σαμάνα για τρία χρόνια"
"the Brahman who has been a Samana for three years"
"Αλλά τώρα, άφησα αυτό το μονοπάτι και ήρθα σε αυτήν την πόλη"
"But now, I have left that path and came into this city"
«Και ο πρώτος που συνάντησα, πριν ακόμα μπω στην πόλη, ήσουν εσύ»
"and the first one I met, even before I had entered the city, was you"
«Για να το πω αυτό, ήρθα σε σένα, ω Καμάλα!
"To say this, I have come to you, oh Kamala!"
«Πριν ο Σιντάρτα απευθυνόταν σε όλες τις γυναίκες με τα μάτια στο έδαφος»
"before, Siddhartha addressed all woman with his eyes to the ground"
«Είσαι η πρώτη γυναίκα στην οποία απευθύνομαι διαφορετικά»
"You are the first woman whom I address otherwise"
«Ποτέ ξανά δεν θέλω να γυρίσω τα μάτια μου στο έδαφος»
"Never again do I want to turn my eyes to the ground"
«Δεν θα γυρίσω όταν συναντήσω μια όμορφη γυναίκα»
"I won't turn when I'm coming across a beautiful woman"
Η Καμάλα χαμογέλασε και έπαιξε με τον θαυμαστή της με τα φτερά των παγωνιών
Kamala smiled and played with her fan of peacocks' feathers
«Και μόνο για να μου το πει αυτό, ήρθε σε μένα ο Σιντάρτα;»
"And only to tell me this, Siddhartha has come to me?"

«Να σου πω αυτό και να σε ευχαριστήσω που είσαι τόσο όμορφη»
"To tell you this and to thank you for being so beautiful"
«Θα ήθελα να σε παρακαλέσω να γίνεις φίλος και δάσκαλός μου»
"I would like to ask you to be my friend and teacher"
"γιατί δεν ξέρω τίποτα ακόμα για εκείνη την τέχνη που έχεις μάθει"
"for I know nothing yet of that art which you have mastered"
Σε αυτό, η Καμάλα γέλασε δυνατά
At this, Kamala laughed aloud
"Ποτέ πριν δεν μου έχει συμβεί αυτό, φίλε μου"
"Never before this has happened to me, my friend"
"Μια Σαμάνα από το δάσος ήρθε σε μένα και ήθελε να μάθει από μένα!"
"a Samana from the forest came to me and wanted to learn from me!"
«Ποτέ πριν δεν μου έχει συμβεί αυτό»
"Never before this has happened to me"
«Μου ήρθε μια Σαμάνα με μακριά μαλλιά και μια παλιά, σκισμένη λούφα!»
"a Samana came to me with long hair and an old, torn loincloth!"
«Πολλοί νέοι έρχονται σε μένα»
"Many young men come to me"
"και υπάρχουν και γιοι των Μπράχμαν ανάμεσά τους"
"and there are also sons of Brahmans among them"
"αλλά έρχονται με όμορφα ρούχα"
"but they come in beautiful clothes"
«έρχονται με ωραία παπούτσια»
"they come in fine shoes"
«Έχουν άρωμα στα μαλλιά τους
"they have perfume in their hair
"και έχουν λεφτά στις τσάντες τους"
"and they have money in their pouches"
«Έτσι είναι οι νέοι που έρχονται σε μένα»

"This is how the young men are like, who come to me"
Μίλησε ο Σιντάρθα, «Ήδη έχω αρχίσει να μαθαίνω από σένα»
Spoke Siddhartha, "Already I am starting to learn from you"
«Ακόμα και χθες μάθαινα ήδη»
"Even yesterday, I was already learning"
«Έχω βγάλει ήδη τα γένια μου»
"I have already taken off my beard"
«Έχω χτενιστεί»
"I have combed the hair"
"Και έχω λάδι στα μαλλιά μου"
"and I have oil in my hair"
"Υπάρχουν λίγα που λείπουν ακόμα από μένα"
"There is little which is still missing in me"
"Ω, εξαιρετική, ωραία ρούχα, ωραία παπούτσια, λεφτά στο πουγκί μου"
"oh excellent one, fine clothes, fine shoes, money in my pouch"
«Θα ξέρετε ότι ο Σιντάρτα έχει θέσει πιο σκληρούς στόχους για τον εαυτό του»
"You shall know Siddhartha has set harder goals for himself"
«Και πέτυχε αυτούς τους στόχους»
"and he has reached these goals"
«Πώς να μην φτάσω αυτόν τον στόχο;»
"How shouldn't I reach that goal?"
«Ο στόχος που έβαλα στον εαυτό μου χθες»
"the goal which I have set for myself yesterday"
"Να είμαι φίλος σου και να μαθαίνω τις χαρές της αγάπης από σένα"
"to be your friend and to learn the joys of love from you"
«Θα δεις ότι θα μάθω γρήγορα, Καμάλα»
"You'll see that I'll learn quickly, Kamala"
"Έχω μάθει ήδη πιο δύσκολα πράγματα από αυτά που υποτίθεται ότι θα μου διδάξεις"
"I have already learned harder things than what you're supposed to teach me"
«Και τώρα πάμε σε αυτό»

"And now let's get to it"
«Δεν είσαι ικανοποιημένος με τον Σιντάρτα όπως είναι;»
"You aren't satisfied with Siddhartha as he is?"
«με λάδι στα μαλλιά, αλλά χωρίς ρούχα»
"with oil in his hair, but without clothes"
«Ο Σιντάρτα χωρίς παπούτσια, χωρίς χρήματα»
"Siddhartha without shoes, without money"
Γελώντας, η Καμάλα αναφώνησε, "Όχι, αγαπητέ μου"
Laughing, Kamala exclaimed, "No, my dear"
«Δεν με ικανοποιεί ακόμα»
"he doesn't satisfy me, yet"
«Τα ρούχα είναι αυτό που πρέπει να έχει»
"Clothes are what he must have"
«Όμορφα ρούχα και παπούτσια είναι αυτό που χρειάζεται»
"pretty clothes, and shoes is what he needs"
"Ωραία παπούτσια και πολλά λεφτά στο πουγκί του"
"pretty shoes, and lots of money in his pouch"
"και πρέπει να έχει δώρα για την Καμάλα"
"and he must have gifts for Kamala"
«Το ξέρεις τώρα, Σαμάνα από το δάσος;»
"Do you know it now, Samana from the forest?"
«Σήμαδεψες τα λόγια μου;»
"Did you mark my words?"
«Ναι, έχω σημειώσει τα λόγια σου», αναφώνησε ο Σιντάρθα
"Yes, I have marked your words," Siddhartha exclaimed
«Πώς να μην μαρκάρω λέξεις που βγαίνουν από τέτοιο στόμα!»
"How should I not mark words which are coming from such a mouth!"
«Το στόμα σου είναι σαν φρεσκοσπασμένο σύκο, Καμάλα»
"Your mouth is like a freshly cracked fig, Kamala"
«Το στόμα μου είναι κόκκινο και φρέσκο επίσης»
"My mouth is red and fresh as well"

"Θα είναι κατάλληλο για το δικό σου, θα δεις"
"it will be a suitable match for yours, you'll see"
«Μα πες μου, όμορφη Καμάλα»
"But tell me, beautiful Kamala"
"Δεν φοβάσαι καθόλου τη Σαμάνα από το δάσος""
"aren't you at all afraid of the Samana from the forest""
"Η Σαμάνα που ήρθε για να μάθει πώς να κάνει έρωτα"
"the Samana who has come to learn how to make love"
«Τι να φοβάμαι μια Σαμάνα;»
"Whatever for should I be afraid of a Samana?"
"μια ηλίθια Samana από το δάσος"
"a stupid Samana from the forest"
"Μια Σαμάνα που έρχεται από τα τσακάλια"
"a Samana who is coming from the jackals"
«Μια Σαμάνα που δεν ξέρει ακόμα τι είναι οι γυναίκες;»
"a Samana who doesn't even know yet what women are?"
"Ω, είναι δυνατός, ο Samana"
"Oh, he's strong, the Samana"
«Και δεν φοβάται τίποτα»
"and he isn't afraid of anything"
«Θα μπορούσε να σε αναγκάσει, όμορφη κοπέλα»
"He could force you, beautiful girl"
«Θα μπορούσε να σε απαγάγει και να σε πληγώσει»
"He could kidnap you and hurt you"
"Όχι, Samana, δεν το φοβάμαι αυτό"
"No, Samana, I am not afraid of this"
«Φοβήθηκε ποτέ κανένας Σαμάνα ή Μπράχμαν ότι κάποιος μπορεί να έρθει και να τον αρπάξει;»
"Did any Samana or Brahman ever fear someone might come and grab him?"
«Θα μπορούσε να φοβάται ότι κάποιος κλέβει τη μάθησή του;
"could he fear someone steals his learning?"
"Θα μπορούσε κανείς να πάρει τη θρησκευτική του αφοσίωση"
"could anyone take his religious devotion"

«Είναι δυνατόν να πάρουμε το βάθος της σκέψης του;
"is it possible to take his depth of thought?
«Όχι, γιατί αυτά τα πράγματα είναι δικά του»
"No, because these things are his very own"
«Θα έδινε μόνο τη γνώση που είναι διατεθειμένος να δώσει»
"he would only give away the knowledge he is willing to give"
«Θα έδινε μόνο σε αυτούς στους οποίους είναι διατεθειμένος να δώσει»
"he would only give to those he is willing to give to"
"Ακριβώς έτσι είναι και με την Καμάλα"
"precisely like this it is also with Kamala"
"Και είναι το ίδιο με τις απολαύσεις της αγάπης"
"and it is the same way with the pleasures of love"
«Όμορφο και κόκκινο είναι το στόμα της Καμάλα», απάντησε ο Σιντάρθα
"Beautiful and red is Kamala's mouth," answered Siddhartha
"αλλά μην προσπαθήσεις να το φιλήσεις παρά τη θέληση της Καμάλα"
"but don't try to kiss it against Kamala's will"
"γιατί δεν θα πάρεις ούτε μια σταγόνα γλυκύτητα από αυτό"
"because you will not obtain a single drop of sweetness from it"
«Μαθαίνεις εύκολα, Σιντάρτα»
"You are learning easily, Siddhartha"
«Θα πρέπει να το μάθεις κι αυτό»
"you should also learn this"
"Η αγάπη μπορεί να αποκτηθεί με την επαιτεία, την αγορά"
"love can be obtained by begging, buying"
"μπορείς να το λάβεις δώρο"
"you can receive it as a gift"
"ή μπορείς να το βρεις στο δρόμο"
"or you can find it in the street"
"αλλά η αγάπη δεν μπορεί να κλαπεί"

"but love cannot be stolen"
"Σε αυτό, βρήκατε το λάθος μονοπάτι"
"In this, you have come up with the wrong path"
"Θα ήταν κρίμα αν ήθελες να αντιμετωπίσεις την αγάπη με τόσο λάθος τρόπο"
"it would be a pity if you would want to tackle love in such a wrong manner"
Ο Σιντάρτα υποκλίθηκε με ένα χαμόγελο
Siddhartha bowed with a smile
«Θα ήταν κρίμα, Καμάλα, έχεις τόσο δίκιο»
"It would be a pity, Kamala, you are so right"
«Θα ήταν πολύ κρίμα»
"It would be such a great pity"
"Όχι, δεν θα χάσω ούτε μια σταγόνα γλύκα από το στόμα σου"
"No, I shall not lose a single drop of sweetness from your mouth"
"Ούτε θα χάσεις τη γλύκα από το στόμα μου"
"nor shall you lose sweetness from my mouth"
"Έτσι συμφωνήθηκε. Ο Σιντάρθα θα επιστρέψει"
"So it is agreed. Siddhartha will return"
«Ο Σιντάρθα θα επιστρέψει μόλις αποκτήσει αυτό που του λείπει ακόμα»
"Siddhartha will return once he has what he still lacks"
«Θα επιστρέψει με ρούχα, παπούτσια και χρήματα»
"he will come back with clothes, shoes, and money"
«Μίλα όμως, αγαπητή Καμάλα, δεν μπορείς να μου δώσεις μια μικρή συμβουλή;»
"But speak, lovely Kamala, couldn't you still give me one small advice?"
"Σας δίνω μια συμβουλή; Γιατί όχι;"
"Give you an advice? Why not?"
«Ποιος δεν θα ήθελε να δώσει συμβουλές σε έναν φτωχό, αδαή Σαμάνα;»
"Who wouldn't like to give advice to a poor, ignorant Samana?"

«Αγαπητή Καμάλα, πού πρέπει να πάω για να βρω αυτά τα τρία πράγματα πιο γρήγορα;»
"Dear Kamala, where I should go to find these three things most quickly?"
"Φίλε, πολλοί θα ήθελαν να το μάθουν αυτό"
"Friend, many would like to know this"
«Πρέπει να κάνεις αυτό που έμαθες και να ζητήσεις χρήματα»
"You must do what you've learned and ask for money"
«Δεν υπάρχει άλλος τρόπος για έναν φτωχό να αποκτήσει χρήματα»
"There is no other way for a poor man to obtain money"
«Τι μπορείς να κάνεις;»
"What might you be able to do?"
"Μπορώ να σκεφτώ. Μπορώ να περιμένω. Μπορώ να νηστεύω", είπε ο Σιντάρτα
"I can think. I can wait. I can fast" said Siddhartha
— Τίποτα άλλο; ρώτησε η Καμάλα
"Nothing else?" asked Kamala
«Ναι, μπορώ να γράψω και ποίηση»
"yes, I can also write poetry"
«Θα ήθελες να μου δώσεις ένα φιλί για ένα ποίημα;»
"Would you like to give me a kiss for a poem?"
«Θα ήθελα, αν μου αρέσει το ποίημά σου»
"I would like to, if I like your poem"
«Ποιος θα ήταν ο τίτλος του;»
"What would be its title?"
Ο Σιντάρτα μίλησε, αφού το σκέφτηκε για λίγο
Siddhartha spoke, after he had thought about it for a moment
«Στον σκιερό της κήπο μπήκε η όμορφη Καμάλα»
"Into her shady garden stepped the pretty Kamala"
"Στην είσοδο του κήπου στεκόταν η καφέ **Samana**"
"At the garden's entrance stood the brown Samana"
«Βαθιά, βλέποντας το άνθος του λωτού, έσκυψε εκείνον τον άντρα»
"Deeply, seeing the lotus's blossom, Bowed that man"

«Και χαμογελώντας, η Καμάλα τον ευχαρίστησε»
"and smiling, Kamala thanked him"
«Πιο ωραία, σκέφτηκε ο νεαρός, από προσφορές για θεούς»
"More lovely, thought the young man, than offerings for gods"
Η Καμάλα χτύπησε τα χέρια της τόσο δυνατά που τα χρυσά βραχιόλια χτύπησαν
Kamala clapped her hands so loud that the golden bracelets clanged
«Ωραίοι οι στίχοι σου, ω καφέ Σαμάνα»
"Beautiful are your verses, oh brown Samana"
"Και αλήθεια, δεν χάνω τίποτα όταν σου δίνω ένα φιλί για αυτούς"
"and truly, I'm losing nothing when I'm giving you a kiss for them"
Του έγνεψε με τα μάτια της
She beckoned him with her eyes
έγειρε το κεφάλι του τόσο που το πρόσωπό του άγγιξε το δικό της
he tilted his head so that his face touched hers
και έβαλε το στόμα του στο στόμα της
and he placed his mouth on her mouth
το στόμα που ήταν σαν φρεσκοραγισμένο σύκο
the mouth which was like a freshly cracked fig
Για πολλή ώρα η Καμάλα τον φιλούσε
For a long time, Kamala kissed him
και με μια βαθιά έκπληξη η Σιντάρτα ένιωσε πώς τον δίδαξε
and with a deep astonishment Siddhartha felt how she taught him
ένιωσε πόσο σοφή ήταν
he felt how wise she was
ένιωσε πώς τον έλεγχε
he felt how she controlled him
ένιωσε πώς τον απέρριψε
he felt how she rejected him

ένιωσε πώς τον παρέσυρε
he felt how she lured him
και ένιωσε πώς θα υπήρχαν κι άλλα φιλιά
and he felt how there were to be more kisses
κάθε φιλί ήταν διαφορετικό από τα άλλα
every kiss was different from the others
ήταν ακίνητος, όταν έλαβε τα φιλιά
he was still, when he received the kisses
Αναπνέοντας βαθιά, έμεινε όρθιος εκεί που ήταν
Breathing deeply, he remained standing where he was
έμεινε έκπληκτος σαν παιδί για τα πράγματα που αξίζει να μάθει
he was astonished like a child about the things worth learning
η γνώση αποκαλύφθηκε μπροστά στα μάτια του
the knowledge revealed itself before his eyes
«Πολύ όμορφοι οι στίχοι σου» αναφώνησε η Καμάλα
"Very beautiful are your verses" exclaimed Kamala
«Αν ήμουν πλούσιος, θα σου έδινα κομμάτια χρυσού για αυτούς»
"if I were rich, I would give you pieces of gold for them"
«Μα θα σου είναι δύσκολο να κερδίσεις αρκετά χρήματα με στίχους»
"But it will be difficult for you to earn enough money with verses"
"γιατί χρειάζεσαι πολλά λεφτά, αν θέλεις να γίνεις φίλη της Καμάλα"
"because you need a lot of money, if you want to be Kamala's friend"
«Όπως μπορείς να φιλήσεις, Καμάλα!» τραύλισε ο Σιντάρτα
"The way you're able to kiss, Kamala!" stammered Siddhartha
«Ναι, αυτό μπορώ να το κάνω»
"Yes, this I am able to do"
«άρα δεν μου λείπουν ρούχα, παπούτσια, βραχιόλια»
"therefore I do not lack clothes, shoes, bracelets"
"Έχω όλα τα όμορφα πράγματα"

"I have all the beautiful things"
«Μα τι θα γίνεις με σένα;»
"But what will become of you?"
«Δεν μπορείς να κάνεις κάτι άλλο;»
"Aren't you able to do anything else?"
«Μπορείς να κάνεις περισσότερα από το να σκέφτεσαι, να νηστεύεις και να κάνεις ποίηση;»
"can you do more than think, fast, and make poetry?"
«Ξέρω και τα τραγούδια της θυσίας» είπε ο Σιντάρθα
"I also know the sacrificial songs" said Siddhartha
"αλλά δεν θέλω να τραγουδήσω πια αυτά τα τραγούδια"
"but I do not want to sing those songs anymore"
"Ξέρω επίσης να κάνω μαγικά ξόρκια"
"I also know how to make magic spells"
«αλλά δεν θέλω να τους μιλήσω άλλο»
"but I do not want to speak them anymore"
«Έχω διαβάσει τις γραφές»
"I have read the scriptures"
"Στάση!" τον διέκοψε η Καμάλα
"Stop!" Kamala interrupted him
«Μπορείς να διαβάζεις και να γράφεις;»
"You're able to read and write?"
"Σίγουρα, μπορώ να το κάνω αυτό, πολλοί άνθρωποι μπορούν"
"Certainly, I can do this, many people can"
«Οι περισσότεροι δεν μπορούν», απάντησε η Καμάλα
"Most people can't," Kamala replied
«Είμαι κι εγώ από αυτούς που δεν μπορούν να το κάνουν»
"I am also one of those who can't do it"
«Είναι πολύ καλό που μπορείς να διαβάζεις και να γράφεις»
"It is very good that you're able to read and write"
"Θα βρείτε επίσης χρήση για τα μαγικά ξόρκια"
"you will also find use for the magic spells"
Εκείνη τη στιγμή μπήκε τρέχοντας μια υπηρέτρια

In this moment, a maid came running in
ψιθύρισε ένα μήνυμα στο αυτί της ερωμένης της
she whispered a message into her mistress's ear
«Υπάρχει ένας επισκέπτης για μένα» αναφώνησε η Καμάλα
"There's a visitor for me" exclaimed Kamala
«Γρήγορα και φύγε, Σιντάρτα»
"Hurry and get yourself away, Siddhartha"
"Μπορεί κανείς να μην σε δει εδώ μέσα, να το θυμάσαι αυτό!"
"nobody may see you in here, remember this!"
"Αύριο, θα σε ξαναδώ"
"Tomorrow, I'll see you again"
Η Καμάλα διέταξε την υπηρέτρια της να δώσει στον Σιντάρτα λευκά ρούχα
Kamala ordered her maid to give Siddhartha white garments
και τότε ο Σιντάρθα βρέθηκε να τον σέρνει η υπηρέτρια
and then Siddhartha found himself being dragged away by the maid
τον έφεραν σε έναν κήπο-σπίτι μακριά από κανένα μονοπάτι
he was brought into a garden-house out of sight of any paths
μετά τον οδήγησαν στους θάμνους του κήπου
then he was led into the bushes of the garden
τον προέτρεψαν να βγει από τον κήπο όσο το δυνατόν συντομότερα
he was urged to get himself out of the garden as soon as possible
και του είπαν ότι δεν πρέπει να φαίνεται
and he was told he must not be seen
έκανε όπως του είχαν πει
he did as he had been told
ήταν συνηθισμένος στο δάσος
he was accustomed to the forest
έτσι κατάφερε να βγει χωρίς να βγάλει ήχο
so he managed to get out without making a sound

επέστρεψε στην πόλη κουβαλώντας τα τυλιγμένα ρούχα κάτω από το μπράτσο του
he returned to the city carrying the rolled up garments under his arm
Στο χάνι, όπου μένουν οι ταξιδιώτες, τοποθετήθηκε δίπλα στην πόρτα
At the inn, where travellers stay, he positioned himself by the door
χωρίς λόγια ζήτησε φαγητό
without words he asked for food
χωρίς λέξη δέχτηκε ένα κομμάτι ρυζόπιτα
without a word he accepted a piece of rice-cake
σκέφτηκε πώς πάντα παρακαλούσε
he thought about how he had always begged
«Ίσως μόλις αύριο δεν θα ζητήσω πια από κανέναν φαγητό»
"Perhaps as soon as tomorrow I will ask no one for food anymore"
Ξαφνικά φούντωσε μέσα του υπερηφάνεια
Suddenly, pride flared up in him
Δεν ήταν πια Σαμάνα
He was no Samana any more
δεν του ήταν πλέον κατάλληλο να ζητιανεύει για φαγητό
it was no longer appropriate for him to beg for food
έδωσε το ρυζόπιτα σε έναν σκύλο
he gave the rice-cake to a dog
και εκείνο το βράδυ έμεινε χωρίς φαγητό
and that night he remained without food
Ο Σιντάρτα σκέφτηκε μόνος του την πόλη
Siddhartha thought to himself about the city
«Απλή είναι η ζωή που κάνουν οι άνθρωποι σε αυτόν τον κόσμο»
"Simple is the life which people lead in this world"
«Αυτή η ζωή δεν παρουσιάζει δυσκολίες»

"this life presents no difficulties"
«Όλα ήταν δύσκολα και επίπονα όταν ήμουν Samana»
"Everything was difficult and toilsome when I was a Samana"
"ως Samana όλα ήταν απελπιστικά"
"as a Samana everything was hopeless"
"αλλά τώρα όλα είναι εύκολα"
"but now everything is easy"
"Είναι εύκολο όπως το μάθημα φιλιού από την Καμάλα"
"it is easy like the lesson in kissing from Kamala"
«Χρειάζομαι ρούχα και χρήματα, τίποτα άλλο»
"I need clothes and money, nothing else"
«Αυτοί οι στόχοι είναι μικροί και επιτεύξιμοι»
"these goals are small and achievable"
«Τέτοιοι στόχοι δεν θα κάνουν έναν άνθρωπο να χάσει καθόλου ύπνο»
"such goals won't make a person lose any sleep"

την επόμενη μέρα γύρισε στο σπίτι της Καμάλα
the next day he returned to Kamala's house
«Τα πράγματα πάνε καλά» του φώναξε
"Things are working out well" she called out to him
"Σε περιμένουν στο Kamaswami's"
"They are expecting you at Kamaswami's"
«Είναι ο πλουσιότερος έμπορος της πόλης»
"he is the richest merchant of the city"
«Αν του αρέσεις, θα σε δεχτεί στην υπηρεσία του»
"If he likes you, he'll accept you into his service"
«Αλλά πρέπει να είσαι έξυπνη, καστανή Σαμάνα»
"but you must be smart, brown Samana"
«Είχα άλλους να του πουν για σένα»
"I had others tell him about you"
«Να είστε ευγενικοί απέναντί του, είναι πολύ δυνατός»
"Be polite towards him, he is very powerful"
«Αλλά σας προειδοποιώ, μην είστε πολύ σεμνοί!»
"But I warn you, don't be too modest!"
«Δεν θέλω να γίνεις υπηρέτης του»

"I do not want you to become his servant"
«Θα γίνεις ίσος του»
"you shall become his equal"
"αλλιώς δεν θα είμαι ικανοποιημένος μαζί σου"
"or else I won't be satisfied with you"
«Ο Καμασουάμι αρχίζει να γερνάει και να τεμπελιάζει»
"Kamaswami is starting to get old and lazy"
«Αν του αρέσεις, θα σου εμπιστευτεί πολλά»
"If he likes you, he'll entrust you with a lot"
Ο Σιντάρθα την ευχαρίστησε και γέλασε
Siddhartha thanked her and laughed
ανακάλυψε ότι δεν είχε φάει
she found out that he had not eaten
έτσι του έστειλε ψωμί και φρούτα
so she sent him bread and fruits
«Ήσουν τυχερός» είπε όταν χώρισαν
"You've been lucky" she said when they parted
«Σου ανοίγω τη μια πόρτα μετά την άλλη»
"I'm opening one door after another for you"
"Πώς γίνεται; Έχεις ξόρκι;"
"How come? Do you have a spell?"
«Σου είπα ότι ήξερα να σκέφτομαι, να περιμένω και να νηστεύω»
"I told you I knew how to think, to wait, and to fast"
"αλλά νομίζεις ότι αυτό δεν ωφελούσε"
"but you thought this was of no use"
«Μα είναι χρήσιμο για πολλά πράγματα»
"But it is useful for many things"
«Καμάλα, θα δεις ότι οι ανόητοι Σαμανάδες είναι καλοί στο να μαθαίνουν»
"Kamala, you'll see that the stupid Samanas are good at learning"
"Θα δείτε ότι μπορούν να κάνουν *πολλά όμορφα πράγματα στο δάσος*"
"you'll see they are able to do many pretty things in the forest"
"πράγματα για τα οποία δεν είναι ικανοί σαν εσάς"

"things which the likes of you aren't capable of"
**«Προχθές, ήμουν ακόμα ένας δασύτριχος ζητιάνος»**
"The day before yesterday, I was still a shaggy beggar"
**"Μόλις χθες φίλησα την Καμάλα"**
"as recently as yesterday I have kissed Kamala"
**"και σύντομα θα γίνω έμπορος και θα έχω χρήματα"**
"and soon I'll be a merchant and have money"
**"και θα έχω όλα αυτά που επιμένεις"**
"and I'll have all those things you insist upon"
**«Λοιπόν, ναι», παραδέχτηκε, «αλλά πού θα ήσουν χωρίς εμένα;»**
"Well yes," she admitted, "but where would you be without me?"
**«Τι θα ήσουν, αν η Καμάλα δεν σε βοηθούσε;»**
"What would you be, if Kamala wasn't helping you?"
**«Αγαπητή Καμάλα» είπε ο Σιντάρθα**
"Dear Kamala" said Siddhartha
**και ίσιωσε σε όλο του το ύψος**
and he straightened up to his full height
**"Όταν ήρθα σε σένα στον κήπο σου, έκανα το πρώτο βήμα"**
"when I came to you into your garden, I did the first step"
**«Ήταν η απόφασή μου να μάθω αγάπη από αυτή την πιο όμορφη γυναίκα»**
"It was my resolution to learn love from this most beautiful woman"
**«εκείνη τη στιγμή είχα πάρει αυτό το ψήφισμα»**
"that moment I had made this resolution"
**«Και ήξερα ότι θα το έκανα»**
"and I knew I would carry it out"
**«Ήξερα ότι θα με βοηθούσες»**
"I knew that you would help me"
**«Με την πρώτη σου ματιά στην είσοδο του κήπου το ήξερα ήδη»**
"at your first glance at the entrance of the garden I already knew it"

«Αλλά τι θα γινόταν αν δεν ήμουν πρόθυμος;» ρώτησε η Καμάλα
"But what if I hadn't been willing?" asked Kamala
«Ήσουν πρόθυμος» απάντησε ο Σιντάρθα
"You were willing" replied Siddhartha
"Όταν πετάς έναν βράχο στο νερό, παίρνει την πιο γρήγορη πορεία προς τον βυθό"
"When you throw a rock into water, it takes the fastest course to the bottom"
«Έτσι είναι όταν ο Σιντάρτα έχει γκολ»
"This is how it is when Siddhartha has a goal"
«Ο Σιντάρτα δεν κάνει τίποτα, περιμένει, σκέφτεται, νηστεύει»
"Siddhartha does nothing; he waits, he thinks, he fasts"
«αλλά περνάει από τα πράγματα του κόσμου σαν βράχος μέσα στο νερό»
"but he passes through the things of the world like a rock through water"
«Πέρασε από το νερό χωρίς να κάνει τίποτα»
"he passed through the water without doing anything"
«Τραβιέται στον πάτο του νερού»
"he is drawn to the bottom of the water"
«αφήνει τον εαυτό του να πέσει στον πάτο του νερού»
"he lets himself fall to the bottom of the water"
«Ο στόχος του τον ελκύει προς αυτόν»
"His goal attracts him towards it"
«Δεν αφήνει τίποτα να μπει στην ψυχή του που μπορεί να εναντιωθεί στον στόχο»
"he doesn't let anything enter his soul which might oppose the goal"
"Αυτό έμαθε ο Σιντάρτα ανάμεσα στους Σαμάνες"
"This is what Siddhartha has learned among the Samanas"
«Αυτό το λένε μαγεία οι ανόητοι»
"This is what fools call magic"
«νομίζουν ότι γίνεται από δαίμονες»
"they think it is done by daemons"

"αλλά τίποτα δεν γίνεται από δαίμονες"
"but nothing is done by daemons"
"Δεν υπάρχουν δαίμονες σε αυτόν τον κόσμο"
"there are no daemons in this world"
«Όλοι μπορούν να κάνουν μαγικά, αν το επιλέξουν»
"Everyone can perform magic, should they choose to"
«Ο καθένας μπορεί να πετύχει τους στόχους του αν μπορεί να σκεφτεί»
"everyone can reach his goals if he is able to think"
«Ο καθένας μπορεί να πετύχει τους στόχους του αν είναι σε θέση να περιμένει»
"everyone can reach his goals if he is able to wait"
«Ο καθένας μπορεί να πετύχει τους στόχους του αν είναι σε θέση να νηστέψει»
"everyone can reach his goals if he is able to fast"
Η Καμάλα τον άκουσε. λάτρευε τη φωνή του
Kamala listened to him; she loved his voice
της άρεσε το βλέμμα από τα μάτια του
she loved the look from his eyes
«Ίσως είναι όπως το λες φίλε»
"Perhaps it is as you say, friend"
«Αλλά ίσως υπάρχει άλλη εξήγηση»
"But perhaps there is another explanation"
"Ο Σιντάρτα είναι ένας όμορφος άντρας"
"Siddhartha is a handsome man"
«Η ματιά του ευχαριστεί τις γυναίκες»
"his glance pleases the women"
«Η καλή τύχη έρχεται προς το μέρος του εξαιτίας αυτού»
"good fortune comes towards him because of this"
Με ένα φιλί, ο Σιντάρθα τον αποχαιρέτησε
With one kiss, Siddhartha bid his farewell
«Μακάρι να είναι έτσι δάσκαλε μου»
"I wish that it should be this way, my teacher"
«Μακάρι η ματιά μου να σε ευχαριστήσει»
"I wish that my glance shall please you"

«Εύχομαι να μου φέρνεις πάντα καλή τύχη»
"I wish that that you always bring me good fortune"


## Με τους Παιδικούς Ανθρώπους
## With the Childlike People

Ο Σιντάρτα πήγε στον Καμασουάμι τον έμπορο
Siddhartha went to Kamaswami the merchant
τον κατευθύνουν σε ένα πλούσιο σπίτι
he was directed into a rich house
υπηρέτες τον οδήγησαν ανάμεσα σε πολύτιμα χαλιά σε ένα θάλαμο
servants led him between precious carpets into a chamber
στην κάμαρα ήταν εκεί που περίμενε τον κύριο του σπιτιού
in the chamber was where he awaited the master of the house
Ο Καμασουάμι μπήκε γρήγορα στο δωμάτιο
Kamaswami entered swiftly into the room
ήταν ένας ομαλά κινούμενος άνθρωπος
he was a smoothly moving man
είχε πολύ γκρίζα μαλλιά και πολύ έξυπνα, προσεκτικά μάτια
he had very gray hair and very intelligent, cautious eyes
και είχε λαίμαργο στόμα
and he had a greedy mouth
Ευγενικά, ο οικοδεσπότης και ο καλεσμένος χαιρέτησαν ο ένας τον άλλον
Politely, the host and the guest greeted one another
«Μου είπαν ότι ήσουν Μπράχμαν» άρχισε ο έμπορος
"I have been told that you were a Brahman" the merchant began
«Μου είπαν ότι είσαι λόγιος άνθρωπος»
"I have been told that you are a learned man"
"και μου έχουν πει και κάτι άλλο"

"and I have also been told something else"
"επιδιώκεις να είσαι στην υπηρεσία ενός εμπόρου"
"you seek to be in the service of a merchant"
«Μήπως έγινες άπορος, Μπράχμαν, για να επιδιώξεις να υπηρετήσεις;»
"Might you have become destitute, Brahman, so that you seek to serve?"
«Όχι», είπε ο Σιντάρτα, «δεν έχω γίνει άπορος»
"No," said Siddhartha, "I have not become destitute"
«Ούτε υπήρξα ποτέ άπορος» πρόσθεσε ο Σιντάρτα
"nor have I ever been destitute" added Siddhartha
«Να ξέρεις ότι έρχομαι από τους Σαμάνες»
"You should know that I'm coming from the Samanas"
«Έχω ζήσει μαζί τους για πολύ καιρό»
"I have lived with them for a long time"
«Έρχεσαι από τους Σαμάνες»
"you are coming from the Samanas"
«Πώς θα μπορούσες να είσαι παρά άπορος;»
"how could you be anything but destitute?"
«Οι Σαμάνες δεν είναι εντελώς χωρίς κατοχές;»
"Aren't the Samanas entirely without possessions?"
«Είμαι χωρίς κατοχές, αν αυτό εννοείς», είπε ο Σιντάρτα
"I am without possessions, if that is what you mean" said Siddhartha
"Αλλά είμαι χωρίς περιουσία οικειοθελώς"
"But I am without possessions voluntarily"
«και επομένως δεν είμαι άπορος»
"and therefore I am not destitute"
«Αλλά από τι σκοπεύεις να ζήσεις, όντας χωρίς περιουσία;»
"But what are you planning to live from, being without possessions?"
«Δεν το έχω σκεφτεί ακόμα, κύριε»
"I haven't thought of this yet, sir"
«Για περισσότερα από τρία χρόνια, είμαι χωρίς περιουσία»

"For more than three years, I have been without possessions"
"Και δεν έχω σκεφτεί ποτέ τι πρέπει να ζήσω"
"and I have never thought about of what I should live"
«Έτσι έχεις ζήσει από τα υπάρχοντα των άλλων»
"So you've lived of the possessions of others"
"Πιθανολογείται, έτσι είναι;"
"Presumable, this is how it is?"
«Λοιπόν, και οι έμποροι ζουν από αυτά που κατέχουν οι άλλοι»
"Well, merchants also live of what other people own"
«Καλά τα είπες», παραχώρησε ο έμπορος
"Well said," granted the merchant
«Αλλά δεν θα έπαιρνε τίποτα από άλλο άτομο για το τίποτα»
"But he wouldn't take anything from another person for nothing"
«Θα έδινε τα εμπορεύματά του σε αντάλλαγμα», είπε ο Καμασουάμι
"he would give his merchandise in return" said Kamaswami
"Λοιπόν φαίνεται ότι είναι πράγματι"
"So it seems to be indeed"
«Όλοι παίρνουν, όλοι δίνουν, έτσι είναι η ζωή»
"Everyone takes, everyone gives, such is life"
"Αλλά αν δεν σε πειράζει να ρωτήσω, έχω μια ερώτηση"
"But if you don't mind me asking, I have a question"
"Όντας χωρίς περιουσιακά στοιχεία, τι θα ήθελες να δώσεις;"
"being without possessions, what would you like to give?"
«Ο καθένας δίνει ότι έχει»
"Everyone gives what he has"
«Ο πολεμιστής δίνει δύναμη»
"The warrior gives strength"
"ο έμπορος δίνει εμπόρευμα"
"the merchant gives merchandise"
«ο δάσκαλος διδάσκει»
"the teacher gives teachings"

"ο αγρότης δίνει ρύζι"
"the farmer gives rice"
"ο ψαράς δίνει ψάρια"
"the fisher gives fish"
"Ναι, πράγματι. Και τι πρέπει να δώσεις;"
"Yes indeed. And what is it that you've got to give?"
«Τι είναι αυτό που έμαθες;»
"What is it that you've learned?"
"τι μπορείς να κάνεις;"
"what you're able to do?"
"Μπορώ να σκεφτώ. Μπορώ να περιμένω. Μπορώ να νηστεύω"
"I can think. I can wait. I can fast"
«Αυτό είναι όλο;» ρώτησε ο Καμασουάμι
"That's everything?" asked Kamaswami
«Πιστεύω ότι αυτό είναι ό,τι υπάρχει!»
"I believe that is everything there is!"
«Και σε τι χρησιμεύει αυτό;»
"And what's the use of that?"
"Για παράδειγμα· νηστεία. Σε τι κάνει;"
"For example; fasting. What is it good for?"
«Είναι πολύ καλό, κύριε»
"It is very good, sir"
"Υπάρχουν στιγμές που κάποιος δεν έχει τίποτα να φάει"
"there are times a person has nothing to eat"
«τότε η νηστεία είναι το πιο έξυπνο πράγμα που μπορεί να κάνει»
"then fasting is the smartest thing he can do"
«Υπήρχε μια εποχή που ο Σιντάρτα δεν είχε μάθει να νηστεύει»
"there was a time where Siddhartha hadn't learned to fast"
"σε αυτή την περίοδο έπρεπε να δεχτεί κάθε είδους υπηρεσία"
"in this time he had to accept any kind of service"
«γιατί η πείνα θα τον ανάγκαζε να δεχτεί την υπηρεσία»

"because hunger would force him to accept the service"
«Αλλά έτσι, ο Σιντάρθα μπορεί να περιμένει ήρεμα»
"But like this, Siddhartha can wait calmly"
«Δεν γνωρίζει ανυπομονησία, δεν γνωρίζει έκτακτη ανάγκη»
"he knows no impatience, he knows no emergency"
«για πολύ καιρό μπορεί να αφήσει την πείνα να τον πολιορκήσει»
"for a long time he can allow hunger to besiege him"
"και μπορεί να γελάσει με την πείνα"
"and he can laugh about the hunger"
«Αυτό, κύριε, είναι καλό για τη νηστεία»
"This, sir, is what fasting is good for"
«Έχεις δίκιο, Σαμάνα» αναγνώρισε ο Καμασουάμι
"You're right, Samana" acknowledged Kamaswami
«Περίμενε λίγο» ρώτησε από τον καλεσμένο του
"Wait for a moment" he asked of his guest
Ο Καμασουάμι έφυγε από το δωμάτιο και επέστρεψε με ένα ρολό
Kamaswami left the room and returned with a scroll
έδωσε στον Σιντάρθα τον ειλητάριο και του ζήτησε να τον διαβάσει
he handed Siddhartha the scroll and asked him to read it
Ο Σιντάρτα κοίταξε τον ειλητάριο που του δόθηκε
Siddhartha looked at the scroll handed to him
στον κύλινδρο είχε γραφτεί ένα συμβόλαιο πώλησης
on the scroll a sales-contract had been written
άρχισε να διαβάζει τα περιεχόμενα του κυλίνδρου
he began to read out the scroll's contents
Ο Καμασουάμι ήταν πολύ ευχαριστημένος με τον Σιντάρθα
Kamaswami was very pleased with Siddhartha
«Θα έγραφες κάτι για μένα σε αυτό το κομμάτι χαρτί;»
"would you write something for me on this piece of paper?"
Του έδωσε ένα χαρτί και ένα στυλό
He handed him a piece of paper and a pen

Ο Σιντάρτα έγραψε και επέστρεψε το χαρτί
Siddhartha wrote, and returned the paper
Ο Καμασουάμι διάβασε, «Το γράψιμο είναι καλό, η σκέψη είναι καλύτερη»
Kamaswami read, "Writing is good, thinking is better"
«Το να είσαι έξυπνος είναι καλό, το να είσαι υπομονετικός είναι καλύτερο»
"Being smart is good, being patient is better"
«Είναι εξαιρετικό πώς μπορείς να γράφεις» τον επαίνεσε ο έμπορος
"It is excellent how you're able to write" the merchant praised him
«Πολλά πράγματα θα πρέπει ακόμα να συζητήσουμε μεταξύ μας»
"Many a thing we will still have to discuss with one another"
"Για σήμερα, σας ζητώ να είστε καλεσμένος μου"
"For today, I'm asking you to be my guest"
"Παρακαλώ έλα να ζήσεις σε αυτό το σπίτι"
"please come to live in this house"
Ο Σιντάρθα ευχαρίστησε τον Καμασουάμι και αποδέχτηκε την προσφορά του
Siddhartha thanked Kamaswami and accepted his offer
έμενε στο σπίτι του ντίλερ από εδώ και πέρα
he lived in the dealer's house from now on
Του έφεραν ρούχα και παπούτσια
Clothes were brought to him, and shoes
και κάθε μέρα, ένας υπηρέτης του ετοίμαζε μπάνιο
and every day, a servant prepared a bath for him

Δύο φορές την ημέρα, σερβίρεται ένα άφθονο γεύμα
Twice a day, a plentiful meal was served
αλλά ο Σιντάρτα έτρωγε μόνο μια φορά την ημέρα
but Siddhartha only ate once a day
και δεν έφαγε κρέας, ούτε ήπιε κρασί
and he ate neither meat, nor did he drink wine
Ο Καμασουάμι του μίλησε για το εμπόριό του

Kamaswami told him about his trade
του έδειξε τα εμπορεύματα και τις αποθήκες
he showed him the merchandise and storage-rooms
του έδειξε πώς γίνονταν οι υπολογισμοί
he showed him how the calculations were done
Ο Σιντάρτα γνώρισε πολλά νέα πράγματα
Siddhartha got to know many new things
άκουγε πολλά και μιλούσε ελάχιστα
he heard a lot and spoke little
αλλά δεν ξέχασε τα λόγια της Καμάλα
but he did not forget Kamala's words
οπότε δεν ήταν ποτέ υποχείριο του εμπόρου
so he was never subservient to the merchant
τον ανάγκασε να τον αντιμετωπίζει ως ίσο
he forced him to treat him as an equal
ίσως τον ανάγκασε να του συμπεριφερθεί ως κάτι παραπάνω από ίσο
perhaps he forced him to treat him as even more than an equal
Ο Καμασουάμι έκανε την επιχείρησή του με προσοχή
Kamaswami conducted his business with care
και ήταν πολύ παθιασμένος με την επιχείρησή του
and he was very passionate about his business
αλλά ο Σιντάρτα τα έβλεπε όλα αυτά σαν να ήταν παιχνίδι
but Siddhartha looked upon all of this as if it was a game
προσπάθησε πολύ να μάθει τους κανόνες του παιχνιδιού με ακρίβεια
he tried hard to learn the rules of the game precisely
αλλά το περιεχόμενο του παιχνιδιού δεν άγγιξε την καρδιά του
but the contents of the game did not touch his heart
Δεν είχε πάει πολύ καιρό στο σπίτι του Καμασουάμι
He had not been in Kamaswami's house for long
αλλά σύντομα πήρε μέρος στις επιχειρήσεις του ιδιοκτήτη του
but soon he took part in his landlord's business

κάθε μέρα επισκεπτόταν την όμορφη Καμάλα
every day he visited beautiful Kamala
Η Καμάλα είχε ορίσει μια ώρα για τις συναντήσεις τους
Kamala had an hour appointed for their meetings
φορούσε όμορφα ρούχα και ωραία παπούτσια
she was wearing pretty clothes and fine shoes
και σε λίγο της έφερε και δώρα
and soon he brought her gifts as well
Πολλά έμαθε από το κόκκινο, έξυπνο στόμα της
Much he learned from her red, smart mouth
Πολλά έμαθε από το τρυφερό, εύπλαστο χέρι της
Much he learned from her tender, supple hand
Όσον αφορά την αγάπη, ο Σιντάρτα ήταν ακόμα αγόρι
regarding love, Siddhartha was still a boy
και είχε την τάση να βυθίζεται στην αγάπη στα τυφλά
and he had a tendency to plunge into love blindly
έπεσε στη λαγνεία σαν σε απύθμενο λάκκο
he fell into lust like into a bottomless pit
τον δίδαξε διεξοδικά, ξεκινώντας από τα βασικά
she taught him thoroughly, starting with the basics
η ευχαρίστηση δεν μπορεί να ληφθεί χωρίς να δώσει ευχαρίστηση
pleasure cannot be taken without giving pleasure
κάθε χειρονομία, κάθε χάδι, κάθε άγγιγμα, κάθε βλέμμα
every gesture, every caress, every touch, every look
κάθε σημείο του σώματος, όσο μικρό κι αν ήταν, είχε το μυστικό του
every spot of the body, however small it was, had its secret
τα μυστικά θα έφερναν ευτυχία σε όσους τα γνωρίζουν
the secrets would bring happiness to those who know them
Οι ερωτευμένοι δεν πρέπει να αποχωρίζονται ο ένας από τον άλλον αφού γιορτάσουν την αγάπη
lovers must not part from one another after celebrating love
δεν πρέπει να χωρίζουν χωρίς ο ένας να θαυμάζει τον άλλον

they must not part without one admiring the other
πρέπει να είναι τόσο ηττημένοι όσο και νικητές
they must be as defeated as they have been victorious
κανένας εραστής δεν πρέπει να αρχίσει να αισθάνεται κουρασμένος ή βαρεμένος
neither lover should start feeling fed up or bored
δεν πρέπει να έχουν το κακό συναίσθημα ότι έχουν γίνει καταχρηστικά
they should not get the evil feeling of having been abusive
και δεν θα πρέπει να αισθάνονται ότι έχουν κακοποιηθεί
and they should not feel like they have been abused
Υπέροχες ώρες που πέρασε με την όμορφη και έξυπνη καλλιτέχνιδα
Wonderful hours he spent with the beautiful and smart artist
έγινε μαθητής της, εραστής της, φίλος της
he became her student, her lover, her friend
Εδώ με την Καμάλα ήταν η αξία και ο σκοπός της παρούσας ζωής του
Here with Kamala was the worth and purpose of his present life
ο σκοπός του δεν ήταν με την επιχείρηση του Καμασουάμι
his purpose was not with the business of Kamaswami

Ο Σιντάρτα έλαβε σημαντικές επιστολές και συμβόλαια
Siddhartha received important letters and contracts
Ο Καμασουάμι άρχισε να συζητά μαζί του όλες τις σημαντικές υποθέσεις
Kamaswami began discussing all important affairs with him
Σύντομα είδε ότι ο Σιντάρτα γνώριζε ελάχιστα για το ρύζι και το μαλλί
He soon saw that Siddhartha knew little about rice and wool
αλλά είδε ότι ενήργησε με τυχερό τρόπο
but he saw that he acted in a fortunate manner
και ο Σιντάρθα τον ξεπέρασε σε ηρεμία και ηρεμία

and Siddhartha surpassed him in calmness and equanimity
τον ξεπέρασε στην τέχνη της κατανόησης προηγουμένως άγνωστων ανθρώπων
he surpassed him in the art of understanding previously unknown people

Ο **Kamaswami** μίλησε για τον **Siddhartha** σε έναν φίλο
Kamaswami spoke about Siddhartha to a friend

"Αυτός ο Μπράχμαν δεν είναι σωστός έμπορος"
"This Brahman is no proper merchant"

«Δεν θα γίνει ποτέ έμπορος»
"he will never be a merchant"

«Για τις επιχειρήσεις δεν υπάρχει ποτέ πάθος στην ψυχή του»
"for business there is never any passion in his soul"

«Αλλά έχει μια μυστηριώδη ιδιότητα πάνω του»
"But he has a mysterious quality about him"

"Αυτή η ποιότητα φέρνει την επιτυχία από μόνη της"
"this quality brings success about all by itself"

«Θα μπορούσε να είναι από ένα καλό αστέρι της γέννησής του»
"it could be from a good Star of his birth"

"ή θα μπορούσε να είναι κάτι που έχει μάθει από τον Σαμανά"
"or it could be something he has learned among Samanas"

«Πάντα φαίνεται να παίζει απλώς με τις επαγγελματικές μας υποθέσεις»
"He always seems to be merely playing with our business-affairs"

«η επιχείρησή του δεν γίνεται ποτέ πλήρως μέρος του»
"his business never fully becomes a part of him"

"Η επιχείρησή του δεν τον κυβερνά ποτέ"
"his business never rules over him"

«Ποτέ δεν φοβάται την αποτυχία»
"he is never afraid of failure"

«Ποτέ δεν στενοχωριέται από μια απώλεια»
"he is never upset by a loss"

Ο φίλος συμβούλεψε τον έμπορο
The friend advised the merchant
«Δώσε του το ένα τρίτο των κερδών που βγάζει για σένα»
"Give him a third of the profits he makes for you"
"αλλά ας είναι και υπεύθυνος όταν υπάρχουν απώλειες"
"but let him also be liable when there are losses"
«Τότε, θα γίνει πιο ζηλωτής»
"Then, he'll become more zealous"
Ο Καμασουάμι ήταν περίεργος και ακολούθησε τη συμβουλή
Kamaswami was curious, and followed the advice
Αλλά ο Σιντάρτα ελάχιστα νοιαζόταν για τις απώλειες ή τα κέρδη
But Siddhartha cared little about loses or profits
Όταν έβγαζε κέρδος, το δεχόταν με ειλικρίνεια
When he made a profit, he accepted it with equanimity
όταν έκανε απώλειες, το γελούσε
when he made losses, he laughed it off
Φαινόταν πράγματι, σαν να αδιαφορούσε για την επιχείρηση
It seemed indeed, as if he did not care about the business
Κάποτε ταξίδεψε σε ένα χωριό
At one time, he travelled to a village
πήγε εκεί για να αγοράσει μια μεγάλη σοδειά ρυζιού
he went there to buy a large harvest of rice
Όταν όμως έφτασε εκεί, το ρύζι είχε ήδη πουληθεί
But when he got there, the rice had already been sold
άλλος έμπορος είχε φτάσει στο χωριό πριν από αυτόν
another merchant had gotten to the village before him
Παρόλα αυτά, ο Σιντάρτα έμεινε για αρκετές μέρες σε εκείνο το χωριό
Nevertheless, Siddhartha stayed for several days in that village
κέρασε τους αγρότες για ένα ποτό
he treated the farmers for a drink

έδωσε χάλκινα νομίσματα στα παιδιά τους
he gave copper-coins to their children
συμμετείχε στη γιορτή ενός γάμου
he joined in the celebration of a wedding
και επέστρεψε εξαιρετικά ικανοποιημένος από το ταξίδι του
and he returned extremely satisfied from his trip
Ο Καμασουάμι ήταν θυμωμένος που ο Σιντάρτα είχε σπαταλήσει χρόνο και χρήμα
Kamaswami was angry that Siddhartha had wasted time and money
Ο Σιντάρτα απάντησε "Σταμάτα να μαλώνεις, αγαπητέ φίλε!"
Siddhartha answered "Stop scolding, dear friend!"
«Τίποτα δεν επιτεύχθηκε ποτέ με επίπληξη»
"Nothing was ever achieved by scolding"
«Αν έχει συμβεί μια απώλεια, επιτρέψτε μου να την αντέξω»
"If a loss has occurred, let me bear that loss"
«Είμαι πολύ ικανοποιημένος με αυτό το ταξίδι»
"I am very satisfied with this trip"
«Έχω γνωρίσει πολλά είδη ανθρώπων»
"I have gotten to know many kinds of people"
"Ένα Μπράχμαν έγινε φίλος μου"
"a Brahman has become my friend"
«Τα παιδιά κάθισαν στα γόνατά μου»
"children have sat on my knees"
«Οι αγρότες μου έδειξαν τα χωράφια τους»
"farmers have shown me their fields"
"Κανείς δεν ήξερε ότι ήμουν έμπορος"
"nobody knew that I was a merchant"
«Είναι πολύ ωραία όλα αυτά», αναφώνησε ο Καμασουάμι αγανακτισμένος
"That's all very nice," exclaimed Kamaswami indignantly
«αλλά στην πραγματικότητα είσαι έμπορος τελικά»
"but in fact, you are a merchant after all"

«Ή είχατε ταξίδια μόνο για τη διασκέδαση σας;»
"Or did you have only travel for your amusement?"
«Φυσικά και έχω ταξιδέψει για τη διασκέδαση μου» γέλασε ο Σιντάρτα
"of course I have travelled for my amusement" Siddhartha laughed
«Για τι άλλο θα είχα ταξιδέψει;»
"For what else would I have travelled?"
«Έχω γνωρίσει ανθρώπους και μέρη»
"I have gotten to know people and places"
«Έλαβα καλοσύνη και εμπιστοσύνη»
"I have received kindness and trust"
«Έχω βρει φιλίες σε αυτό το χωριό»
"I have found friendships in this village"
"Αν ήμουν Kamaswami, θα είχα ταξιδέψει πίσω ενοχλημένος"
"if I had been Kamaswami, I would have travelled back annoyed"
"Θα βιαζόμουν μόλις η αγορά μου απέτυχε"
"I would have been in hurry as soon as my purchase failed"
«και χρόνος και χρήμα θα είχαν πράγματι χαθεί»
"and time and money would indeed have been lost"
«Αλλά κάπως έτσι, πέρασα μερικές καλές μέρες»
"But like this, I've had a few good days"
«Έμαθα από τον καιρό μου εκεί»
"I've learned from my time there"
"και είχα χαρά από την εμπειρία"
"and I have had joy from the experience"
«Δεν έχω βλάψει τον εαυτό μου ούτε τους άλλους από ενόχληση και βιασύνη»
"I've neither harmed myself nor others by annoyance and hastiness"
"Αν επιστρέψω ποτέ, φιλικοί άνθρωποι θα με καλωσορίσουν"
"if I ever return friendly people will welcome me"

"Αν επιστρέψω για να κάνω επιχειρήσεις θα με καλωσορίσουν και φιλικοί άνθρωποι"
"if I return to do business friendly people will welcome me too"
«Επαινώ τον εαυτό μου που δεν έδειξα βιασύνη ή δυσαρέσκεια»
"I praise myself for not showing any hurry or displeasure"
"Λοιπόν, άφησέ το όπως είναι φίλε μου"
"So, leave it as it is, my friend"
"Και μην βλάπτεις τον εαυτό σου μαλώνοντας"
"and don't harm yourself by scolding"
«Αν δεις τον Σιντάρτα να κάνει κακό στον εαυτό του, τότε μίλα μαζί μου»
"If you see Siddhartha harming himself, then speak with me"
«Και ο Σιντάρθα θα ακολουθήσει τον δικό του δρόμο»
"and Siddhartha will go on his own path"
«Αλλά μέχρι τότε, ας είμαστε ικανοποιημένοι ο ένας με τον άλλον»
"But until then, let's be satisfied with one another"
οι προσπάθειες του εμπόρου να πείσει τον Σιντάρτα ήταν μάταιες
the merchant's attempts to convince Siddhartha were futile
δεν μπορούσε να κάνει τον Σιντάρτα να φάει το ψωμί του
he could not make Siddhartha eat his bread
Ο Σιντάρτα έφαγε το δικό του ψωμί
Siddhartha ate his own bread
ή μάλλον και οι δύο έφαγαν το ψωμί των άλλων
or rather, they both ate other people's bread
Ο Σιντάρτα δεν άκουσε ποτέ τις ανησυχίες του Καμασουάμι
Siddhartha never listened to Kamaswami's worries
και ο Καμασουάμι είχε πολλές ανησυχίες που ήθελε να μοιραστεί
and Kamaswami had many worries he wanted to share

Υπήρχαν επιχειρηματικές συμφωνίες που κινδύνευαν να αποτύχουν
there were business-deals going on in danger of failing
οι αποστολές εμπορευμάτων φαινόταν να είχαν χαθεί
shipments of merchandise seemed to have been lost
οι οφειλέτες φαινόταν να μην μπορούν να πληρώσουν
debtors seemed to be unable to pay
Ο Καμασουάμι δεν μπόρεσε ποτέ να πείσει τον Σιντάρθα να πει λόγια ανησυχίας
Kamaswami could never convince Siddhartha to utter words of worry
Ο Καμασουάμι δεν μπορούσε να κάνει τον Σιντάρτα να νιώσει θυμό για τις επιχειρήσεις
Kamaswami could not make Siddhartha feel anger towards business
δεν μπορούσε να τον κάνει να έχει ρυτίδες στο μέτωπο
he could not get him to to have wrinkles on the forehead
δεν μπορούσε να κάνει τον Σιντάρτα να κοιμηθεί άσχημα
he could not make Siddhartha sleep badly

μια μέρα, ο Καμασουάμι προσπάθησε να μιλήσει με τον Σιντάρτα
one day, Kamaswami tried to speak with Siddhartha
"Σιντάρτα, δεν κατάφερες να μάθεις τίποτα νέο"
"Siddhartha, you have failed to learn anything new"
αλλά και πάλι, ο Σιντάρτα γέλασε με αυτό
but again, Siddhartha laughed at this
«Θα μη με κοροϊδεύεις με τέτοια αστεία»
"Would you please not kid me with such jokes"
"Αυτό που έμαθα από σένα είναι πόσο κοστίζει ένα καλάθι με ψάρια"
"What I've learned from you is how much a basket of fish costs"
"και έμαθα πόσοι τόκοι μπορούν να χρεωθούν σε δανεικά χρήματα"

"and I learned how much interest may be charged on loaned money"
"Αυτοί είναι οι τομείς της εμπειρίας σας"
"These are your areas of expertise"
«Δεν έχω μάθει να σκέφτομαι από σένα, αγαπητέ μου Καμασουάμι»
"I haven't learned to think from you, my dear Kamaswami"
«Εσύ πρέπει να είσαι αυτός που θέλει να μάθει από μένα»
"you ought to be the one seeking to learn from me"
Πράγματι η ψυχή του δεν ήταν με το εμπόριο
Indeed his soul was not with the trade
Η επιχείρηση ήταν αρκετά καλή για να του παρέχει χρήματα για την Καμάλα
The business was good enough to provide him with money for Kamala
και του κέρδισε πολύ περισσότερα από όσα χρειαζόταν
and it earned him much more than he needed
Εκτός από την Καμάλα, η περιέργεια του Σιντάρθα ήταν με τον κόσμο
Besides Kamala, Siddhartha's curiosity was with the people
τις επιχειρήσεις, τις χειροτεχνίες, τις ανησυχίες και τις απολαύσεις τους
their businesses, crafts, worries, and pleasures
όλα αυτά του ήταν ξένα
all these things used to be alien to him
Οι βλακώδεις πράξεις τους ήταν τόσο μακρινές όσο το φεγγάρι
their acts of foolishness used to be as distant as the moon
κατάφερε εύκολα να μιλήσει σε όλους
he easily succeeded in talking to all of them
μπορούσε να ζήσει με όλους αυτούς
he could live with all of them
και μπορούσε να συνεχίσει να μαθαίνει από όλους αυτούς
and he could continue to learn from all of them

αλλά υπήρχε κάτι που τον χώριζε από αυτούς
but there was something which separated him from them
μπορούσε να νιώσει ένα χάσμα ανάμεσα σε αυτόν και στους ανθρώπους
he could feel a divide between him and the people
**Αυτός ο διαχωριστικός παράγοντας ήταν ότι ήταν Σαμάνα**
this separating factor was him being a Samana
Είδε την ανθρωπότητα να περνάει τη ζωή με παιδικό τρόπο
He saw mankind going through life in a childlike manner
με πολλούς τρόπους ζούσαν όπως ζουν τα ζώα
in many ways they were living the way animals live
αγαπούσε και περιφρονούσε επίσης τον τρόπο ζωής τους
he loved and also despised their way of life
**Τους είδε να μοχθούν και να υποφέρουν**
He saw them toiling and suffering
γίνονταν γκρίζοι για πράγματα ανάξια αυτής της τιμής
they were becoming gray for things unworthy of this price
έκαναν πράγματα για χρήματα και μικρές απολαύσεις
they did things for money and little pleasures
έκαναν πράγματα για να τιμήθηκαν ελαφρώς
they did things for being slightly honoured
τους είδε να μαλώνουν και να προσβάλλουν ο ένας τον άλλον
he saw them scolding and insulting each other
τους είδε να παραπονιούνται για πόνο
he saw them complaining about pain
πόνους στους οποίους μια **Samana** θα χαμογελούσε μόνο
pains at which a Samana would only smile
και τους είδε να υποφέρουν από στερήσεις
and he saw them suffering from deprivations
στερήσεις που δεν θα ένιωθε ένας Σαμάνα
deprivations which a Samana would not feel

Ήταν ανοιχτός σε όλα όσα του έφερναν αυτοί οι άνθρωποι
He was open to everything these people brought his way
ευπρόσδεκτος ήταν ο έμπορος που του πρόσφερε σεντόνια προς πώληση
welcome was the merchant who offered him linen for sale
ευπρόσδεκτος ήταν ο οφειλέτης που ζήτησε άλλο δάνειο
welcome was the debtor who sought another loan
ευπρόσδεκτος ήταν ο ζητιάνος που του είπε την ιστορία της φτώχειας του
welcome was the beggar who told him the story of his poverty
ο ζητιάνος που δεν ήταν μισός φτωχός από κάθε Σαμάνα
the beggar who was not half as poor as any Samana
Δεν αντιμετώπιζε διαφορετικά τον πλούσιο έμπορο και τον υπηρέτη του
He did not treat the rich merchant and his servant different
άφησε τον πλανόδιο πωλητή να τον απατήσει όταν αγόραζε μπανάνες
he let street-vendor cheat him when buying bananas
Ο Καμασουάμι του παραπονιόταν συχνά για τις ανησυχίες του
Kamaswami would often complain to him about his worries
ή θα τον κατηγορούσε για τις δουλειές του
or he would reproach him about his business
άκουγε με περιέργεια και χαρά
he listened curiously and happily
αλλά μπερδεύτηκε από τον φίλο του
but he was puzzled by his friend
προσπάθησε να τον καταλάβει
he tried to understand him
και παραδέχτηκε ότι είχε δίκιο, μέχρι ένα ορισμένο σημείο
and he admitted he was right, up to a certain point
ήταν πολλοί που ζήτησαν τον Σιντάρτα

there were many who asked for Siddhartha
πολλοί ήθελαν να συναλλάσσονται μαζί του
many wanted to do business with him
υπήρχαν πολλοί που ήθελαν να τον απατήσουν
there were many who wanted to cheat him
πολλοί ήθελαν να βγάλουν κάποιο μυστικό από μέσα του
many wanted to draw some secret out of him
πολλοί ήθελαν να επικαλέσουν τη συμπάθειά του
many wanted to appeal to his sympathy
πολλοί ήθελαν να πάρουν τη συμβουλή του
many wanted to get his advice
Έδινε συμβουλές σε όσους το ήθελαν
He gave advice to those who wanted it
λυπόταν όσους είχαν ανάγκη από οίκτο
he pitied those who needed pity
έκανε δώρα σε όσους άρεσαν τα δώρα
he made gifts to those who liked presents
άφησε κάποιους να τον απατήσουν λίγο
he let some cheat him a bit
αυτό το παιχνίδι που έπαιξαν όλοι οι άνθρωποι απασχόλησε τις σκέψεις του
this game which all people played occupied his thoughts
σκεφτόταν αυτό το παιχνίδι όπως και για τους Θεούς
he thought about this game just as much as he had about the Gods
βαθιά στο στήθος του ένιωσε μια ετοιμοθάνατη φωνή
deep in his chest he felt a dying voice
αυτή η φωνή τον συμβούλεψε ήσυχα
this voice admonished him quietly
και δύσκολα αντιλήφθηκε τη φωνή μέσα του
and he hardly perceived the voice inside of himself
Και μετά, για μια ώρα, αντιλήφθηκε κάτι
And then, for an hour, he became aware of something
αντιλήφθηκε την παράξενη ζωή που έκανε
he became aware of the strange life he was leading

συνειδητοποίησε ότι αυτή η ζωή ήταν μόνο ένα παιχνίδι
he realized this life was only a game
κάποιες στιγμές ένιωθε ευτυχία και χαρά
at times he would feel happiness and joy
αλλά η αληθινή ζωή τον περνούσε ακόμα
but real life was still passing him by
και περνούσε χωρίς να τον αγγίξει
and it was passing by without touching him
Ο Σιντάρτα έπαιξε με τις επιχειρηματικές του συμφωνίες
Siddhartha played with his business-deals
Ο Σιντάρτα βρήκε διασκέδαση στους ανθρώπους γύρω του
Siddhartha found amusement in the people around him
αλλά όσον αφορά την καρδιά του, δεν ήταν μαζί τους
but regarding his heart, he was not with them
Η πηγή έτρεξε κάπου, μακριά του
The source ran somewhere, far away from him
έτρεχε και έτρεχε αόρατα
it ran and ran invisibly
δεν είχε καμία σχέση πια με τη ζωή του
it had nothing to do with his life any more
πολλές φορές τρόμαξε εξαιτίας τέτοιων σκέψεων
at several times he became scared on account of such thoughts
ευχήθηκε να μπορούσε να συμμετάσχει σε όλα αυτά τα παιδικά παιχνίδια
he wished he could participate in all of these childlike games
ήθελε να ζήσει πραγματικά
he wanted to really live
ήθελε να παίξει πραγματικά στο θέατρό τους
he wanted to really act in their theatre
ήθελε να απολαμβάνει πραγματικά τις απολαύσεις τους
he wanted to really enjoy their pleasures
και ήθελε να ζήσει, αντί απλώς να στέκεται δίπλα του ως θεατής

and he wanted to live, instead of just standing by as a spectator

**Αλλά ξανά και ξανά, επέστρεφε στην όμορφη Καμάλα**
But again and again, he came back to beautiful Kamala
**έμαθε την τέχνη της αγάπης**
he learned the art of love
**και ασκούσε τη λατρεία του πόθου**
and he practised the cult of lust
**λαγνεία, στην οποία το να δίνεις και να παίρνεις γίνεται ένα**
lust, in which giving and taking becomes one
**κουβέντιασε μαζί της και έμαθε από αυτήν**
he chatted with her and learned from her
**της έδωσε συμβουλές, και έλαβε τη συμβουλή της**
he gave her advice, and he received her advice
**Τον καταλάβαινε καλύτερα από όσο τον καταλάβαινε η Γκοβίντα**
She understood him better than Govinda used to understand him
**του έμοιαζε περισσότερο απ' όσο ήταν η Γκοβίντα**
she was more similar to him than Govinda had been
**«Είσαι σαν εμένα», της είπε**
"You are like me," he said to her
**"Είσαι διαφορετικός από τους περισσότερους ανθρώπους"**
"you are different from most people"
**"Είσαι η Καμάλα, τίποτα άλλο"**
"You are Kamala, nothing else"
**"Και μέσα σου υπάρχει γαλήνη και καταφύγιο"**
"and inside of you, there is a peace and refuge"
**"ένα καταφύγιο στο οποίο μπορείς να πας κάθε ώρα της ημέρας"**
"a refuge to which you can go at every hour of the day"
**«Μπορείς να είσαι σπίτι με τον εαυτό σου»**
"you can be at home with yourself"

"Μπορώ να το κάνω και αυτό"
"I can do this too"
"Λίγοι άνθρωποι έχουν αυτό το μέρος"
"Few people have this place"
"και όμως όλοι θα μπορούσαν να το έχουν"
"and yet all of them could have it"
«Δεν είναι όλοι οι άνθρωποι έξυπνοι», είπε η Καμάλα
"Not all people are smart" said Kamala
«Όχι», είπε ο Σιντάρτα, «δεν είναι αυτός ο λόγος»
"No," said Siddhartha, "that's not the reason why"
«Ο Καμασουάμι είναι το ίδιο έξυπνος όσο κι εγώ»
"Kamaswami is just as smart as I am"
«αλλά δεν έχει καταφύγιο στον εαυτό του»
"but he has no refuge in himself"
«Το έχουν άλλοι, αν και έχουν τα μυαλά των παιδιών»
"Others have it, although they have the minds of children"
«Οι περισσότεροι άνθρωποι, Καμάλα, είναι σαν ένα φύλλο που πέφτει»
"Most people, Kamala, are like a falling leaf"
"ένα φύλλο που φυσιέται και γυρίζει στον αέρα"
"a leaf which is blown and is turning around through the air"
"ένα φύλλο που ταλαντεύεται και πέφτει στο έδαφος"
"a leaf which wavers, and tumbles to the ground"
«Μα άλλοι, λίγοι, είναι σαν αστέρια»
"But others, a few, are like stars"
«πάνε σε σταθερή πορεία»
"they go on a fixed course"
«Δεν τους φτάνει κανένας αέρας»
"no wind reaches them"
«από μόνοι τους έχουν το νόμο και την πορεία τους»
"in themselves they have their law and their course"
«Μεταξύ όλων των μορφωμένων ανδρών που έχω γνωρίσει, υπήρχε ένας τέτοιος»
"Among all the learned men I have met, there was one of this kind"
«Ήταν πραγματικά τέλειος»

"he was a truly perfected one"
«Δεν θα μπορέσω ποτέ να τον ξεχάσω»
"I'll never be able to forget him"
«Είναι αυτός ο Γκόταμα, ο εξυψωμένος»
"It is that Gotama, the exalted one"
"Χιλιάδες οπαδοί ακούν τις διδασκαλίες του κάθε μέρα"
"Thousands of followers are listening to his teachings every day"
«ακολουθούν τις οδηγίες του κάθε ώρα»
"they follow his instructions every hour"
«αλλά είναι όλα φύλλα που πέφτουν»
"but they are all falling leaves"
«Δεν έχουν από μόνα τους διδασκαλίες και νόμο»
"not in themselves they have teachings and a law"
Η Καμάλα τον κοίταξε με ένα χαμόγελο
Kamala looked at him with a smile
«Πάλι, μιλάς για αυτόν», είπε
"Again, you're talking about him," she said
"Πάλι, κάνεις τις σκέψεις του Samana"
"again, you're having a Samana's thoughts"
Ο Σιντάρτα δεν είπε τίποτα και έπαιξαν το παιχνίδι της αγάπης
Siddhartha said nothing, and they played the game of love
ένα από τα τριάντα ή σαράντα διαφορετικά παιχνίδια που ήξερε η Καμάλα
one of the thirty or forty different games Kamala knew
Το σώμα της ήταν εύκαμπτο σαν τζάγκουαρ
Her body was flexible like that of a jaguar
ευέλικτο σαν το τόξο του κυνηγού
flexible like the bow of a hunter
αυτός που είχε μάθει από αυτήν πώς να κάνει έρωτα
he who had learned from her how to make love
ήταν γνώστης πολλών μορφών λαγνείας
he was knowledgeable of many forms of lust
αυτός που έμαθε από αυτήν ήξερε πολλά μυστικά
he that learned from her knew many secrets

Για πολύ καιρό έπαιζε με τον Σιντάρθα
For a long time, she played with Siddhartha
τον δελέασε και τον απέρριψε
she enticed him and rejected him
τον ανάγκασε και τον αγκάλιασε
she forced him and embraced him
απολάμβανε τις αριστοτεχνικές του ικανότητες
she enjoyed his masterful skills
μέχρι που νικήθηκε και ξεκουράστηκε εξουθενωμένος στο πλευρό της
until he was defeated and rested exhausted by her side
Η εταίρα έσκυψε από πάνω του
The courtesan bent over him
έριξε μια μακριά ματιά στο πρόσωπό του
she took a long look at his face
κοίταξε τα μάτια του που είχαν κουραστεί
she looked at his eyes, which had grown tired
«Είσαι ο καλύτερος εραστής που έχω δει ποτέ» είπε σκεφτική
"You are the best lover I have ever seen" she said thoughtfully
«Είσαι πιο δυνατός από τους άλλους, πιο εύπλαστος, πιο πρόθυμος»
"You're stronger than others, more supple, more willing"
"Έμαθες καλά την τέχνη μου, Σιντάρτα"
"You've learned my art well, Siddhartha"
«Κάποια στιγμή, όταν θα γίνω μεγάλος, θα ήθελα να φέρω το παιδί σου»
"At some time, when I'll be older, I'd want to bear your child"
«Κι όμως, αγαπητέ μου, έμεινες Σαμάνα»
"And yet, my dear, you've remained a Samana"
"και παρ' όλα αυτά, δεν με αγαπάς"
"and despite this, you do not love me"
"Δεν υπάρχει κανένας που να αγαπάς"
"there is nobody that you love"
«Έτσι δεν είναι; ρώτησε η Καμάλα
"Isn't it so?" asked Kamala

«Μπορεί κάλλιστα να είναι έτσι», είπε κουρασμένα ο Σιντάρτα
"It might very well be so," Siddhartha said tiredly
«Είμαι σαν εσένα, γιατί κι εσύ δεν αγαπάς»
"I am like you, because you also do not love"
«Πώς αλλιώς θα μπορούσες να εξασκήσεις την αγάπη ως τέχνη;"
"how else could you practise love as a craft?"
«Ίσως, οι άνθρωποι του είδους μας δεν μπορούν να αγαπήσουν»
"Perhaps, people of our kind can't love"
«Οι παιδικοί άνθρωποι μπορούν να αγαπήσουν, αυτό είναι το μυστικό τους»
"The childlike people can love, that's their secret"

## Σανσάρα
## Sansara

Για πολύ καιρό, ο Σιντάρτα είχε ζήσει μέσα στον κόσμο και τη λαγνεία
For a long time, Siddhartha had lived in the world and lust
ζούσε έτσι όμως, χωρίς να είναι μέρος του
he lived this way though, without being a part of it
το είχε σκοτώσει όταν ήταν Σαμάνα
he had killed this off when he had been a Samana
αλλά τώρα είχαν ξαναξυπνήσει
but now they had awoken again
είχε γευτεί πλούτη, λαγνεία και δύναμη
he had tasted riches, lust, and power
για πολύ καιρό είχε μείνει Σαμάνα στην καρδιά του
for a long time he had remained a Samana in his heart
Η Καμάλα, όντας έξυπνη, το είχε καταλάβει πολύ σωστά
Kamala, being smart, had realized this quite right
η σκέψη, η αναμονή και η νηστεία εξακολουθούσαν να καθοδηγούν τη ζωή του
thinking, waiting, and fasting still guided his life
οι παιδικοί άνθρωποι του έμειναν ξένοι
the childlike people remained alien to him
και έμεινε ξένος στους παιδικούς ανθρώπους
and he remained alien to the childlike people
Τα χρόνια πέρασαν. περιτριγυρισμένος από την καλή ζωή
Years passed by; surrounded by the good life
Ο Σιντάρτα μετά βίας ένιωσε τα χρόνια να σβήνουν
Siddhartha hardly felt the years fading away
Είχε γίνει πλούσιος και είχε ένα δικό του σπίτι
He had become rich and possessed a house of his own
είχε ακόμη και δικούς του υπηρέτες
he even had his own servants

είχε έναν κήπο μπροστά από την πόλη, δίπλα στο ποτάμι
he had a garden before the city, by the river
Ο κόσμος τον συμπάθησε και του έρχονταν για χρήματα ή συμβουλές
The people liked him and came to him for money or advice
αλλά δεν ήταν κανείς κοντά του, εκτός από την Καμάλα
but there was nobody close to him, except Kamala
η φωτεινή κατάσταση του να είσαι ξύπνιος
the bright state of being awake
το συναίσθημα που είχε βιώσει στο απόγειο της νιότης του
the feeling which he had experienced at the height of his youth
εκείνες τις μέρες μετά το κήρυγμα του Γκοτάμα
in those days after Gotama's sermon
μετά τον χωρισμό από τον Γκοβίντα
after the separation from Govinda
η τεταμένη προσδοκία ζωής
the tense expectation of life
την περήφανη κατάσταση να στέκεσαι μόνος
the proud state of standing alone
όντας χωρίς διδασκαλίες ή δασκάλους
being without teachings or teachers
την ευλύγιστη προθυμία να ακούσει τη θεϊκή φωνή στην ίδια του την καρδιά
the supple willingness to listen to the divine voice in his own heart
όλα αυτά τα πράγματα είχαν γίνει σιγά σιγά μια ανάμνηση
all these things had slowly become a memory
η ανάμνηση ήταν φευγαλέα, μακρινή και ήσυχη
the memory had been fleeting, distant, and quiet
η ιερή πηγή, που παλιά ήταν κοντά, τώρα μόνο μουρμούρισε
the holy source, which used to be near, now only murmured

η αγία πηγή, που μουρμούριζε μέσα του
the holy source, which used to murmur within himself
Παρόλα αυτά, πολλά πράγματα είχε μάθει από τους Σαμανάδες
Nevertheless, many things he had learned from the Samanas
είχε μάθει από τον Γκοτάμα
he had learned from Gotama
είχε μάθει από τον πατέρα του το Μπράχμαν
he had learned from his father the Brahman
ο πατέρας του είχε μείνει στο είναι του για πολύ καιρό
his father had remained within his being for a long time
μέτρια ζωή, χαρά της σκέψης, ώρες διαλογισμού
moderate living, the joy of thinking, hours of meditation
η μυστική γνώση του εαυτού. την αιώνια οντότητά του
the secret knowledge of the self; his eternal entity
ο εαυτός που δεν είναι ούτε σώμα ούτε συνείδηση
the self which is neither body nor consciousness
Πολλά από αυτά είχε ακόμα
Many a part of this he still had
αλλά το ένα μέρος μετά το άλλο είχαν βυθιστεί
but one part after another had been submerged
και τελικά κάθε μέρος μάζευε σκόνη
and eventually each part gathered dust
ένας τροχός του αγγειοπλάστη, μόλις κινηθεί, θα περιστρέφεται για μεγάλο χρονικό διάστημα
a potter's wheel, once in motion, will turn for a long time
χάνει το σθένος του μόνο αργά
it loses its vigour only slowly
και σταματάει μόνο μετά από καιρό
and it comes to a stop only after time
Η ψυχή του Σιντάρτα συνέχιζε να γυρίζει τον τροχό του ασκητισμού
Siddhartha's soul had kept on turning the wheel of asceticism
ο τροχός της σκέψης είχε συνεχίσει να γυρίζει για πολύ καιρό
the wheel of thinking had kept turning for a long time

ο τροχός της διαφοροποίησης είχε ακόμα γυρίσει για πολύ καιρό
the wheel of differentiation had still turned for a long time
αλλά γύρισε αργά και διστακτικά
but it turned slowly and hesitantly
και κόντευε να ακινητοποιηθεί
and it was close to coming to a standstill
Σιγά-σιγά, όπως η υγρασία μπαίνει στο ετοιμοθάνατο στέλεχος ενός δέντρου
Slowly, like humidity entering the dying stem of a tree
γεμίζοντας αργά το στέλεχος και κάνοντας το να σαπίσει
filling the stem slowly and making it rot
ο κόσμος και η νωθρότητα είχαν μπει στην ψυχή του Σιντάρτα
the world and sloth had entered Siddhartha's soul
σιγά σιγά γέμισε την ψυχή του και την έκανε βαριά
slowly it filled his soul and made it heavy
κούρασε την ψυχή του και την έβαλε για ύπνο
it made his soul tired and put it to sleep
Από την άλλη, οι αισθήσεις του είχαν γίνει ζωντανές
On the other hand, his senses had become alive
υπήρχαν πολλά που είχαν μάθει οι αισθήσεις του
there was much his senses had learned
υπήρχαν πολλά που είχαν βιώσει οι αισθήσεις του
there was much his senses had experienced
Ο Σιντάρτα είχε μάθει να εμπορεύεται
Siddhartha had learned to trade
είχε μάθει πώς να χρησιμοποιεί τη δύναμή του στους ανθρώπους
he had learned how to use his power over people
είχε μάθει πώς να διασκεδάζει με μια γυναίκα
he had learned how to enjoy himself with a woman
είχε μάθει πώς να φοράει όμορφα ρούχα
he had learned how to wear beautiful clothes
είχε μάθει πώς να δίνει εντολές στους υπηρέτες

he had learned how to give orders to servants
είχε μάθει πώς να λούζεται σε αρωματικά νερά
he had learned how to bathe in perfumed waters
Είχε μάθει πώς να τρώει τρυφερά και προσεκτικά προετοιμασμένο φαγητό
He had learned how to eat tenderly and carefully prepared food
έτρωγε ακόμη και ψάρια, κρέας και πουλερικά
he even ate fish, meat, and poultry
μπαχαρικά και γλυκά και κρασί, που προκαλεί νωθρότητα και λήθη
spices and sweets and wine, which causes sloth and forgetfulness
Είχε μάθει να παίζει με ζάρια και σε σκακιέρα
He had learned to play with dice and on a chess-board
είχε μάθει να παρακολουθεί κορίτσια που χορεύουν
he had learned to watch dancing girls
έμαθε να κουβαλάει τον εαυτό του σε μια καρέκλα σεντάν
he learned to have himself carried about in a sedan-chair
έμαθε να κοιμάται σε ένα μαλακό κρεβάτι
he learned to sleep on a soft bed
Αλλά και πάλι ένιωθε διαφορετικός από τους άλλους
But still he felt different from others
ένιωθε ακόμα ανώτερος από τους άλλους
he still felt superior to the others
τους παρακολουθούσε πάντα με κάποια κοροϊδία
he always watched them with some mockery
υπήρχε πάντα κάποια σκωπτική περιφρόνηση για το πώς ένιωθε γι' αυτούς
there was always some mocking disdain to how he felt about them
την ίδια περιφρόνηση που νιώθει ένας Σαμάνα για τους ανθρώπους του κόσμου
the same disdain a Samana feels for the people of the world

Ο Καμασουάμι ήταν άρρωστος και ένιωθε ενοχλημένος
Kamaswami was ailing and felt annoyed
ένιωσε προσβεβλημένος από τον Σιντάρτα
he felt insulted by Siddhartha
και ήταν θορυβημένος από τις ανησυχίες του ως έμπορος
and he was vexed by his worries as a merchant
Ο Σιντάρτα πάντα παρακολουθούσε αυτά τα πράγματα με κοροϊδία
Siddhartha had always watched these things with mockery
αλλά η κοροϊδία του είχε γίνει πιο κουρασμένη
but his mockery had become more tired
η υπεροχή του είχε γίνει πιο ήσυχη
his superiority had become more quiet
τόσο αργά ανεπαίσθητο όσο περνούσε η εποχή των βροχών
as slowly imperceptible as the rainy season passing by
σιγά-σιγά, ο Σιντάρτα είχε υιοθετήσει κάτι από τους παιδικούς τρόπους των ανθρώπων
slowly, Siddhartha had assumed something of the childlike people's ways
είχε κερδίσει λίγη από την παιδικότητά τους
he had gained some of their childishness
και είχε κερδίσει λίγο από τον φόβο τους
and he had gained some of their fearfulness
Κι όμως, όσο περισσότερο τους γίνεσαι τόσο περισσότερο τους ζήλευε
And yet, the more be become like them the more he envied them
Τους ζήλεψε για το μόνο πράγμα που του έλειπε
He envied them for the one thing that was missing from him
τη σημασία που μπόρεσαν να δώσουν στη ζωή τους
the importance they were able to attach to their lives
την ποσότητα του πάθους στις χαρές και τους φόβους τους
the amount of passion in their joys and fears

η τρομακτική αλλά γλυκιά ευτυχία του να είσαι διαρκώς ερωτευμένος
the fearful but sweet happiness of being constantly in love
Αυτοί οι άνθρωποι ήταν ερωτευμένοι με τον εαυτό τους όλη την ώρα
These people were in love with themselves all of the time
οι γυναίκες αγαπούσαν τα παιδιά τους, με τιμές ή χρήματα
women loved their children, with honours or money
οι άντρες αγαπούσαν τον εαυτό τους με σχέδια ή ελπίδες
the men loved themselves with plans or hopes
Αυτό όμως δεν το έμαθε από αυτούς
But he did not learn this from them
δεν έμαθε τη χαρά των παιδιών
he did not learn the joy of children
και δεν έμαθε την ανοησία τους
and he did not learn their foolishness
αυτό που έμαθε κυρίως ήταν τα δυσάρεστα πράγματα τους
what he mostly learned were their unpleasant things
και τα περιφρονούσε αυτά
and he despised these things
το πρωί, αφού είχε παρέα
in the morning, after having had company
όλο και περισσότερο έμενε στο κρεβάτι για πολλή ώρα
more and more he stayed in bed for a long time
ένιωθε ανίκανος να σκεφτεί και ήταν κουρασμένος
he felt unable to think, and was tired
έγινε θυμωμένος και ανυπόμονος όταν ο Καμασουάμι τον βαρέθηκε με τις ανησυχίες του
he became angry and impatient when Kamaswami bored him with his worries
γέλασε πολύ δυνατά όταν έχασε ένα παιχνίδι με ζάρια
he laughed just too loud when he lost a game of dice

Το πρόσωπό του ήταν ακόμα πιο έξυπνο και πιο
πνευματικό από άλλους
His face was still smarter and more spiritual than others
αλλά το πρόσωπό του σπάνια γελούσε πια
but his face rarely laughed anymore
αργά, το πρόσωπό του απέκτησε άλλα χαρακτηριστικά
slowly, his face assumed other features
τα χαρακτηριστικά που συναντάμε συχνά στα
πρόσωπα των πλουσίων
the features often found in the faces of rich people
χαρακτηριστικά δυσαρέσκειας, αρρώστιας, κακού
χιούμορ
features of discontent, of sickliness, of ill-humour
χαρακτηριστικά νωθρότητας και έλλειψης αγάπης
features of sloth, and of a lack of love
την ασθένεια της ψυχής που έχουν οι πλούσιοι
the disease of the soul which rich people have
Σιγά σιγά, αυτή η αρρώστια τον άρπαξε
Slowly, this disease grabbed hold of him
σαν μια λεπτή ομίχλη, η κούραση κυρίευσε τον
Σιντάρτα
like a thin mist, tiredness came over Siddhartha
σιγά σιγά, αυτή η ομίχλη γινόταν λίγο πιο πυκνή κάθε
μέρα
slowly, this mist got a bit denser every day
γινόταν λίγο πιο σκοτεινό κάθε μήνα
it got a bit murkier every month
και κάθε χρόνο γινόταν λίγο πιο βαρύ
and every year it got a bit heavier
τα φορέματα παλιώνουν με τον καιρό
dresses become old with time
τα ρούχα χάνουν το όμορφο χρώμα τους με τον καιρό
clothes lose their beautiful colour over time
αποκτούν λεκέδες, ρυτίδες, φθείρονται στις ραφές
they get stains, wrinkles, worn off at the seams
αρχίζουν να εμφανίζουν ξεκάθαρα σημεία εδώ κι εκεί

they start to show threadbare spots here and there
έτσι ήταν η νέα ζωή του Σιντάρτα
this is how Siddhartha's new life was
τη ζωή που είχε ξεκινήσει μετά τον χωρισμό του από τη Γκοβίντα
the life which he had started after his separation from Govinda
η ζωή του είχε γεράσει και είχε χάσει χρώμα
his life had grown old and lost colour
είχε λιγότερο μεγαλείο καθώς περνούσαν τα χρόνια
there was less splendour to it as the years passed by
η ζωή του μάζευε ρυτίδες και λεκέδες
his life was gathering wrinkles and stains
και κρυμμένο στο κάτω μέρος περίμενε η απογοήτευση και η αηδία
and hidden at bottom, disappointment and disgust were waiting
έδειχναν την ασχήμια τους
they were showing their ugliness
Ο Σιντάρτα δεν τα πρόσεξε αυτά τα πράγματα
Siddhartha did not notice these things
θυμήθηκε τη φωτεινή και αξιόπιστη φωνή μέσα του
he remembered the bright and reliable voice inside of him
παρατήρησε ότι η φωνή είχε γίνει σιωπηλή
he noticed the voice had become silent
η φωνή που είχε ξυπνήσει μέσα του εκείνη την ώρα
the voice which had awoken in him at that time
η φωνή που τον είχε καθοδηγήσει στις καλύτερες στιγμές του
the voice that had guided him in his best times
τον είχε αιχμαλωτίσει ο κόσμος
he had been captured by the world
τον είχε αιχμαλωτίσει η λαγνεία, η απληστία, η νωθρότητα
he had been captured by lust, covetousness, sloth

και τελικά είχε αιχμαλωτιστεί από το πιο
περιφρονημένο βίτσιό του
and finally he had been captured by his most despised vice
το βίτσιο που κορόιδευε περισσότερο
the vice which he mocked the most
η πιο ανόητη από όλες τις κακίες
the most foolish one of all vices
είχε αφήσει την απληστία στην καρδιά του
he had let greed into his heart
Περιουσίες, περιουσίες και πλούτη επίσης τον είχαν
αιχμαλωτίσει τελικά
Property, possessions, and riches also had finally captured him
Το να έχει πράγματα δεν ήταν πλέον παιχνίδι γι' αυτόν
having things was no longer a game to him
τα υπάρχοντά του είχαν γίνει δεσμό και βάρος
his possessions had become a shackle and a burden
Είχε συμβεί με έναν παράξενο και πονηρό τρόπο
It had happened in a strange and devious way
Ο Σιντάρτα είχε πάρει αυτό το κακό από το παιχνίδι των ζαριών
Siddhartha had gotten this vice from the game of dice
είχε πάψει να είναι Σαμάνα στην καρδιά του
he had stopped being a Samana in his heart
και μετά άρχισε να παίζει το παιχνίδι για χρήματα
and then he began to play the game for money
πρώτα μπήκε στο παιχνίδι με ένα χαμόγελο
first he joined the game with a smile
αυτή τη στιγμή έπαιζε μόνο χαλαρά
at this time he only played casually
ήθελε να ενταχθεί στα έθιμα των παιδικών ανθρώπων
he wanted to join the customs of the childlike people
αλλά τώρα έπαιζε με ολοένα αυξανόμενη οργή και
πάθος
but now he played with an increasing rage and passion

Ήταν ένας φοβισμένος παίκτης μεταξύ των άλλων εμπόρων
He was a feared gambler among the other merchants
τα ponταρίσματά του ήταν τόσο τολμηρά που λίγοι τολμούσαν να τον αναλάβουν
his stakes were so audacious that few dared to take him on
Έπαιξε το παιχνίδι λόγω πόνου στην καρδιά του
He played the game due to a pain of his heart
το να χάσει και να σπαταλήσει τα άθλια χρήματά του του έφερε μια θυμωμένη χαρά
losing and wasting his wretched money brought him an angry joy
δεν μπορούσε να δείξει την περιφρόνησή του για τον πλούτο με κανέναν άλλο τρόπο
he could demonstrate his disdain for wealth in no other way
δεν μπορούσε να κοροϊδέψει τον ψεύτικο θεό των εμπόρων με καλύτερο τρόπο
he could not mock the merchants' false god in a better way
οπότε έπαιζε με υψηλά ponταρίσματα
so he gambled with high stakes
μισούσε αλύπητα τον εαυτό του και αυτοσαρκαζόταν
he mercilessly hated himself and mocked himself
κέρδισε χιλιάδες, πέταξε χιλιάδες
he won thousands, threw away thousands
έχασε χρήματα, κοσμήματα, ένα σπίτι στην εξοχή
he lost money, jewellery, a house in the country
το κέρδισε ξανά, και μετά έχασε ξανά
he won it again, and then he lost again
του άρεσε ο φόβος που ένιωθε ενώ έριχνε τα ζάρια
he loved the fear he felt while he was rolling the dice
του άρεσε να ανησυχεί μήπως χάσει αυτό που έπαιζε
he loved feeling worried about losing what he gambled
πάντα ήθελε να φτάσει αυτόν τον φόβο σε λίγο υψηλότερο επίπεδο
he always wanted to get this fear to a slightly higher level

ένιωθε κάτι σαν ευτυχία μόνο όταν ένιωθε αυτόν τον φόβο
he only felt something like happiness when he felt this fear
ήταν κάτι σαν μέθη
it was something like an intoxication
κάτι σαν ανεβασμένη μορφή ζωής
something like an elevated form of life
κάτι πιο φωτεινό στη μέση της θαμπής ζωής του
something brighter in the midst of his dull life
Και μετά από κάθε μεγάλη απώλεια, το μυαλό του ήταν στραμμένο σε νέα πλούτη
And after each big loss, his mind was set on new riches
ακολούθησε το εμπόριο με πιο ζήλο
he pursued the trade more zealously
ανάγκασε τους οφειλέτες του να πληρώσουν αυστηρότερα
he forced his debtors more strictly to pay
γιατί ήθελε να συνεχίσει τον τζόγο
because he wanted to continue gambling
ήθελε να συνεχίσει να σπαταλάει
he wanted to continue squandering
ήθελε να συνεχίσει να δείχνει την περιφρόνησή του για τον πλούτο
he wanted to continue demonstrating his disdain of wealth
Ο Σιντάρτα έχασε την ηρεμία του όταν σημειώθηκαν απώλειες
Siddhartha lost his calmness when losses occurred
έχασε την υπομονή του όταν δεν πληρώθηκε στην ώρα του
he lost his patience when he was not paid on time
έχασε την καλοσύνη του προς τους ζητιάνους
he lost his kindness towards beggars
Έπαιξε στοίχημα δεκάδες χιλιάδες με μια ρίψη των ζαριών
He gambled away tens of thousands at one roll of the dice

έγινε πιο αυστηρός και πιο μικροπρεπής στα επαγγελματικά του
he became more strict and more petty in his business
περιστασιακά, ονειρευόταν τα βράδια για χρήματα!
occasionally, he was dreaming at night about money!
όποτε ξυπνούσε από αυτό το άσχημο ξόρκι, συνέχιζε να τρέπεται σε φυγή
whenever he woke up from this ugly spell, he continued fleeing
όποτε έβρισκε το πρόσωπό του στον καθρέφτη να έχει γεράσει, έβρισκε ένα νέο παιχνίδι
whenever he found his face in the mirror to have aged, he found a new game
όποτε τον καταλάμβανε αμηχανία και αηδία, μουδιάζανε το μυαλό του
whenever embarrassment and disgust came over him, he numbed his mind
μουδιάστηκε το μυαλό του με το σεξ και το κρασί
he numbed his mind with sex and wine
και από εκεί τράπηκε σε φυγή με την επιθυμία να συσσωρευτεί και να αποκτήσει περιουσιακά στοιχεία
and from there he fled back into the urge to pile up and obtain possessions
Σε αυτόν τον άσκοπο κύκλο έτρεξε
In this pointless cycle he ran
από τη ζωή του κουράζεται, γερνάει και αρρωσταίνει
from his life he grow tired, old, and ill

Τότε ήρθε η ώρα που ένα όνειρο τον προειδοποίησε
Then the time came when a dream warned him
Είχε περάσει τις βραδινές ώρες με την Καμάλα
He had spent the hours of the evening with Kamala
είχε βρεθεί στον όμορφο κήπο αναψυχής της
he had been in her beautiful pleasure-garden
Κάθονταν κάτω από τα δέντρα και μιλούσαν
They had been sitting under the trees, talking

και η Καμάλα είχε πει στοχαστικά λόγια
and Kamala had said thoughtful words
λόγια πίσω από τα οποία κρυβόταν μια θλίψη και μια κούραση
words behind which a sadness and tiredness lay hidden
Του είχε ζητήσει να της πει για τον Γκοτάμα
She had asked him to tell her about Gotama
δεν μπορούσε να τον ακούσει αρκετά
she could not hear enough of him
της άρεσε πόσο καθαρά ήταν τα μάτια του
she loved how clear his eyes were
της άρεσε πόσο ακίνητο και όμορφο ήταν το στόμα του
she loved how still and beautiful his mouth was
της άρεσε η καλοσύνη του χαμόγελου του
she loved the kindness of his smile
της άρεσε πόσο ήρεμος ήταν ο περίπατός του
she loved how peaceful his walk had been
Για πολύ καιρό, έπρεπε να της πει για τον εξυψωμένο Βούδα
For a long time, he had to tell her about the exalted Buddha
και η Καμάλα είχε αναστενάσει και μίλησε
and Kamala had sighed, and spoke
«Μια μέρα, ίσως σύντομα, θα ακολουθήσω κι εγώ αυτόν τον Βούδα»
"One day, perhaps soon, I'll also follow that Buddha"
«Θα του δώσω τον κήπο μου για δώρο»
"I'll give him my pleasure-garden for a gift"
«και θα καταφύγω στις διδασκαλίες του»
"and I will take my refuge in his teachings"
Αλλά μετά από αυτό, τον είχε ξεσηκώσει
But after this, she had aroused him
τον είχε δέσει μαζί της κάνοντας έρωτα
she had tied him to her in the act of making love
με οδυνηρή θέρμη, δάγκωμα και δάκρυ
with painful fervour, biting and in tears

ήταν σαν να ήθελε να στύψει την τελευταία γλυκιά σταγόνα από αυτό το κρασί
it was as if she wanted to squeeze the last sweet drop out of this wine
**Ποτέ πριν δεν είχε γίνει τόσο παράξενα ξεκάθαρο στον Σιντάρτα**
Never before had it become so strangely clear to Siddhartha
**ένιωσε πόσο κοντά έμοιαζε ο πόθος με τον θάνατο**
he felt how close lust was akin to death
**ξάπλωσε δίπλα της και το πρόσωπο της Καμάλα ήταν κοντά του**
he laid by her side, and Kamala's face was close to him
**κάτω από τα μάτια της και δίπλα στις γωνίες του στόματός της**
under her eyes and next to the corners of her mouth
**ήταν τόσο ξεκάθαρο όσο ποτέ άλλοτε**
it was as clear as never before
**εκεί διάβασε μια τρομακτική επιγραφή**
there read a fearful inscription
**μια επιγραφή με μικρές γραμμές και ελαφρές αυλακώσεις**
an inscription of small lines and slight grooves
**μια επιγραφή που θυμίζει φθινόπωρο και γηρατειά**
an inscription reminiscent of autumn and old age
**εδώ κι εκεί γκρίζες τρίχες ανάμεσα στις μαύρες του**
here and there, gray hairs among his black ones
**Ο ίδιος ο Σιντάρτα, που ήταν μόλις στα σαράντα του, παρατήρησε το ίδιο πράγμα**
Siddhartha himself, who was only in his forties, noticed the same thing
**Η κούραση ήταν γραμμένη στο όμορφο πρόσωπο της Καμάλα**
Tiredness was written on Kamala's beautiful face
**κούραση από το περπάτημα σε ένα μακρύ μονοπάτι**
tiredness from walking a long path
**ένα μονοπάτι που δεν έχει ευτυχισμένο προορισμό**

a path which has no happy destination
η κούραση και η αρχή του μαρασμού
tiredness and the beginning of withering
φόβος για τα γηρατειά, το φθινόπωρο και την ανάγκη να πεθάνεις
fear of old age, autumn, and having to die
Με έναν αναστεναγμό, την είχε αποχαιρετήσει
With a sigh, he had bid his farewell to her
η ψυχή γεμάτη απροθυμία και γεμάτη κρυφή ανησυχία
the soul full of reluctance, and full of concealed anxiety

Ο Σιντάρθα είχε περάσει τη νύχτα στο σπίτι του με κοπέλες που χόρευαν
Siddhartha had spent the night in his house with dancing girls
φερόταν σαν να ήταν ανώτερός τους
he acted as if he was superior to them
ενήργησε ανώτερος απέναντι στους συναδέλφους της κάστας του
he acted superior towards the fellow-members of his caste
αλλά αυτό δεν ίσχυε πια
but this was no longer true
είχε πιει πολύ κρασί εκείνο το βράδυ
he had drunk much wine that night
και πήγε για ύπνο πολλή ώρα μετά τα μεσάνυχτα
and he went to bed a long time after midnight
κουρασμένος και όμως ενθουσιασμένος, κοντά στο κλάμα και την απόγνωση
tired and yet excited, close to weeping and despair
για πολλή ώρα έψαχνε να κοιμηθεί, αλλά ήταν μάταια
for a long time he sought to sleep, but it was in vain
η καρδιά του ήταν γεμάτη δυστυχία
his heart was full of misery
νόμιζε ότι δεν άντεχε άλλο
he thought he could not bear any longer
ήταν γεμάτος από μια αηδία, την οποία ένιωθε να διαπερνά ολόκληρο το σώμα του

he was full of a disgust, which he felt penetrating his entire body
σαν τη χλιαρή αποκρουστική γεύση του κρασιού
like the lukewarm repulsive taste of the wine
η βαρετή μουσική ήταν λίγο πολύ χαρούμενη
the dull music was a little too happy
το χαμόγελο των κοριτσιών που χόρευαν ήταν λίγο πολύ απαλό
the smile of the dancing girls was a little too soft
το άρωμα των μαλλιών και του στήθους τους ήταν λίγο πολύ γλυκό
the scent of their hair and breasts was a little too sweet
Αλλά περισσότερο από οτιδήποτε άλλο, αηδιάστηκε από τον εαυτό του
But more than by anything else, he was disgusted by himself
αηδιάστηκε από τα αρωματισμένα μαλλιά του
he was disgusted by his perfumed hair
τον αηδίασε η μυρωδιά του κρασιού από το στόμα του
he was disgusted by the smell of wine from his mouth
ήταν αηδιασμένος από την ατονία του δέρματός του
he was disgusted by the listlessness of his skin
Όπως όταν κάποιος που έχει φάει και έχει πιει πάρα πολύ
Like when someone who has eaten and drunk far too much
το κάνουν πάλι εμετό με οδυνηρό πόνο
they vomit it back up again with agonising pain
αλλά νιώθουν ανακούφιση από τον εμετό
but they feel relieved by the vomiting
αυτός ο άυπνος άνθρωπος ήθελε να απελευθερωθεί από αυτές τις απολαύσεις
this sleepless man wished to free himself of these pleasures
ήθελε να απαλλαγεί από αυτές τις συνήθειες
he wanted to be rid of these habits
ήθελε να ξεφύγει από όλη αυτή την άσκοπη ζωή
he wanted to escape all of this pointless life
και ήθελε να ξεφύγει από τον εαυτό του

and he wanted to escape from himself
δεν ήταν μέχρι το φως του πρωινού όταν είχε αποκοιμηθεί ελαφρά
it wasn't until the light of the morning when he had slightly fallen sleep
οι πρώτες δραστηριότητες στο δρόμο είχαν ήδη ξεκινήσει
the first activities in the street were already beginning
για λίγες στιγμές είχε βρει έναν υπαινιγμό ύπνου
for a few moments he had found a hint of sleep
Εκείνες τις στιγμές είχε ένα όνειρο
In those moments, he had a dream
Η Καμάλα είχε ένα μικρό, σπάνιο πουλί που τραγουδούσε σε ένα χρυσό κλουβί
Kamala owned a small, rare singing bird in a golden cage
του τραγουδούσε πάντα το πρωί
it always sung to him in the morning
αλλά μετά ονειρεύτηκε ότι αυτό το πουλί είχε γίνει βουβό
but then he dreamt this bird had become mute
αφού αυτό του τράβηξε την προσοχή, μπήκε μπροστά στο κλουβί
since this arose his attention, he stepped in front of the cage
κοίταξε το πουλί μέσα στο κλουβί
he looked at the bird inside the cage
το μικρό πουλάκι ήταν νεκρό και ξάπλωσε άκαμπτο στο έδαφος
the small bird was dead, and lay stiff on the ground
Έβγαλε το νεκρό πουλί από το κλουβί του
He took the dead bird out of its cage
πήρε μια στιγμή για να ζυγίσει το νεκρό πουλί στο χέρι του
he took a moment to weigh the dead bird in his hand
και μετά το πέταξε, έξω στο δρόμο
and then threw it away, out in the street
την ίδια στιγμή ένιωσε τρομερά σοκαρισμένος

in the same moment he felt terribly shocked
η καρδιά του πονούσε σαν να είχε πετάξει κάθε αξία
his heart hurt as if he had thrown away all value
όλα τα καλά ήταν μέσα σε αυτό το νεκρό πουλί
everything good had been inside of this dead bird
Ξεκινώντας από αυτό το όνειρο, ένιωσε να τον
περικλείει μια βαθιά θλίψη
Starting up from this dream, he felt encompassed by a deep sadness
όλα του φαίνονταν άχρηστα
everything seemed worthless to him
άχρηστος και άσκοπος ήταν ο τρόπος που περνούσε στη ζωή του
worthless and pointless was the way he had been going through life
τίποτα ζωντανό δεν έμεινε στα χέρια του
nothing which was alive was left in his hands
τίποτα που να ήταν κατά κάποιο τρόπο νόστιμο δεν μπορούσε να κρατηθεί
nothing which was in some way delicious could be kept
τίποτα άξιο κράτησης δεν θα έμενε
nothing worth keeping would stay
μόνος του στεκόταν εκεί, άδειος σαν ναυαγός στην ακτή
alone he stood there, empty like a castaway on the shore

Με θλιβερό μυαλό, ο Σιντάρτα πήγε στον κήπο αναψυχής του
With a gloomy mind, Siddhartha went to his pleasure-garden
κλείδωσε την πύλη και κάθισε κάτω από ένα μάνγκο
he locked the gate and sat down under a mango-tree
ένιωθε θάνατο στην καρδιά και φρίκη στο στήθος
he felt death in his heart and horror in his chest
ένιωσε πώς όλα πέθαναν και μαράθηκαν μέσα του
he sensed how everything died and withered in him
Περαστικά, συγκέντρωνε τις σκέψεις του στο μυαλό του

By and by, he gathered his thoughts in his mind
για άλλη μια φορά πέρασε όλη την πορεία της ζωής του
once again, he went through the entire path of his life
ξεκίνησε με τις πρώτες μέρες που μπορούσε να θυμηθεί
he started with the first days he could remember
Πότε υπήρξε μια στιγμή που είχε νιώσει μια αληθινή ευδαιμονία;
When was there ever a time when he had felt a true bliss?
Α ναι, αρκετές φορές είχε βιώσει κάτι τέτοιο
Oh yes, several times he had experienced such a thing
Στα χρόνια του ως αγόρι είχε μια γεύση ευδαιμονίας
In his years as a boy he had had a taste of bliss
είχε νιώσει ευτυχία στην καρδιά του όταν έλαβε τον έπαινο από τους Μπράμαν
he had felt happiness in his heart when he obtained praise from the Brahmans
"Υπάρχει ένα μονοπάτι μπροστά σε αυτόν που έχει διακριθεί"
"There is a path in front of the one who has distinguished himself"
είχε νιώσει ευδαιμονία απαγγέλλοντας τους ιερούς στίχους
he had felt bliss reciting the holy verses
είχε νιώσει ευδαιμονία διαφωνώντας με τους μορφωμένους
he had felt bliss disputing with the learned ones
είχε νιώσει ευδαιμονία όταν ήταν βοηθός στις προσφορές
he had felt bliss when he was an assistant in the offerings
Τότε, το είχε νιώσει στην καρδιά του
Then, he had felt it in his heart
"Υπάρχει ένα μονοπάτι μπροστά σου"
"There is a path in front of you"
"είσαι προορισμένος για αυτό το μονοπάτι"
"you are destined for this path"
"οι θεοί σε περιμένουν".

"the gods are awaiting you"
Και πάλι, ως νέος, είχε νιώσει ευδαιμονία
And again, as a young man, he had felt bliss
όταν οι σκέψεις του τον χώριζαν από εκείνους που σκέφτονταν τα ίδια πράγματα
when his thoughts separated him from those thinking on the same things
όταν πάλεψε στον πόνο για τον σκοπό του Μπράχμαν
when he wrestled in pain for the purpose of Brahman
όταν κάθε αποκτηθείσα γνώση του άναψε μόνο νέα δίψα
when every obtained knowledge only kindled new thirst in him
μέσα στον πόνο ένιωσε αυτό ακριβώς το ίδιο πράγμα
in the midst of the pain he felt this very same thing
"Συνέχισε! Σε καλούν!"
"Go on! You are called upon!"
Είχε ακούσει αυτή τη φωνή όταν είχε φύγει από το σπίτι του
He had heard this voice when he had left his home
άκουσε άκουσε αυτή τη φωνή όταν είχε επιλέξει τη ζωή ενός Σαμάνα
he heard heard this voice when he had chosen the life of a Samana
και πάλι άκουσε αυτή τη φωνή όταν έφυγε από τον Σαμανά
and again he heard this voice when left the Samanas
είχε ακούσει τη φωνή όταν πήγε να δει τον τελειοποιημένο
he had heard the voice when he went to see the perfected one
και όταν έφυγε από τον τελειοποιημένο, άκουσε τη φωνή
and when he had gone away from the perfected one, he had heard the voice
είχε ακούσει τη φωνή όταν πήγε στο αβέβαιο
he had heard the voice when he went into the uncertain

Για πόσο καιρό δεν είχε πια ακούσει αυτή τη φωνή;
For how long had he not heard this voice anymore?
για πόσο καιρό δεν είχε φτάσει πλέον σε ύψος;
for how long had he reached no height anymore?
πόσο ομοιόμορφος και βαρετός ήταν ο τρόπος με τον οποίο πέρασε στη ζωή;
how even and dull was the manner in which he went through life?
για πολλά χρόνια χωρίς υψηλό στόχο
for many long years without a high goal
ήταν χωρίς δίψα ή ανύψωση
he had been without thirst or elevation
είχε αρκεστεί σε μικρές ηδονικές απολαύσεις
he had been content with small lustful pleasures
κι όμως δεν έμεινε ποτέ ικανοποιημένος!
and yet he was never satisfied!
Όλα αυτά τα χρόνια είχε προσπαθήσει πολύ να γίνει σαν τους άλλους
For all of these years he had tried hard to become like the others
λαχταρούσε να είναι ένας από τους παιδικούς ανθρώπους
he longed to be one of the childlike people
αλλά δεν ήξερε ότι αυτό ήταν που πραγματικά ήθελε
but he didn't know that that was what he really wanted
η ζωή του ήταν πολύ πιο άθλια και φτωχότερη από τη δική τους
his life had been much more miserable and poorer than theirs
γιατί οι στόχοι και οι ανησυχίες τους δεν ήταν δικοί τους
because their goals and worries were not his
ολόκληρος ο κόσμος των ανθρώπων του Καμασουάμι ήταν μόνο ένα παιχνίδι για εκείνον
the entire world of the Kamaswami-people had only been a game to him
η ζωή τους ήταν ένας χορός που θα παρακολουθούσε

their lives were a dance he would watch
έπαιξαν μια κωμωδία με την οποία μπορούσε να διασκεδάσει
they performed a comedy he could amuse himself with
Μόνο η Καμάλα του ήταν αγαπητή και πολύτιμη
Only Kamala had been dear and valuable to him
αλλά ήταν ακόμα πολύτιμη για εκείνον;
but was she still valuable to him?
Την χρειαζόταν ακόμα;
Did he still need her?
Ή τον χρειαζόταν ακόμα;
Or did she still need him?
Δεν έπαιξαν παιχνίδι χωρίς τέλος;
Did they not play a game without an ending?
Ήταν απαραίτητο να ζεις γι' αυτό;
Was it necessary to live for this?
Όχι, δεν ήταν απαραίτητο!
No, it was not necessary!
Το όνομα αυτού του παιχνιδιού ήταν Sansara
The name of this game was Sansara
ένα παιχνίδι για παιδιά που ίσως ήταν ευχάριστο να παιχτεί μια φορά
a game for children which was perhaps enjoyable to play once
ίσως θα μπορούσε να παιχτεί δύο φορές
maybe it could be played twice
ίσως θα μπορούσατε να το παίξετε δέκα φορές
perhaps you could play it ten times
αλλά πρέπει να το παίζεις για πάντα;
but should you play it for ever and ever?
Τότε, ο Σιντάρτα ήξερε ότι το παιχνίδι είχε τελειώσει
Then, Siddhartha knew that the game was over
ήξερε ότι δεν μπορούσε να το παίξει άλλο
he knew that he could not play it any more
Ρίγες έτρεξαν πάνω από το σώμα του και μέσα του
Shivers ran over his body and inside of him
ένιωσε ότι κάτι είχε πεθάνει

he felt that something had died

Όλη εκείνη τη μέρα, κάθισε κάτω από το μάνγκο
That entire day, he sat under the mango-tree
σκεφτόταν τον πατέρα του
he was thinking of his father
σκεφτόταν τη Γκοβίντα
he was thinking of Govinda
και σκεφτόταν τη Γκοτάμα
and he was thinking of Gotama
Έπρεπε να τα αφήσει για να γίνει Καμασουάμι;
Did he have to leave them to become a Kamaswami?
Καθόταν ακόμα εκεί όταν είχε νυχτώσει
He was still sitting there when the night had fallen
είδε τα αστέρια και σκέφτηκε από μέσα του
he caught sight of the stars, and thought to himself
"Εδώ κάθομαι κάτω από το μάνγκο μου στον κήπο μου"
"Here I'm sitting under my mango-tree in my pleasure-garden"
Χαμογέλασε λίγο μόνος του
He smiled a little to himself
ήταν πραγματικά απαραίτητο να έχετε έναν κήπο;
was it really necessary to own a garden?
δεν ήταν ένα ανόητο παιχνίδι;
was it not a foolish game?
χρειαζόταν να έχει ένα δέντρο μάνγκο;
did he need to own a mango-tree?
Έβαλε τέλος και σε αυτό
He also put an end to this
πέθανε κι αυτό μέσα του
this also died in him
Σηκώθηκε και αποχαιρέτησε το μάνγκο
He rose and bid his farewell to the mango-tree
αποχαιρέτησε τον κήπο αναψυχής
he bid his farewell to the pleasure-garden

Δεδομένου ότι ήταν χωρίς φαγητό σήμερα, ένιωσε
έντονη πείνα
Since he had been without food this day, he felt strong hunger
και σκέφτηκε το σπίτι του στην πόλη
and he thought of his house in the city
σκέφτηκε την κάμαρα και το κρεβάτι του
he thought of his chamber and bed
σκέφτηκε το τραπέζι με τα γεύματα πάνω του
he thought of the table with the meals on it
Χαμογέλασε κουρασμένα, τινάχτηκε και αποχαιρέτησε
αυτά τα πράγματα
He smiled tiredly, shook himself, and bid his farewell to these things
Την ίδια ώρα της νύχτας, ο Σιντάρτα έφυγε από τον
κήπο του
In the same hour of the night, Siddhartha left his garden
έφυγε από την πόλη και δεν επέστρεψε ποτέ
he left the city and never came back

Για πολύ καιρό, ο Καμασουάμι έβαζε τους ανθρώπους
να τον αναζητούν
For a long time, Kamaswami had people look for him
νόμιζαν ότι είχε πέσει στα χέρια ληστών
they thought he had fallen into the hands of robbers
Η Καμάλα δεν είχε κανέναν να τον ψάξει
Kamala had no one look for him
δεν έμεινε έκπληκτη από την εξαφάνισή του
she was not astonished by his disappearance
Δεν το περίμενε πάντα;
Did she not always expect it?
Δεν ήταν Σαμάνα;
Was he not a Samana?
ένας άνθρωπος που δεν ήταν στο σπίτι πουθενά, ένας
προσκυνητής
a man who was at home nowhere, a pilgrim
το είχε νιώσει την τελευταία φορά που ήταν μαζί

she had felt this the last time they had been together
ήταν χαρούμενη παρ' όλο τον πόνο της απώλειας
she was happy despite all the pain of the loss
ήταν χαρούμενη που ήταν μαζί του για τελευταία φορά
she was happy she had been with him one last time
ήταν χαρούμενη που τον είχε τραβήξει τόσο στοργικά στην καρδιά της
she was happy she had pulled him so affectionately to her heart
ήταν χαρούμενη που ένιωθε εντελώς δαιμονισμένη και διεισδυμένη από αυτόν
she was happy she had felt completely possessed and penetrated by him
Όταν έλαβε τα νέα, πήγε στο παράθυρο
When she received the news, she went to the window
στο παράθυρο κρατούσε ένα σπάνιο πουλί που τραγουδούσε
at the window she held a rare singing bird
το πουλί κρατήθηκε αιχμάλωτο σε ένα χρυσό κλουβί
the bird was held captive in a golden cage
Άνοιξε την πόρτα του κλουβιού
She opened the door of the cage
έβγαλε το πουλί και το άφησε να πετάξει
she took the bird out and let it fly
Για πολλή ώρα το κοίταζε
For a long time, she gazed after it
Από σήμερα και μετά, δεν δέχτηκε άλλους επισκέπτες
From this day on, she received no more visitors
και κράτησε το σπίτι της κλειδωμένο
and she kept her house locked
Αλλά μετά από λίγο, συνειδητοποίησε ότι ήταν έγκυος
But after some time, she became aware that she was pregnant
ήταν έγκυος από την τελευταία φορά που ήταν με τον Σιντάρθα
she was pregnant from the last time she was with Siddhartha

### Δίπλα στο Ποτάμι
### By the River

Ο Σιντάρτα περπάτησε μέσα στο δάσος
Siddhartha walked through the forest
ήταν ήδη μακριά από την πόλη
he was already far from the city
και δεν ήξερε τίποτα παρά μόνο ένα πράγμα
and he knew nothing but one thing
δεν υπήρχε επιστροφή για αυτόν
there was no going back for him
η ζωή που είχε ζήσει πολλά χρόνια είχε τελειώσει
the life that he had lived for many years was over
είχε γευτεί όλη αυτή τη ζωή
he had tasted all of this life
είχε ρουφήξει τα πάντα από αυτή τη ζωή
he had sucked everything out of this life
μέχρι που τον αηδίασε
until he was disgusted with it
το τραγουδιστικό πουλί που είχε ονειρευτεί ήταν νεκρό
the singing bird he had dreamt of was dead
και το πουλί στην καρδιά του ήταν επίσης νεκρό
and the bird in his heart was dead too
είχε μπλέξει βαθιά στη Σανσάρα
he had been deeply entangled in Sansara
είχε ρουφήξει αηδία και θάνατο στο σώμα του
he had sucked up disgust and death into his body
σαν σφουγγάρι ρουφάει νερό μέχρι να χορτάσει
like a sponge sucks up water until it is full
ήταν γεμάτος δυστυχία και θάνατο
he was full of misery and death
δεν είχε απομείνει τίποτα σε αυτόν τον κόσμο που θα μπορούσε να τον ελκύσει
there was nothing left in this world which could have attracted him

τίποτα δεν θα μπορούσε να του δώσει χαρά ή παρηγοριά
nothing could have given him joy or comfort
ήθελε με πάθος να μην ξέρει τίποτα πια για τον εαυτό του
he passionately wished to know nothing about himself anymore
ήθελε να ξεκουραστεί και να πεθάνει
he wanted to have rest and be dead
ευχήθηκε να υπήρχε ένας κεραυνός να τον χτυπήσει νεκρό!
he wished there was a lightning-bolt to strike him dead!
**Αν υπήρχε μόνο μια τίγρη να τον καταβροχθίσει!**
If there only was a tiger to devour him!
**Αν υπήρχε μόνο ένα δηλητηριώδες κρασί που θα του μούδιαζε τις αισθήσεις**
If there only was a poisonous wine which would numb his senses
**ένα κρασί που του έφερε λήθη και ύπνο**
a wine which brought him forgetfulness and sleep
**ένα κρασί από το οποίο δεν θα ξυπνούσε**
a wine from which he wouldn't awake from
**Υπήρχε ακόμα κάποιο είδος βρωμιάς με το οποίο δεν είχε λερωθεί;**
Was there still any kind of filth he had not soiled himself with?
**υπήρχε αμαρτία ή ανόητη πράξη που δεν είχε διαπράξει;**
was there a sin or foolish act he had not committed?
**υπήρχε μια θλίψη της ψυχής που δεν ήξερε;**
was there a dreariness of the soul he didn't know?
**υπήρχε κάτι που δεν είχε φέρει πάνω του;**
was there anything he had not brought upon himself?
**Ήταν ακόμα καθόλου δυνατό να είσαι ζωντανός;**
Was it still at all possible to be alive?
**Ήταν δυνατό να εισπνέεις ξανά και ξανά;**

Was it possible to breathe in again and again?
Θα μπορούσε ακόμα να αναπνεύσει;
Could he still breathe out?
άντεχε την πείνα;
was he able to bear hunger?
υπήρχε τρόπος να ξαναφάω;
was there any way to eat again?
ήταν δυνατόν να κοιμηθώ ξανά;
was it possible to sleep again?
θα μπορούσε να ξανακοιμηθεί με γυναίκα;
could he sleep with a woman again?
δεν είχε εξαντληθεί αυτός ο κύκλος;
had this cycle not exhausted itself?
δεν έφτασαν τα πράγματα στο τέλος τους;
were things not brought to their conclusion?

Ο Σιντάρτα έφτασε στο μεγάλο ποτάμι μέσα στο δάσος
Siddhartha reached the large river in the forest
ήταν το ίδιο ποτάμι που πέρασε όταν ήταν ακόμη νέος
it was the same river he crossed when he had still been a young man
ήταν το ίδιο ποτάμι που πέρασε από την πόλη Gotama
it was the same river he crossed from the town of Gotama
θυμήθηκε έναν πορθμέα που τον είχε πάρει πάνω από το ποτάμι
he remembered a ferryman who had taken him over the river
Δίπλα σε αυτό το ποτάμι σταμάτησε, και διστακτικά στάθηκε στην όχθη
By this river he stopped, and hesitantly he stood at the bank
Η κούραση και η πείνα τον είχαν αποδυναμώσει
Tiredness and hunger had weakened him
"Τι να περπατήσω;"
"what should I walk on for?"
"σε ποιον στόχο έμενε να πάμε;"
"to what goal was there left to go?"
Όχι, δεν υπήρχαν άλλα γκολ

No, there were no more goals
δεν έμενε τίποτα άλλο παρά μια οδυνηρή λαχτάρα να αποτινάξει αυτό το όνειρο
there was nothing left but a painful yearning to shake off this dream
λαχταρούσε να φτύσει αυτό το μπαγιάτικο κρασί
he yearned to spit out this stale wine
ήθελε να βάλει τέλος σε αυτή τη μίζερη και επαίσχυντη ζωή
he wanted to put an end to this miserable and shameful life
μια καρύδα σκυμμένη πάνω από την όχθη του ποταμού
a coconut-tree bent over the bank of the river
Ο Σιντάρτα έγειρε στον κορμό του με τον ώμο του
Siddhartha leaned against its trunk with his shoulder
αγκάλιασε τον κορμό με το ένα χέρι
he embraced the trunk with one arm
και κοίταξε κάτω στο πράσινο νερό
and he looked down into the green water
το νερό έτρεξε από κάτω του
the water ran under him
κοίταξε κάτω και βρήκε τον εαυτό του να είναι γεμάτος με την επιθυμία να φύγει
he looked down and found himself to be entirely filled with the wish to let go
ήθελε να πνιγεί σε αυτά τα νερά
he wanted to drown in these waters
το νερό αντανακλούσε ένα τρομακτικό κενό πίσω του
the water reflected a frightening emptiness back at him
το νερό απάντησε στο φοβερό κενό στην ψυχή του
the water answered to the terrible emptiness in his soul
Ναι, είχε φτάσει στο τέλος
Yes, he had reached the end
Δεν του έμεινε τίποτα, παρά μόνο να αυτοεξοντωθεί
There was nothing left for him, except to annihilate himself
ήθελε να συντρίψει την αποτυχία στην οποία είχε διαμορφώσει τη ζωή του

he wanted to smash the failure into which he had shaped his life
ήθελε να ρίξει τη ζωή του μπροστά στα πόδια κοροϊδευτικά γελαστών θεών
he wanted to throw his life before the feet of mockingly laughing gods
Αυτός ήταν ο μεγάλος εμετός που είχε λαχταρήσει. θάνατος
This was the great vomiting he had longed for; death
το σπάσιμο σε κομμάτια της μορφής που μισούσε
the smashing to bits of the form he hated
Ας είναι τροφή για ψάρια και κροκόδειλους
Let him be food for fishes and crocodiles
Ο Σιντάρτα ο σκύλος, ένας τρελός
Siddhartha the dog, a lunatic
ένα ξεφτιλισμένο και σάπιο σώμα. μια αποδυναμωμένη και κακοποιημένη ψυχή!
a depraved and rotten body; a weakened and abused soul!
ας τον ψιλοκόψουν οι δαίμονες
let him be chopped to bits by the daemons
Με παραμορφωμένο πρόσωπο, κοίταξε το νερό
With a distorted face, he stared into the water
είδε την αντανάκλαση του προσώπου του και την έφτυσε
he saw the reflection of his face and spat at it
Βαθιά κουρασμένος πήρε το χέρι του από τον κορμό του δέντρου
In deep tiredness, he took his arm away from the trunk of the tree
γύρισε λίγο, για να αφεθεί να πέσει κατευθείαν κάτω
he turned a bit, in order to let himself fall straight down
για να πνιγεί τελικά στο ποτάμι
in order to finally drown in the river
Με τα μάτια κλειστά, γλίστρησε προς το θάνατο
With his eyes closed, he slipped towards death

Τότε, από απομακρυσμένες περιοχές της ψυχής του,
ένας ήχος αναδεύτηκε
Then, out of remote areas of his soul, a sound stirred up
ένας ήχος που ξεσηκώθηκε από περασμένες στιγμές της
κουρασμένης πλέον ζωής του
a sound stirred up out of past times of his now weary life
Ήταν μια ενική λέξη, μια συλλαβή
It was a singular word, a single syllable
χωρίς να σκεφτεί μίλησε τη φωνή στον εαυτό του
without thinking he spoke the voice to himself
μπέρδεψε την αρχή και το τέλος όλων των προσευχών
των Μπράμαν
he slurred the beginning and the end of all prayers of the
Brahmans
μίλησε το ιερό Ομ
he spoke the holy Om
"αυτό που είναι τέλειο" ή "η ολοκλήρωση"
"that what is perfect" or "the completion"
Και τη στιγμή που κατάλαβε την ανοησία των πράξεών
του
And in the moment he realized the foolishness of his actions
ο ήχος του Ομ άγγιξε το αυτί του Σιντάρτα
the sound of Om touched Siddhartha's ear
το κοιμισμένο πνεύμα του ξύπνησε ξαφνικά
his dormant spirit suddenly woke up
Ο Σιντάρτα σοκαρίστηκε βαθιά
Siddhartha was deeply shocked
είδε ότι έτσι ήταν τα πράγματα μαζί του
he saw this was how things were with him
ήταν τόσο καταδικασμένος που είχε καταφέρει να
αναζητήσει το θάνατο
he was so doomed that he had been able to seek death
είχε χάσει τόσο πολύ το δρόμο του που ευχήθηκε το
τέλος
he had lost his way so much that he wished the end

η επιθυμία ενός παιδιού μπορούσε να μεγαλώσει μέσα του
the wish of a child had been able to grow in him
είχε ευχηθεί να βρει ανάπαυση αφανίζοντας το σώμα του!
he had wished to find rest by annihilating his body!
όλη την αγωνία των τελευταίων χρόνων
all the agony of recent times
όλες τις αποθαρρυντικές συνειδητοποιήσεις που είχε δημιουργήσει η ζωή του
all sobering realizations that his life had created
όλη την απόγνωση που είχε νιώσει
all the desperation that he had felt
αυτά τα πράγματα δεν έφεραν αυτή τη στιγμή
these things did not bring about this moment
όταν το Om εισήλθε στη συνείδησή του, συνειδητοποίησε τον εαυτό του
when the Om entered his consciousness he became aware of himself
συνειδητοποίησε τη δυστυχία και το λάθος του
he realized his misery and his error
Ομ! μίλησε μόνος του
Om! he spoke to himself
Ομ! και πάλι ήξερε για το Μπράχμαν
Om! and again he knew about Brahman
Ομ! ήξερε για το άφθαρτο της ζωής
Om! he knew about the indestructibility of life
Ομ! ήξερε για όλα όσα ήταν θεϊκά, τα οποία είχε ξεχάσει
Om! he knew about all that is divine, which he had forgotten
Αλλά αυτή ήταν μόνο μια στιγμή που πέρασε μπροστά του
But this was only a moment that flashed before him
Στα πόδια της καρύδας, ο Σιντάρτα κατέρρευσε
By the foot of the coconut-tree, Siddhartha collapsed
τον χτύπησε η κούραση
he was struck down by tiredness

μουρμουρίζοντας «Ομ», έβαλε το κεφάλι του στη ρίζα του δέντρου
mumbling "Om", he placed his head on the root of the tree
και έπεσε σε βαθύ ύπνο
and he fell into a deep sleep
Βαθύς ήταν ο ύπνος του και χωρίς όνειρα
Deep was his sleep, and without dreams
για πολύ καιρό δεν ήξερε πια τέτοιο ύπνο
for a long time he had not known such a sleep any more

Όταν ξύπνησε μετά από πολλές ώρες, ένιωσε σαν να είχαν περάσει δέκα χρόνια
When he woke up after many hours, he felt as if ten years had passed
άκουσε το νερό να κυλάει ήσυχα
he heard the water quietly flowing
δεν ήξερε πού βρισκόταν
he did not know where he was
και δεν ήξερε ποιος τον είχε φέρει εδώ
and he did not know who had brought him here
άνοιξε τα μάτια του και κοίταξε με έκπληξη
he opened his eyes and looked with astonishment
υπήρχαν δέντρα και ο ουρανός από πάνω του
there were trees and the sky above him
θυμήθηκε πού ήταν και πώς έφτασε εδώ
he remembered where he was and how he got here
Αλλά του πήρε πολύ χρόνο για αυτό
But it took him a long while for this
το παρελθόν του φαινόταν σαν να το είχε σκεπάσει ένα πέπλο
the past seemed to him as if it had been covered by a veil
απείρως μακρινό, απείρως μακριά, απείρως ανούσιο
infinitely distant, infinitely far away, infinitely meaningless
Ήξερε μόνο ότι η προηγούμενη ζωή του είχε εγκαταλειφθεί
He only knew that his previous life had been abandoned

αυτή η προηγούμενη ζωή του φαινόταν σαν μια πολύ παλιά, προηγούμενη ενσάρκωση
this past life seemed to him like a very old, previous incarnation
αυτή η προηγούμενη ζωή ένιωθε σαν μια προγέννηση του παρόντος εαυτού του
this past life felt like a pre-birth of his present self
γεμάτος αηδία και αθλιότητα, είχε σκοπό να πετάξει τη ζωή του
full of disgust and wretchedness, he had intended to throw his life away
είχε συνέλθει δίπλα σε ένα ποτάμι, κάτω από μια καρύδα
he had come to his senses by a river, under a coconut-tree
η ιερή λέξη «Ομ» ήταν στα χείλη του
the holy word "Om" was on his lips
είχε αποκοιμηθεί και τώρα είχε ξυπνήσει
he had fallen asleep and had now woken up
κοίταζε τον κόσμο σαν νέος άνθρωπος
he was looking at the world as a new man
Ήσυχα, μίλησε τη λέξη «Ομ» στον εαυτό του
Quietly, he spoke the word "Om" to himself
το «Ομ» που μιλούσε όταν τον είχε πάρει ο ύπνος
the "Om" he was speaking when he had fallen asleep
Ο ύπνος του δεν έμοιαζε τίποτα περισσότερο από μια μακρά διαλογιστική απαγγελία του "Ομ"
his sleep felt like nothing more than a long meditative recitation of "Om"
όλος του ο ύπνος ήταν μια σκέψη του "Ομ"
all his sleep had been a thinking of "Om"
βύθιση και πλήρης είσοδος στο "Om"
a submergence and complete entering into "Om"
μια μετάβαση στο τελειοποιημένο και ολοκληρωμένο
a going into the perfected and completed
Τι υπέροχος ύπνος ήταν αυτός!
What a wonderful sleep this had been!

ποτέ πριν δεν είχε ανανεωθεί τόσο πολύ από τον ύπνο
he had never before been so refreshed by sleep
Ίσως, όντως είχε πεθάνει
Perhaps, he really had died
μήπως είχε πνιγεί και είχε ξαναγεννηθεί σε νέο σώμα;
maybe he had drowned and was reborn in a new body?
Αλλά όχι, ήξερε τον εαυτό του και ποιος ήταν
But no, he knew himself and who he was
ήξερε τα χέρια και τα πόδια του
he knew his hands and his feet
ήξερε το μέρος όπου βρισκόταν
he knew the place where he lay
γνώριζε αυτόν τον εαυτό στο στήθος του
he knew this self in his chest
Ο Σιντάρτα ο εκκεντρικός, ο περίεργος
Siddhartha the eccentric, the weird one
αλλά αυτός ο Σιντάρτα μεταμορφώθηκε ωστόσο
but this Siddhartha was nevertheless transformed
ήταν περίεργα καλά ξεκουρασμένος και ξύπνιος
he was strangely well rested and awake
και ήταν χαρούμενος και περίεργος
and he was joyful and curious

Ο Σιντάρτα ίσιωσε και κοίταξε τριγύρω
Siddhartha straightened up and looked around
τότε είδε ένα άτομο να κάθεται απέναντί του
then he saw a person sitting opposite to him
ένας μοναχός με κίτρινο ιμάτιο με ξυρισμένο κεφάλι
a monk in a yellow robe with a shaven head
καθόταν στη θέση να συλλογίζεται
he was sitting in the position of pondering
Παρατήρησε τον άντρα που δεν είχε ούτε τρίχες στο κεφάλι ούτε γένια
He observed the man, who had neither hair on his head nor a beard

δεν τον είχε παρατηρήσει για πολύ όταν αναγνώρισε αυτόν τον μοναχό
he had not observed him for long when he recognised this monk
ήταν ο Γκοβίντα, ο φίλος της νιότης του
it was Govinda, the friend of his youth
Γκοβίντα, που είχε βρει το καταφύγιό του στον εξυψωμένο Βούδα
Govinda, who had taken his refuge with the exalted Buddha
Όπως ο Σιντάρτα, έτσι και η Γκοβίντα είχε γεράσει
Like Siddhartha, Govinda had also aged
αλλά το πρόσωπό του είχε ακόμα τα ίδια χαρακτηριστικά
but his face still bore the same features
Το πρόσωπό του εξέφραζε ακόμα ζήλο και πίστη
his face still expressed zeal and faithfulness
έβλεπες ότι έψαχνε ακόμα, αλλά δειλά
you could see he was still searching, but timidly
Ο Γκοβίντα ένιωσε το βλέμμα του, άνοιξε τα μάτια του και τον κοίταξε
Govinda sensed his gaze, opened his eyes, and looked at him
Ο Σιντάρτα είδε ότι ο Γκοβίντα δεν τον αναγνώρισε
Siddhartha saw that Govinda did not recognise him
Η Γκοβίντα χάρηκε που τον βρήκε ξύπνιο
Govinda was happy to find him awake
προφανώς, είχε καθίσει εδώ για πολλή ώρα
apparently, he had been sitting here for a long time
τον περίμενε να ξυπνήσει
he had been waiting for him to wake up
περίμενε, αν και δεν τον ήξερε
he waited, although he did not know him
«Κοιμήθηκα» είπε ο Σιντάρτα
"I have been sleeping" said Siddhartha
«Πώς βρέθηκες εδώ;»
"How did you get here?"
«Κοιμήθηκες» απάντησε η Γκοβίντα

"You have been sleeping" answered Govinda
«Δεν είναι καλό να κοιμάσαι σε τέτοια μέρη»
"It is not good to be sleeping in such places"
"Τα φίδια και τα ζώα του δάσους έχουν τα μονοπάτια τους εδώ"
"snakes and the animals of the forest have their paths here"
«Εγώ, κύριε, είμαι οπαδός του εξυψωμένου Gotama»
"I, oh sir, am a follower of the exalted Gotama"
"Ήμουν σε ένα προσκύνημα σε αυτό το μονοπάτι"
"I was on a pilgrimage on this path"
«Σε είδα ξαπλωμένο και κοιμισμένο σε ένα μέρος όπου είναι επικίνδυνο να κοιμηθείς»
"I saw you lying and sleeping in a place where it is dangerous to sleep"
«Γι' αυτό, έψαξα να σε ξυπνήσω»
"Therefore, I sought to wake you up"
"αλλά είδα ότι ο ύπνος σου ήταν πολύ βαθύς"
"but I saw that your sleep was very deep"
"Έτσι έμεινα πίσω από την ομάδα μου"
"so I stayed behind from my group"
"Και κάθισα μαζί σου μέχρι να ξυπνήσεις"
"and I sat with you until you woke up"
«Και μετά, όπως φαίνεται, με πήρε ο ίδιος ο ύπνος»
"And then, so it seems, I have fallen asleep myself"
«Εγώ που ήθελα να φυλάξω τον ύπνο σου, αποκοιμήθηκα»
"I, who wanted to guard your sleep, fell asleep"
"Κακώς, σε έχω εξυπηρετήσει"
"Badly, I have served you"
«Η κούραση με είχε κυριεύσει»
"tiredness had overwhelmed me"
«Μα αφού είσαι ξύπνιος, άσε με να προλάβω τα αδέρφια μου»
"But since you're awake, let me go to catch up with my brothers"

«Σε ευχαριστώ, Σαμάνα, που πρόσεχες τον ύπνο μου» είπε ο Σιντάρθα
"I thank you, Samana, for watching out over my sleep" spoke Siddhartha

«Είστε φιλικοί, οπαδοί του εξυψωμένου»
"You're friendly, you followers of the exalted one"

«Τώρα μπορείς να πας σε αυτούς»
"Now you may go to them"

"Πηγαίνω, κύριε. Να είστε πάντα καλά στην υγεία σας"
"I'm going, sir. May you always be in good health"

"Σε ευχαριστώ, Samana"
"I thank you, Samana"

Ο Γκοβίντα έκανε τη χειρονομία ενός χαιρετισμού και είπε "Αντίο"
Govinda made the gesture of a salutation and said "Farewell"

«Αντίο, Γκοβίντα» είπε ο Σιντάρθα
"Farewell, Govinda" said Siddhartha

Ο μοναχός σταμάτησε σαν να τον χτυπούσε κεραυνός
The monk stopped as if struck by lightning

«Επιτρέψτε μου να ρωτήσω, κύριε, από πού ξέρετε το όνομά μου;»
"Permit me to ask, sir, from where do you know my name?"

Ο Σιντάρτα χαμογέλασε, «Σε ξέρω, ω Γκοβίντα, από την καλύβα του πατέρα σου»
Siddhartha smiled, "I know you, oh Govinda, from your father's hut"

"Και σε ξέρω από τη σχολή των Μπράμαν"
"and I know you from the school of the Brahmans"

"και σε ξέρω από τις προσφορές"
"and I know you from the offerings"

"και σε ξέρω από τη βόλτα μας στον Σαμανά"
"and I know you from our walk to the Samanas"

"και σε ξέρω από τότε που κατέφυγες στον υψωμένο"
"and I know you from when you took refuge with the exalted one"

«Είσαι ο Σιντάρτα», αναφώνησε δυνατά η Γκοβίντα, «Τώρα, σε αναγνωρίζω»
"You're Siddhartha," Govinda exclaimed loudly, "Now, I recognise you"
«Δεν καταλαβαίνω πώς δεν μπόρεσα να σε αναγνωρίσω αμέσως»
"I don't comprehend how I couldn't recognise you right away"
«Σιντάρτα, χαίρομαι που σε ξαναβλέπω»
"Siddhartha, my joy is great to see you again"
«Μου δίνει επίσης χαρά να σε ξαναδώ» είπε ο Σιντάρτα
"It also gives me joy, to see you again" spoke Siddhartha
"Ήσουν ο φύλακας του ύπνου μου"
"You've been the guard of my sleep"
"Και πάλι, σας ευχαριστώ για αυτό"
"again, I thank you for this"
«αλλά δεν θα χρειαζόμουν κανέναν φύλακα»
"but I wouldn't have required any guard"
«Πού θα πας ρε φίλε;»
"Where are you going to, oh friend?"
«Δεν πάω πουθενά», απάντησε η Γκοβίντα
"I'm going nowhere," answered Govinda
«Εμείς οι μοναχοί ταξιδεύουμε πάντα»
"We monks are always travelling"
«Όποτε δεν είναι η εποχή των βροχών, μετακινούμαστε από το ένα μέρος στο άλλο»
"whenever it is not the rainy season, we move from one place to another"
«Ζούμε σύμφωνα με τους κανόνες των διδασκαλιών που μας έχουν περάσει»
"we live according to the rules of the teachings passed on to us"
«Δεχόμαστε ελεημοσύνη και μετά προχωράμε»
"we accept alms, and then we move on"
«Πάντα έτσι είναι»
"It is always like this"
«Μα εσύ, Σιντάρτα, πού θα πας;»

"But you, Siddhartha, where are you going to?"
"για μένα είναι όπως είναι μαζί σου"
"for me it is as it is with you"
«Δεν πάω πουθενά, απλώς ταξιδεύω»
"I'm going nowhere; I'm just travelling"
«Είμαι κι εγώ σε προσκύνημα»
"I'm also on a pilgrimage"
Ο Γκοβίντα μίλησε "Λες ότι είσαι σε προσκύνημα και σε πιστεύω"
Govinda spoke "You say you're on a pilgrimage, and I believe you"
«Αλλά, συγχώρεσέ με, ω Σιντάρθα, δεν μοιάζεις με προσκυνητή»
"But, forgive me, oh Siddhartha, you do not look like a pilgrim"
«Φοράς ρούχα πλούσιου»
"You're wearing a rich man's garments"
"Φοράς τα παπούτσια ενός διακεκριμένου κυρίου"
"you're wearing the shoes of a distinguished gentleman"
«Και τα μαλλιά σου, με το άρωμα του αρώματος, δεν είναι μαλλιά προσκυνητή»
"and your hair, with the fragrance of perfume, is not a pilgrim's hair"
"Δεν έχεις μαλλιά σαμάνα"
"you do not have the hair of a Samana"
"εχεις δικιο αγαπητη μου"
"you are right, my dear"
"Έχεις παρατηρήσει καλά τα πράγματα"
"you have observed things well"
"Τα στραβά μάτια σου βλέπουν τα πάντα"
"your keen eyes see everything"
«Μα δεν σου είπα ότι ήμουν Σαμάνα»
"But I haven't said to you that I was a Samana"
"Είπα ότι είμαι σε προσκύνημα"
"I said I'm on a pilgrimage"
«Κι έτσι είναι, είμαι σε προσκύνημα»

"And so it is, I'm on a pilgrimage"
«Είσαι σε προσκύνημα» είπε η Γκοβίντα
"You're on a pilgrimage" said Govinda
«Αλλά λίγοι θα πήγαιναν σε ένα προσκύνημα με τέτοια ρούχα»
"But few would go on a pilgrimage in such clothes"
«Λίγοι θα πήγαιναν με τέτοια παπούτσια»
"few would pilger in such shoes"
"και λίγοι προσκυνητές έχουν τέτοια μαλλιά"
"and few pilgrims have such hair"
«Δεν έχω συναντήσει ποτέ τέτοιο προσκυνητή»
"I have never met such a pilgrim"
"και είμαι προσκυνητής για πολλά χρόνια"
"and I have been a pilgrim for many years"
«Σε πιστεύω, αγαπητή μου Γκοβίντα»
"I believe you, my dear Govinda"
«Αλλά τώρα, σήμερα, συνάντησες έναν προσκυνητή σαν αυτόν»
"But now, today, you've met a pilgrim just like this"
"ένας προσκυνητής που φορά τέτοια παπούτσια και ρούχα"
"a pilgrim wearing these kinds of shoes and garment"
«Θυμήσου, αγαπητέ μου, ο κόσμος των εμφανίσεων δεν είναι αιώνιος»
"Remember, my dear, the world of appearances is not eternal"
«Τα παπούτσια και τα ρούχα μας κάθε άλλο παρά αιώνια είναι»
"our shoes and garments are anything but eternal"
«Ούτε τα μαλλιά και το σώμα μας είναι αιώνια»
"our hair and bodies are not eternal either"
Φοράω ρούχα πλούσιου»
I'm wearing a rich man's clothes"
"Το έχεις δει πολύ σωστά"
"you've seen this quite right"
«Τα φοράω, γιατί ήμουν πλούσιος»
"I'm wearing them, because I have been a rich man"

«Και φοράω τα μαλλιά μου όπως οι κοσμικοί και ποθητές»
"and I'm wearing my hair like the worldly and lustful people"
"γιατί ήμουν ένας από αυτούς"
"because I have been one of them"
«Και τι είσαι τώρα, Σιντάρτα;» ρώτησε η Γκοβίντα
"And what are you now, Siddhartha?" Govinda asked
"Δεν το ξέρω, όπως εσύ"
"I don't know it, just like you"
«Ήμουν πλούσιος και τώρα δεν είμαι πια πλούσιος»
"I was a rich man, and now I am not a rich man anymore"
"Και τι θα είμαι αύριο, δεν ξέρω"
"and what I'll be tomorrow, I don't know"
«Έχασες τα πλούτη σου;» ρώτησε η Γκοβίντα
"You've lost your riches?" asked Govinda
"Έχασα τα πλούτη μου ή με έχασαν"
"I've lost my riches, or they have lost me"
«Τα πλούτη μου με κάποιο τρόπο έτυχαν να μου ξεφύγουν»
"My riches somehow happened to slip away from me"
«Ο τροχός των σωματικών εκδηλώσεων γυρίζει γρήγορα, Γκοβίντα»
"The wheel of physical manifestations is turning quickly, Govinda"
«Πού είναι ο Σιντάρτα ο Μπράχμαν;»
"Where is Siddhartha the Brahman?"
«Πού είναι ο Σιντάρτα η Σαμάνα;»
"Where is Siddhartha the Samana?"
«Πού είναι ο Σιντάρτα ο πλούσιος;»
"Where is Siddhartha the rich man?"
«Τα μη αιώνια πράγματα αλλάζουν γρήγορα, Γκοβίντα, το ξέρεις»
"Non-eternal things change quickly, Govinda, you know it"
Ο Γκοβίντα κοίταξε τον φίλο της νιότης του για πολλή ώρα
Govinda looked at the friend of his youth for a long time

τον κοίταξε με αμφιβολία στα μάτια
he looked at him with doubt in his eyes
Μετά από αυτό, του έδωσε τον χαιρετισμό που θα χρησιμοποιούσε κανείς σε έναν κύριο
After that, he gave him the salutation which one would use on a gentleman
και συνέχισε το προσκύνημά του
and he went on his way, and continued his pilgrimage
Με ένα χαμογελαστό πρόσωπο, ο Σιντάρτα τον παρακολούθησε να φεύγει
With a smiling face, Siddhartha watched him leave
τον αγαπούσε ακόμα, αυτόν τον πιστό, φοβισμένο άνθρωπο
he loved him still, this faithful, fearful man
πώς θα μπορούσε να μην είχε αγαπήσει τους πάντες και τα πάντα αυτή τη στιγμή;
how could he not have loved everybody and everything in this moment?
στην ένδοξη ώρα μετά τον υπέροχο ύπνο του, γεμάτο Ομ!
in the glorious hour after his wonderful sleep, filled with Om!
Η μαγεία, που είχε συμβεί μέσα του στον ύπνο του
The enchantment, which had happened inside of him in his sleep
αυτή η μαγεία ήταν όλα όσα αγαπούσε
this enchantment was everything that he loved
ήταν γεμάτος χαρούμενη αγάπη για όλα όσα έβλεπε
he was full of joyful love for everything he saw
ακριβώς αυτή ήταν η αρρώστια του πριν
exactly this had been his sickness before
δεν είχε καταφέρει να αγαπήσει κανέναν και τίποτα
he had not been able to love anybody or anything
Με ένα χαμογελαστό πρόσωπο, ο Σιντάρτα παρακολουθούσε τον μοναχό που έφευγε
With a smiling face, Siddhartha watched the leaving monk

Ο ύπνος τον είχε δυναμώσει πολύ
The sleep had strengthened him a lot
αλλά η πείνα του έδινε μεγάλο πόνο
but hunger gave him great pain
μέχρι τώρα δεν είχε φάει για δύο μέρες
by now he had not eaten for two days
οι καιροί που μπορούσε να αντισταθεί σε τέτοια πείνα είχαν περάσει πολύ
the times were long past when he could resist such hunger
Με λύπη, αλλά και με χαμόγελο, σκέφτηκε εκείνη την εποχή
With sadness, and yet also with a smile, he thought of that time
Εκείνες τις μέρες, έτσι θυμόταν, είχε καυχηθεί για τρία πράγματα στην Καμάλα
In those days, so he remembered, he had boasted of three things to Kamala
είχε καταφέρει να κάνει τρία ευγενή και αήττητα κατορθώματα
he had been able to do three noble and undefeatable feats
ήταν σε θέση να νηστεύει, να περιμένει και να σκέφτεται
he was able to fast, wait, and think
Αυτά ήταν τα υπάρχοντά του. τη δύναμη και τη δύναμή του
These had been his possessions; his power and strength
στα πολυάσχολα, επίπονα χρόνια της νιότης του, είχε μάθει αυτά τα τρία κατορθώματα
in the busy, laborious years of his youth, he had learned these three feats
Και τώρα, τα κατορθώματά του τον είχαν εγκαταλείψει
And now, his feats had abandoned him
κανένα από τα κατορθώματά του δεν ήταν πια δικό του
none of his feats were his any more
ούτε νηστεία, ούτε αναμονή, ούτε σκέψη
neither fasting, nor waiting, nor thinking

τα είχε παρατήσει για τα πιο άθλια πράγματα
he had given them up for the most wretched things
τι είναι αυτό που ξεθωριάζει πιο γρήγορα;
what is it that fades most quickly?
**αισθησιακό πόθο, καλή ζωή και πλούτη!**
sensual lust, the good life, and riches!
**Η ζωή του ήταν πράγματι παράξενη**
His life had indeed been strange
**Και τώρα, έτσι φαινόταν, είχε γίνει πραγματικά ένας παιδικός άνθρωπος**
And now, so it seemed, he had really become a childlike person
**Ο Σιντάρτα σκέφτηκε την κατάστασή του**
Siddhartha thought about his situation
**Η σκέψη ήταν δύσκολη για αυτόν τώρα**
Thinking was hard for him now
δεν είχε πραγματικά όρεξη να σκεφτεί
he did not really feel like thinking
αλλά ανάγκασε τον εαυτό του να σκεφτεί
but he forced himself to think
«Όλα αυτά τα πράγματα που χάνονται πιο εύκολα μου έχουν ξεφύγει»
"all these most easily perishing things have slipped from me"
"Και πάλι, τώρα στέκομαι εδώ κάτω από τον ήλιο"
"again, now I'm standing here under the sun"
«Στέκομαι εδώ σαν μικρό παιδί»
"I am standing here just like a little child"
"Τίποτα δεν είναι δικό μου, δεν έχω ικανότητες"
"nothing is mine, I have no abilities"
«Δεν μπορώ να κάνω τίποτα"
"there is nothing I could bring about"
«Δεν έχω μάθει τίποτα από τη ζωή μου»
"I have learned nothing from my life"
«Τι θαυμαστά είναι όλα αυτά!»
"How wondrous all of this is!"
«Είναι θαυμαστό που δεν είμαι πια νέος»

"it's wondrous that I'm no longer young"
"Τα μαλλιά μου είναι ήδη μισογκρίζα και η δύναμή μου εξασθενεί"
"my hair is already half gray and my strength is fading"
"και τώρα ξαναρχίζω στην αρχή, σαν παιδί!"
"and now I'm starting again at the beginning, as a child!"
Και πάλι, έπρεπε να χαμογελάσει μόνος του
Again, he had to smile to himself
Ναι, η μοίρα του ήταν περίεργη!
Yes, his fate had been strange!
Τα πράγματα μαζί του πήγαιναν στον κατήφορο
Things were going downhill with him
και τώρα πάλι αντιμετώπιζε τον κόσμο γυμνός και ανόητος
and now he was again facing the world naked and stupid
Αλλά δεν μπορούσε να λυπηθεί γι' αυτό
But he could not feel sad about this
όχι, ένιωσε ακόμη και μια μεγάλη παρόρμηση να γελάσει
no, he even felt a great urge to laugh
ένιωσε μια παρόρμηση να γελάσει με τον εαυτό του
he felt an urge to laugh about himself
ένιωσε μια παρόρμηση να γελάσει για αυτόν τον παράξενο, ανόητο κόσμο
he felt an urge to laugh about this strange, foolish world
«Μαζί σου πάνε τα πράγματα!» είπε μέσα του
"Things are going downhill with you!" he said to himself
και γέλασε για την κατάστασή του
and he laughed about his situation
καθώς το έλεγε έτυχε να ρίξει μια ματιά στο ποτάμι
as he was saying it he happened to glance at the river
και είδε και το ποτάμι να κατηφορίζει
and he also saw the river going downhill
ήταν να τραγουδάω και να χαίρομαι για όλα
it was singing and being happy about everything
Του άρεσε αυτό, και ευγενικά χαμογέλασε στο ποτάμι

He liked this, and kindly he smiled at the river
Δεν ήταν αυτό το ποτάμι στο οποίο σκόπευε να πνιγεί;
Was this not the river in which he had intended to drown himself?
σε περασμένες εποχές, πριν από εκατό χρόνια
in past times, a hundred years ago
ή το είχε ονειρευτεί αυτό;
or had he dreamed this?
«Πραγματικά υπέροχη ήταν η ζωή μου» σκέφτηκε
"Wondrous indeed was my life" he thought
"Η ζωή μου έχει πάρει θαυμαστές παρακάμψεις"
"my life has taken wondrous detours"
«Σαν παιδί ασχολιόμουν μόνο με θεούς και προσφορές»
"As a boy, I only dealt with gods and offerings"
«Σαν νέος ασχολήθηκα μόνο με την ασκητική»
"As a youth, I only dealt with asceticism"
«Πέρασα το χρόνο μου σε σκέψη και διαλογισμό»
"I spent my time in thinking and meditation"
«Έψαχνα για το Μπράχμαν
"I was searching for Brahman
"και λάτρεψα το αιώνιο στο Άτμαν"
"and I worshipped the eternal in the Atman"
«Αλλά ως νέος, ακολουθούσα τους μετανοούντες»
"But as a young man, I followed the penitents"
«Έζησα στο δάσος και υπέφερα από ζέστη και παγετό»
"I lived in the forest and suffered heat and frost"
"Εκεί έμαθα πώς να ξεπερνάω την πείνα"
"there I learned how to overcome hunger"
"και δίδαξα το σώμα μου να πεθάνει"
"and I taught my body to become dead"
"Υπέροχα, αμέσως μετά, η διορατικότητα ήρθε προς το μέρος μου"
"Wonderfully, soon afterwards, insight came towards me"
"ενόραση με τη μορφή των διδασκαλιών του μεγάλου Βούδα"
"insight in the form of the great Buddha's teachings"

«Ένιωσα τη γνώση της ενότητας του κόσμου»
"I felt the knowledge of the oneness of the world"
«Το ένιωσα να κυκλοφορεί μέσα μου σαν το δικό μου αίμα»
"I felt it circling in me like my own blood"
«Αλλά έπρεπε επίσης να αφήσω τον Βούδα και τη μεγάλη γνώση»
"But I also had to leave Buddha and the great knowledge"
«Πήγα και έμαθα την τέχνη της αγάπης με την Καμάλα»
"I went and learned the art of love with Kamala"
"Έμαθα εμπόριο και επιχειρήσεις με τον Kamaswami"
"I learned trading and business with Kamaswami"
«Μάζωσα χρήματα και τα σπατάλησα ξανά»
"I piled up money, and wasted it again"
«Έμαθα να αγαπώ το στομάχι μου και να ευχαριστώ τις αισθήσεις μου»
"I learned to love my stomach and please my senses"
«Έπρεπε να περάσω πολλά χρόνια χάνοντας το πνεύμα μου»
"I had to spend many years losing my spirit"
"και έπρεπε να ξεμάθω ξανά να σκέφτομαι"
"and I had to unlearn thinking again"
"Εκεί είχα ξεχάσει την ενότητα"
"there I had forgotten the oneness"
«Δεν είναι σαν να είχα γίνει σιγά σιγά από άντρας σε παιδί»;
"Isn't it just as if I had turned slowly from a man into a child"?
«από στοχαστή σε παιδί»
"from a thinker into a childlike person"
«Κι όμως, αυτός ο δρόμος ήταν πολύ καλός»
"And yet, this path has been very good"
"Κι όμως, το πουλί στο στήθος μου δεν έχει πεθάνει"
"and yet, the bird in my chest has not died"
"Τι δρόμος ήταν αυτός!"
"what a path has this been!"

«Έπρεπε να περάσω μέσα από τόση βλακεία»
"I had to pass through so much stupidity"
«Έπρεπε να περάσω τόσο πολύ κακία»
"I had to pass through so much vice"
«Έπρεπε να κάνω τόσα λάθη»
"I had to make so many errors"
«Έπρεπε να νιώσω τόση αηδία και απογοήτευση»
"I had to feel so much disgust and disappointment"
«Έπρεπε να τα κάνω όλα αυτά για να ξαναγίνω παιδί»
"I had to do all this to become a child again"
«Και μετά θα μπορούσα να ξεκινήσω ξανά»
"and then I could start over again"
«Αλλά ήταν ο σωστός τρόπος να το κάνω»
"But it was the right way to do it"
«Η καρδιά μου λέει ναι και τα μάτια μου χαμογελούν σε αυτό»
"my heart says yes to it and my eyes smile to it"
«Έπρεπε να βιώσω την απόγνωση»
"I've had to experience despair"
«Έπρεπε να βυθιστώ στην πιο ανόητη από όλες τις σκέψεις»
"I've had to sink down to the most foolish of all thoughts"
«Έπρεπε να σκεφτώ τις σκέψεις της αυτοκτονίας»
"I've had to think to the thoughts of suicide"
«μόνο τότε θα μπορούσα να βιώσω τη θεία χάρη»
"only then would I be able to experience divine grace"
"Μόνο τότε θα μπορούσα να ξανακούσω τον Ομ"
"only then could I hear Om again"
"Μόνο τότε θα μπορούσα να κοιμηθώ σωστά και να ξυπνήσω ξανά"
"only then would I be able to sleep properly and awake again"
«Έπρεπε να γίνω ανόητος, να ξαναβρώ τον Άτμαν μέσα μου»
"I had to become a fool, to find Atman in me again"
«Έπρεπε να αμαρτήσω, για να μπορέσω να ζήσω ξανά»
"I had to sin, to be able to live again"

«Πού αλλού μπορεί να με οδηγήσει ο δρόμος μου;»
"Where else might my path lead me to?"
"Είναι ανόητο, αυτό το μονοπάτι, κινείται σε βρόχους"
"It is foolish, this path, it moves in loops"
"ίσως να κυκλοφορεί σε κύκλο"
"perhaps it is going around in a circle"
"Αφήστε αυτό το μονοπάτι να πάει όπου γουστάρει"
"Let this path go where it likes"
«Όπου κι αν πάει αυτός ο δρόμος, θέλω να τον ακολουθήσω»
"where ever this path goes, I want to follow it"
ένιωσε τη χαρά να κυλάει σαν κύματα στο στήθος του
he felt joy rolling like waves in his chest
ρώτησε την καρδιά του, "από πού πήρες αυτή την ευτυχία;"
he asked his heart, "from where did you get this happiness?"
«Μήπως προέρχεται από τόσο μακρύ, καλό ύπνο;»
"does it perhaps come from that long, good sleep?"
«Ο ύπνος που μου έκανε τόσο καλό»
"the sleep which has done me so much good"
"ή μήπως προέρχεται από τη λέξη Om, που είπα;"
"or does it come from the word Om, which I said?"
«Ή μήπως προέρχεται από το γεγονός ότι έχω δραπετεύσει;
"Or does it come from the fact that I have escaped?"
«Αυτή η ευτυχία προέρχεται από το να στέκεσαι σαν παιδί κάτω από τον ουρανό;»
"does this happiness come from standing like a child under the sky?"
«Ω, πόσο καλό είναι να έχεις φύγει»
"Oh how good is it to have fled"
"Είναι υπέροχο να έχεις γίνει ελεύθερος!"
"it is great to have become free!"
"Τι καθαρός και όμορφος είναι ο αέρας εδώ"
"How clean and beautiful the air here is"
"ο αέρας είναι καλός να αναπνέεις"

"the air is good to breath"
"εκεί που έτρεχα από όλα μύριζαν αλοιφές"
"where I ran away from everything smelled of ointments"
"μπαχαρικά, κρασί, υπερβολή, νωθρότητα"
"spices, wine, excess, sloth"
"Πώς μισούσα αυτόν τον κόσμο των πλουσίων"
"How I hated this world of the rich"
«Μισούσα αυτούς που γλεντούν με το καλό φαγητό και τους τζογαδόρους!»
"I hated those who revel in fine food and the gamblers!"
«Μισούσα τον εαυτό μου που έμεινα σε αυτόν τον τρομερό κόσμο για τόσο καιρό!
"I hated myself for staying in this terrible world for so long!
«Στέρησα, δηλητηρίασα και βασάνισα τον εαυτό μου»
"I have deprived, poisoned, and tortured myself"
"Έχω γίνει γέρος και κακός!"
"I have made myself old and evil!"
«Όχι, δεν θα ξανακάνω αυτά που μου άρεσε τόσο πολύ»
"No, I will never again do the things I liked doing so much"
«Δεν θα παραπλανώ τον εαυτό μου να πιστεύει ότι ο Σιντάρτα ήταν σοφός!»
"I won't delude myself into thinking that Siddhartha was wise!"
«Αλλά αυτό το ένα πράγμα το έχω κάνει καλά»
"But this one thing I have done well"
"αυτό μου αρέσει, αυτό πρέπει να επαινέσω"
"this I like, this I must praise"
«Μου αρέσει που υπάρχει πλέον ένα τέλος σε αυτό το μίσος εναντίον του εαυτού μου»
"I like that there is now an end to that hatred against myself"
"Υπάρχει ένα τέλος σε αυτή την ανόητη και θλιβερή ζωή!"
"there is an end to that foolish and dreary life!"
«Σε επαινώ, Σιντάρθα, μετά από τόσα χρόνια ανοησίας»
"I praise you, Siddhartha, after so many years of foolishness"
"Έχεις άλλη μια φορά μια ιδέα"

"you have once again had an idea"
"Έχεις ακούσει το πουλί στο στήθος σου να τραγουδάει"
"you have heard the bird in your chest singing"
"Και ακολούθησες το τραγούδι του πουλιού!"
"and you followed the song of the bird!"
με αυτές τις σκέψεις επαινούσε τον εαυτό του
with these thoughts he praised himself
είχε ξαναβρεί τη χαρά μέσα του
he had found joy in himself again
άκουσε με περιέργεια το στομάχι του να γουργουρίζει από την πείνα
he listened curiously to his stomach rumbling with hunger
είχε γευτεί και είχε φτύσει ένα κομμάτι βάσανα και δυστυχία
he had tasted and spat out a piece of suffering and misery
αυτές τις τελευταίες στιγμές και μέρες, έτσι ένιωθε
in these recent times and days, this is how he felt
το είχε καταβροχθίσει μέχρι απελπισίας και θανάτου
he had devoured it up to the point of desperation and death
το πώς έγιναν όλα ήταν καλό
how everything had happened was good
θα μπορούσε να είχε μείνει με τον Καμασουάμι για πολύ περισσότερο
he could have stayed with Kamaswami for much longer
θα μπορούσε να είχε βγάλει περισσότερα χρήματα και μετά να τα σπαταλήσει
he could have made more money, and then wasted it
θα μπορούσε να είχε γεμίσει το στομάχι του και να αφήσει την ψυχή του να πεθάνει από τη δίψα
he could have filled his stomach and let his soul die of thirst
θα μπορούσε να είχε ζήσει σε αυτή την απαλή ταπετσαρία κόλαση πολύ περισσότερο
he could have lived in this soft upholstered hell much longer
αν δεν είχε συμβεί αυτό, θα συνέχιζε αυτή τη ζωή
if this had not happened, he would have continued this life
τη στιγμή της πλήρους απελπισίας και απελπισίας

the moment of complete hopelessness and despair
η πιο ακραία στιγμή που κρεμάστηκε πάνω από τα ορμητικά νερά
the most extreme moment when he hung over the rushing waters
τη στιγμή που ήταν έτοιμος να αυτοκαταστραφεί
the moment he was ready to destroy himself
τη στιγμή που είχε νιώσει αυτή την απόγνωση και τη βαθιά αποστροφή
the moment he had felt this despair and deep disgust
δεν είχε υποκύψει σε αυτό
he had not succumbed to it
τελικά το πουλί ήταν ακόμα ζωντανό
the bird was still alive after all
γι' αυτό ένιωθε χαρά και γέλασε
this was why he felt joy and laughed
γι' αυτό το πρόσωπό του χαμογελούσε έντονα κάτω από τα μαλλιά του
this was why his face was smiling brightly under his hair
τα μαλλιά του που τώρα είχαν γίνει γκρίζα
his hair which had now turned gray
«Είναι καλό», σκέφτηκε, «να παίρνει κανείς μια γεύση από όλα μόνος του»
"It is good," he thought, "to get a taste of everything for oneself"
«όλα όσα πρέπει να ξέρει κανείς»
"everything which one needs to know"
«Ο πόθος για τον κόσμο και τα πλούτη δεν ανήκουν στα καλά πράγματα»
"lust for the world and riches do not belong to the good things"
«Το έχω μάθει ήδη από παιδί»
"I have already learned this as a child"
«Το ξέρω εδώ και πολύ καιρό»
"I have known it for a long time"
"αλλά δεν το είχα ζήσει μέχρι τώρα"

"but I hadn't experienced it until now"
"Και τώρα που το έζησα το ξέρω"
"And now that I I've experienced it I know it"
«Δεν το ξέρω μόνο στη μνήμη μου, αλλά στα μάτια, την καρδιά και το στομάχι μου»
"I don't just know it in my memory, but in my eyes, heart, and stomach"
"Είναι καλό για μένα να το ξέρω αυτό!"
"it is good for me to know this!"

Για πολύ καιρό σκεφτόταν τη μεταμόρφωσή του
For a long time, he pondered his transformation
άκουγε το πουλί, καθώς τραγουδούσε από χαρά
he listened to the bird, as it sang for joy
Αυτό το πουλί δεν είχε πεθάνει μέσα του;
Had this bird not died in him?
δεν είχε νιώσει τον θάνατο αυτού του πουλιού;
had he not felt this bird's death?
Όχι, κάτι άλλο από μέσα του είχε πεθάνει
No, something else from within him had died
κάτι που λαχταρούσε να πεθάνει είχε πεθάνει
something which yearned to die had died
Δεν ήταν αυτό που είχε σκοπό να σκοτώσει;
Was it not this that he used to intend to kill?
Δεν ήταν ο μικρός, φοβισμένος και περήφανος εαυτός του που είχε πεθάνει;
Was it not his his small, frightened, and proud self that had died?
είχε παλέψει με τον εαυτό του τόσα χρόνια
he had wrestled with his self for so many years
τον εαυτό που τον είχε νικήσει ξανά και ξανά
the self which had defeated him again and again
τον εαυτό που επέστρεφε ξανά μετά από κάθε φόνο
the self which was back again after every killing
ο εαυτός που απαγόρευε τη χαρά και ένιωθε φόβο;
the self which prohibited joy and felt fear?

Δεν ήταν αυτός ο εαυτός που σήμερα είχε επιτέλους
φτάσει στο θάνατο;
Was it not this self which today had finally come to its death?
εδώ στο δάσος, δίπλα σε αυτό το υπέροχο ποτάμι
here in the forest, by this lovely river
Δεν ήταν λόγω αυτού του θανάτου, που ήταν πλέον σαν
παιδί;
Was it not due to this death, that he was now like a child?
τόσο γεμάτο εμπιστοσύνη και χαρά, χωρίς φόβο
so full of trust and joy, without fear
Τώρα ο Σιντάρτα πήρε επίσης κάποια ιδέα για το γιατί
είχε πολεμήσει μάταια αυτόν τον εαυτό
Now Siddhartha also got some idea of why he had fought this self in vain
ήξερε γιατί δεν μπορούσε να πολεμήσει τον εαυτό του
ως Μπράχμαν
he knew why he couldn't fight his self as a Brahman
Η υπερβολική γνώση τον είχε κρατήσει πίσω
Too much knowledge had held him back
πάρα πολλοί ιεροί στίχοι, κανόνες θυσίας και
αυτοκαταδίκη
too many holy verses, sacrificial rules, and self-castigation
όλα αυτά τον κράτησαν πίσω
all these things held him back
τόσα πολλά κάνουν και αγωνίζονται για αυτόν τον
στόχο!
so much doing and striving for that goal!
είχε γεμίσει αλαζονεία
he had been full of arrogance
ήταν πάντα ο πιο έξυπνος
he was always the smartest
δούλευε πάντα περισσότερο
he was always working the most
ήταν πάντα ένα βήμα μπροστά από όλους τους άλλους
he had always been one step ahead of all others
ήταν πάντα ο γνώστης και πνευματικός

he was always the knowing and spiritual one
θεωρούνταν πάντα ο ιερέας ή ο σοφός
he was always considered the priest or wise one
ο εαυτός του είχε υποχωρήσει σε ιερέα, έπαρση και πνευματικότητα
his self had retreated into being a priest, arrogance, and spirituality
εκεί καθόταν σταθερά και μεγάλωνε όλο αυτό το διάστημα
there it sat firmly and grew all this time
και είχε σκεφτεί ότι μπορούσε να το σκοτώσει νηστεύοντας
and he had thought he could kill it by fasting
Τώρα έβλεπε τη ζωή του όπως είχε γίνει
Now he saw his life as it had become
είδε ότι η μυστική φωνή είχε δίκιο
he saw that the secret voice had been right
κανένας δάσκαλος δεν θα μπορούσε ποτέ να επιφέρει τη σωτηρία του
no teacher would ever have been able to bring about his salvation
Ως εκ τούτου, έπρεπε να βγει στον κόσμο
Therefore, he had to go out into the world
έπρεπε να χάσει τον εαυτό του από τη λαγνεία και την εξουσία
he had to lose himself to lust and power
έπρεπε να χάσει τον εαυτό του από γυναίκες και χρήματα
he had to lose himself to women and money
έπρεπε να γίνει έμπορος, τζογαδόρος, πότης
he had to become a merchant, a dice-gambler, a drinker
και έπρεπε να γίνει άπληστος άνθρωπος
and he had to become a greedy person
έπρεπε να το κάνει αυτό μέχρι να πεθάνει ο ιερέας και η Σαμάνα μέσα του
he had to do this until the priest and Samana in him was dead

Ως εκ τούτου, έπρεπε να συνεχίσει να αντέχει αυτά τα άσχημα χρόνια
Therefore, he had to continue bearing these ugly years
έπρεπε να αντέξει την αηδία και τις διδασκαλίες
he had to bear the disgust and the teachings
έπρεπε να αντέξει το ανούσιο μιας θλιβερής και χαμένης ζωής
he had to bear the pointlessness of a dreary and wasted life
έπρεπε να το ολοκληρώσει μέχρι το πικρό τέλος του
he had to conclude it up to its bitter end
έπρεπε να το κάνει αυτό μέχρι να πεθάνει και ο λάγνος Σιντάρθα
he had to do this until Siddhartha the lustful could also die
Είχε πεθάνει και ένας νέος Σιντάρτα είχε ξυπνήσει από τον ύπνο
He had died and a new Siddhartha had woken up from the sleep
αυτός ο νέος Σιντάρθα θα γερνούσε επίσης
this new Siddhartha would also grow old
θα έπρεπε επίσης να πεθάνει τελικά
he would also have to die eventually
Ο Σιντάρτα ήταν ακόμα θνητός, όπως και κάθε φυσική μορφή
Siddhartha was still mortal, as is every physical form
Σήμερα όμως ήταν νέος και παιδί και γεμάτος χαρά
But today he was young and a child and full of joy
Σκέφτηκε αυτές τις σκέψεις στον εαυτό του
He thought these thoughts to himself
άκουσε με ένα χαμόγελο στο στομάχι του
he listened with a smile to his stomach
άκουσε με ευγνωμοσύνη μια μέλισσα που βούιζε
he listened gratefully to a buzzing bee
Χαρούμενος, κοίταξε μέσα στο ορμητικό ποτάμι
Cheerfully, he looked into the rushing river
ποτέ άλλοτε δεν του άρεσε το νερό όσο αυτό
he had never before liked a water as much as this one

ποτέ πριν δεν είχε αντιληφθεί τη φωνή τόσο δυνατή
he had never before perceived the voice so stronger
ποτέ δεν είχε καταλάβει τόσο έντονα την παραβολή του κινούμενου νερού
he had never understood the parable of the moving water so strongly
ποτέ πριν δεν είχε προσέξει πόσο όμορφα κινούνταν το ποτάμι
he had never before noticed how beautifully the river moved
Του φαινόταν σαν το ποτάμι να είχε κάτι ιδιαίτερο να του πει
It seemed to him, as if the river had something special to tell him
κάτι που δεν ήξερε ακόμα, το οποίο ακόμα τον περίμενε
something he did not know yet, which was still awaiting him
Σε αυτό το ποτάμι, ο Σιντάρτα είχε σκοπό να πνιγεί
In this river, Siddhartha had intended to drown himself
σε αυτό το ποτάμι ο γέρος, κουρασμένος, απελπισμένος Σιντάρτα είχε πνιγεί σήμερα
in this river the old, tired, desperate Siddhartha had drowned today
Αλλά ο νέος Σιντάρτα ένιωσε μια βαθιά αγάπη για αυτό το ορμητικό νερό
But the new Siddhartha felt a deep love for this rushing water
και αποφάσισε μόνος του, να μην το αφήσει πολύ σύντομα
and he decided for himself, not to leave it very soon

## ο πορθμετης
## The Ferryman

«Δίπλα σε αυτό το ποτάμι θέλω να μείνω», σκέφτηκε ο Σιντάρθα
"By this river I want to stay," thought Siddhartha
"Είναι το ίδιο ποτάμι που έχω περάσει εδώ και πολύ καιρό"
"it is the same river which I have crossed a long time ago"
"Ήμουν καθ' οδόν προς τους παιδικούς ανθρώπους"
"I was on my way to the childlike people"
"Ένας φιλικός πορθμέας με είχε οδηγήσει στο ποτάμι"
"a friendly ferryman had guided me across the river"
"Είναι αυτός στον οποίο θέλω να πάω"
"he is the one I want to go to"
"Ξεκινώντας από την καλύβα του, ο δρόμος μου με οδήγησε σε μια νέα ζωή"
"starting out from his hut, my path led me to a new life"
"ένα μονοπάτι που είχε γεράσει και τώρα είναι νεκρό"
"a path which had grown old and is now dead"
"Η παρούσα πορεία μου θα ξεκινήσει επίσης από εκεί!"
"my present path shall also take its start there!"
Τρυφερά, κοίταξε μέσα στα ορμητικά νερά
Tenderly, he looked into the rushing water
κοίταξε τις διάφανες πράσινες γραμμές που τράβηξε το νερό
he looked into the transparent green lines the water drew
οι κρυστάλλινες γραμμές του νερού ήταν πλούσιες σε μυστικά
the crystal lines of water were rich in secrets
είδε λαμπερά μαργαριτάρια να υψώνονται από τα βαθιά
he saw bright pearls rising from the deep
ήσυχες φυσαλίδες αέρα που επιπλέουν στην ανακλώσα επιφάνεια
quiet bubbles of air floating on the reflecting surface

το μπλε του ουρανού που απεικονίζεται στις φυσαλίδες
the blue of the sky depicted in the bubbles
το ποτάμι τον κοίταξε με χίλια μάτια
the river looked at him with a thousand eyes
το ποτάμι είχε πράσινα μάτια και λευκά μάτια
the river had green eyes and white eyes
το ποτάμι είχε κρυστάλλινα μάτια και γαλάζια μάτια
the river had crystal eyes and sky-blue eyes
αγαπούσε πολύ αυτό το νερό, τον ευχαριστούσε
he loved this water very much, it delighted him
ήταν ευγνώμων στο νερό
he was grateful to the water
Στην καρδιά του άκουσε τη φωνή να μιλάει
In his heart he heard the voice talking
"Αγαπήστε αυτό το νερό! Μείνετε κοντά του!"
"Love this water! Stay near it!"
"Μάθε από το νερό!" τον πρόσταξε η φωνή του
"Learn from the water!" his voice commanded him
Ω, ναι, ήθελε να μάθει από αυτό
Oh yes, he wanted to learn from it
ήθελε να ακούσει το νερό
he wanted to listen to the water
Αυτός που θα καταλάβαινε τα μυστικά αυτού του νερού
He who would understand this water's secrets
θα καταλάβαινε και πολλά άλλα πράγματα
he would also understand many other things
έτσι του φάνηκε
this is how it seemed to him
Αλλά από όλα τα μυστικά του ποταμού, σήμερα είδε μόνο ένα
But out of all secrets of the river, today he only saw one
αυτό το μυστικό άγγιξε την ψυχή του
this secret touched his soul
αυτό το νερό έτρεχε και έτρεχε, ασταμάτητα
this water ran and ran, incessantly
το νερό έτρεχε, αλλά παρόλα αυτά ήταν πάντα εκεί

the water ran, but nevertheless it was always there
το νερό πάντα, ανά πάσα στιγμή, ήταν το ίδιο
the water always, at all times, was the same
και ταυτόχρονα ήταν καινούργιο σε κάθε στιγμή
and at the same time it was new in every moment
αυτός που θα μπορούσε να το καταλάβει αυτό θα ήταν υπέροχος
he who could grasp this would be great
αλλά δεν το κατάλαβε ούτε το κατάλαβε
but he didn't understand or grasp it
ένιωσε μόνο κάποια ιδέα να ανακατεύεται
he only felt some idea of it stirring
ήταν σαν μακρινή ανάμνηση, θεϊκές φωνές
it was like a distant memory, a divine voices

Ο Σιντάρτα σηκώθηκε καθώς η πείνα στο σώμα του έγινε αφόρητη
Siddhartha rose as the workings of hunger in his body became unbearable
Ζαλισμένος έφυγε πιο μακριά από την πόλη
In a daze he walked further away from the city
ανέβηκε το ποτάμι κατά μήκος του μονοπατιού δίπλα στην όχθη
he walked up the river along the path by the bank
άκουγε το ρεύμα του νερού
he listened to the current of the water
άκουγε τη γουργουρηματική πείνα στο κορμί του
he listened to the rumbling hunger in his body
Όταν έφτασε στο πλοίο, το σκάφος μόλις έφτανε
When he reached the ferry, the boat was just arriving
ο ίδιος πορθμέας που είχε μεταφέρει κάποτε τον νεαρό Σαμάνα πέρα από το ποτάμι
the same ferryman who had once transported the young Samana across the river
στάθηκε στη βάρκα και ο Σιντάρθα τον αναγνώρισε
he stood in the boat and Siddhartha recognised him

είχε επίσης γεράσει πολύ
he had also aged very much

ο πορθμείος έμεινε έκπληκτος βλέποντας έναν τόσο κομψό άνδρα να περπατάει με τα πόδια
the ferryman was astonished to see such an elegant man walking on foot

«Θα ήθελες να με μεταφέρεις;» ρώτησε
"Would you like to ferry me over?" he asked

τον πήρε στη βάρκα του και το έσπρωξε από την όχθη
he took him into his boat and pushed it off the bank

«Είναι μια όμορφη ζωή που έχεις επιλέξει για τον εαυτό σου» μίλησε ο επιβάτης
"It's a beautiful life you have chosen for yourself" the passenger spoke

"Πρέπει να είναι όμορφο να ζεις δίπλα σε αυτό το νερό κάθε μέρα"
"It must be beautiful to live by this water every day"

"και πρέπει να είναι όμορφο να κάνεις κρουαζιέρα σε αυτό στο ποτάμι"
"and it must be beautiful to cruise on it on the river"

Με ένα χαμόγελο, ο άντρας στο κουπί μετακινήθηκε από άκρη σε άκρη
With a smile, the man at the oar moved from side to side

«Είναι τόσο όμορφο όσο το λες, κύριε»
"It is as beautiful as you say, sir"

«Μα δεν είναι όμορφη κάθε ζωή και κάθε δουλειά;»
"But isn't every life and all work beautiful?"

«Αυτό μπορεί να είναι αλήθεια» απάντησε ο Σιντάρθα
"This may be true" replied Siddhartha

«Μα σε ζηλεύω για τη ζωή σου»
"But I envy you for your life"

"Α, σύντομα θα σταματήσεις να το απολαμβάνεις"
"Ah, you would soon stop enjoying it"

«Δεν είναι δουλειά για άτομα που φορούν ωραία ρούχα»
"This is no work for people wearing fine clothes"

Ο Σιντάρτα γέλασε με την παρατήρηση

Siddhartha laughed at the observation

«Μια φορά πριν, με κοιτούσαν σήμερα λόγω των ρούχων μου»
"Once before, I have been looked upon today because of my clothes"

«Με κοιτούσαν με δυσπιστία»
"I have been looked upon with distrust"

«Με ενοχλούν»
"they are a nuisance to me"

«Δεν θα ήθελες, φέρι, να δεχτείς αυτά τα ρούχα;»
"Wouldn't you, ferryman, like to accept these clothes"

"Επειδή πρέπει να ξέρεις, δεν έχω χρήματα να πληρώσω το ναύλο σου"
"because you must know, I have no money to pay your fare"

«Αστειεύεστε, κύριε», γέλασε ο φέρι
"You're joking, sir," the ferryman laughed

«Δεν αστειεύομαι φίλε»
"I'm not joking, friend"

"Μια φορά πριν με έχεις μεταφέρει σε αυτό το νερό με το σκάφος σου"
"once before you have ferried me across this water in your boat"

"το έκανες για την άυλη ανταμοιβή μιας καλής πράξης"
"you did it for the immaterial reward of a good deed"

«Περάστε με να διασχίσω το ποτάμι και δεχθείτε τα ρούχα μου για αυτό»
"ferry me across the river and accept my clothes for it"

«Και, κύριε, σκοπεύετε να συνεχίσετε να ταξιδεύετε χωρίς ρούχα;»
"And do you, sir, intent to continue travelling without clothes?"

"Α, πάνω απ' όλα δεν θα ήθελα να συνεχίσω να ταξιδεύω καθόλου"
"Ah, most of all I wouldn't want to continue travelling at all"

«Θα προτιμούσα να μου δώσεις ένα παλιό εσώρουχο»
"I would rather you gave me an old loincloth"

«Θα ήθελα να με κρατούσες μαζί σου ως βοηθό σου»
"I would like it if you kept me with you as your assistant"
"ή μάλλον, θα ήθελα αν με δεχόσουν ως εκπαιδευόμενο σου"
"or rather, I would like if you accepted me as your trainee"
"γιατί πρώτα θα πρέπει να μάθω πώς να χειρίζομαι το σκάφος"
"because first I'll have to learn how to handle the boat"
Για πολλή ώρα, ο φέρι κοίταξε τον ξένο
For a long time, the ferryman looked at the stranger
έψαχνε στη μνήμη του αυτόν τον παράξενο άντρα
he was searching in his memory for this strange man
«Τώρα σε αναγνωρίζω», είπε τελικά
"Now I recognise you," he finally said
"Κάποτε κοιμήθηκες στην καλύβα μου"
"At one time, you've slept in my hut"
"Αυτό ήταν πολύ καιρό πριν, πιθανώς περισσότερα από είκοσι χρόνια"
"this was a long time ago, possibly more than twenty years"
"και σε πέρασα με το ποτάμι από εμένα"
"and you've been ferried across the river by me"
«Εκείνη τη μέρα χωρίσαμε σαν καλοί φίλοι»
"that day we parted like good friends"
«Δεν ήσουν Σαμάνα;
"Haven't you been a Samana?"
«Δεν μπορώ πια να σκεφτώ το όνομά σου»
"I can't think of your name anymore"
«Με λένε Σιντάρθα και ήμουν Σαμάνα»
"My name is Siddhartha, and I was a Samana"
«Ήμουν ακόμα **Samana** όταν με είδες για τελευταία φορά»
"I had still been a Samana when you last saw me"
"Καλώς ήρθες λοιπόν, Σιντάρθα. Το όνομά μου είναι Βασουντέβα"
"So be welcome, Siddhartha. My name is Vasudeva"

«Θα είσαι, λοιπόν, ελπίζω να είσαι καλεσμένος μου και σήμερα»
"You will, so I hope, be my guest today as well"
"και μπορείς να κοιμηθείς στην καλύβα μου"
"and you may sleep in my hut"
«Και μπορείς να μου πεις από πού έρχεσαι»
"and you may tell me, where you're coming from"
«Και μπορείς να μου πεις γιατί αυτά τα όμορφα ρούχα είναι τόσο ενοχλητικά για σένα»
"and you may tell me why these beautiful clothes are such a nuisance to you"
Είχαν φτάσει στη μέση του ποταμού
They had reached the middle of the river
Η Βασουντέβα έσπρωξε το κουπί με περισσότερη δύναμη
Vasudeva pushed the oar with more strength
για να ξεπεραστεί το ρεύμα
in order to overcome the current
Δούλευε ήρεμα, με σφιχτά χέρια
He worked calmly, with brawny arms
τα μάτια του ήταν καρφωμένα στο μπροστινό μέρος του σκάφους
his eyes were fixed in on the front of the boat
Ο Σιντάρτα κάθισε και τον παρακολουθούσε
Siddhartha sat and watched him
θυμήθηκε την εποχή του ως Σαμάνα
he remembered his time as a Samana
θυμήθηκε πώς η αγάπη γι' αυτόν τον άντρα είχε ανακατευτεί στην καρδιά του
he remembered how love for this man had stirred in his heart
Με ευγνωμοσύνη, αποδέχτηκε την πρόσκληση της Βασουντέβα
Gratefully, he accepted Vasudeva's invitation
Όταν έφτασαν στην όχθη, τον βοήθησε να δέσει τη βάρκα στους πασσάλους

When they had reached the bank, he helped him to tie the boat to the stakes
μετά από αυτό, ο πορθμέας του ζήτησε να μπει στην καλύβα
after this, the ferryman asked him to enter the hut
του πρόσφερε ψωμί και νερό και ο Σιντάρτα έφαγε με λαχτάρα
he offered him bread and water, and Siddhartha ate with eager pleasure
και έφαγε επίσης με λαχτάρα από τα φρούτα μάνγκο που του πρόσφερε η Βασουντέβα
and he also ate with eager pleasure of the mango fruits Vasudeva offered him

Μετά, ήταν σχεδόν η ώρα του δειλινού
Afterwards, it was almost the time of the sunset
κάθισαν σε ένα κούτσουρο δίπλα στην όχθη
they sat on a log by the bank
Ο Σιντάρτα είπε στον πορθμεία από πού προερχόταν αρχικά
Siddhartha told the ferryman about where he originally came from
του μίλησε για τη ζωή του όπως την είχε δει σήμερα
he told him about his life as he had seen it today
όπως το είχε δει εκείνη την ώρα της απόγνωσης
the way he had seen it in that hour of despair
η ιστορία της ζωής του κράτησε μέχρι αργά το βράδυ
the tale of his life lasted late into the night
Η Βασουντέβα άκουγε με μεγάλη προσοχή
Vasudeva listened with great attention
Ακούγοντας προσεκτικά, άφησε τα πάντα να μπουν στο μυαλό του
Listening carefully, he let everything enter his mind
γενέτειρα και παιδική ηλικία, όλη αυτή η μάθηση
birthplace and childhood, all that learning
όλη αυτή η αναζήτηση, όλη η χαρά, όλη η αγωνία

all that searching, all joy, all distress
Αυτή ήταν μια από τις μεγαλύτερες αρετές του πορθμείου
This was one of the greatest virtues of the ferryman
σαν λίγοι, ήξερε να ακούει
like only a few, he knew how to listen
δεν χρειάστηκε να πει λέξη
he did not have to speak a word
αλλά ο ομιλητής ένιωσε πώς ο Βασουντέβα άφησε τα λόγια του να μπουν στο μυαλό του
but the speaker sensed how Vasudeva let his words enter his mind
Το μυαλό του ήταν ήσυχο, ανοιχτό και περίμενε
his mind was quiet, open, and waiting
δεν έχασε ούτε μια λέξη
he did not lose a single word
δεν περίμενε ούτε μια λέξη με ανυπομονησία
he did not await a single word with impatience
δεν πρόσθεσε τον έπαινο ή την επίπληξή του
he did not add his praise or rebuke
απλά άκουγε και τίποτα άλλο
he was just listening, and nothing else
Ο Σιντάρτα ένιωσε τι ευτυχής τύχη είναι να εξομολογηθείς σε έναν τέτοιο ακροατή
Siddhartha felt what a happy fortune it is to confess to such a listener
ένιωσε την τύχη να θάψει στην καρδιά του τη δική του ζωή
he felt fortunate to bury in his heart his own life
έθαψε τη δική του αναζήτηση και ταλαιπωρία
he buried his own search and suffering
είπε την ιστορία της ζωής του Σιντάρτα
he told the tale of Siddhartha's life
όταν μίλησε για το δέντρο δίπλα στο ποτάμι
when he spoke of the tree by the river
όταν μίλησε για τη βαθιά του πτώση

when he spoke of his deep fall
όταν μίλησε για τον ιερό Ομ
when he spoke of the holy Om
όταν μίλησε για το πώς ένιωσε μια τέτοια αγάπη για το ποτάμι
when he spoke of how he had felt such a love for the river
ο πορθμεάρχης άκουγε αυτά τα πράγματα με διπλάσια προσοχή
the ferryman listened to these things with twice as much attention
απορροφήθηκε ολοκληρωτικά και πλήρως από αυτό
he was entirely and completely absorbed by it
άκουγε με κλειστά μάτια
he was listening with his eyes closed
όταν ο Σιντάρτα σιώπησε μια μακρά σιωπή
when Siddhartha fell silent a long silence occurred
τότε η Βασουντέβα μίλησε "Είναι όπως νόμιζα"
then Vasudeva spoke "It is as I thought"
«Το ποτάμι σου μίλησε»
"The river has spoken to you"
"Το ποτάμι είναι και φίλος σου"
"the river is your friend as well"
"Το ποτάμι μιλάει και σε σένα"
"the river speaks to you as well"
«Αυτό είναι καλό, αυτό είναι πολύ καλό»
"That is good, that is very good"
«Μείνε μαζί μου, Σιντάρθα, φίλε μου»
"Stay with me, Siddhartha, my friend"
«Είχα γυναίκα»
"I used to have a wife"
"Το κρεβάτι της ήταν δίπλα στο δικό μου"
"her bed was next to mine"
«αλλά έχει πεθάνει εδώ και πολύ καιρό»
"but she has died a long time ago"
«Εδώ και πολύ καιρό ζω μόνος μου»
"for a long time, I have lived alone"

"Τώρα, θα ζήσεις μαζί μου"
"Now, you shall live with me"
"Υπάρχει αρκετός χώρος και φαγητό και για τους δυο μας"
"there is enough space and food for both of us"
«Σε ευχαριστώ», είπε ο Σιντάρτα
"I thank you," said Siddhartha
«Σας ευχαριστώ και δέχομαι»
"I thank you and accept"
"Και επίσης σε ευχαριστώ για αυτό, Βασουντέβα"
"And I also thank you for this, Vasudeva"
«Σε ευχαριστώ που με άκουσες τόσο καλά»
"I thank you for listening to me so well"
"Οι άνθρωποι που ξέρουν να ακούν είναι σπάνιοι"
"people who know how to listen are rare"
«Δεν έχω γνωρίσει ούτε έναν άνθρωπο που να το ήξερε τόσο καλά όσο εσύ»
"I have not met a single person who knew it as well as you do"
«Θα μάθω και από εσάς από αυτή την άποψη»
"I will also learn in this respect from you"
«Θα το μάθεις», είπε η Βασουντέβα
"You will learn it," spoke Vasudeva
"αλλά δεν θα το μάθεις από μένα"
"but you will not learn it from me"
«Το ποτάμι με έμαθε να ακούω»
"The river has taught me to listen"
"Θα μάθεις να ακούς και από το ποτάμι"
"you will learn to listen from the river as well"
«Ξέρει τα πάντα, το ποτάμι»
"It knows everything, the river"
"τα πάντα μαθαίνονται από το ποτάμι"
"everything can be learned from the river"
«Κοίτα, το έχεις μάθει κι εσύ από το νερό»
"See, you've already learned this from the water too"
"Έχεις μάθει ότι είναι καλό να προσπαθείς προς τα κάτω"

"you have learned that it is good to strive downwards"
"Έχεις μάθει να βουλιάζεις και να αναζητάς βάθος"
"you have learned to sink and to seek depth"
«Ο πλούσιος και κομψός Σιντάρθα γίνεται υπηρέτης του κωπηλάτη»
"The rich and elegant Siddhartha is becoming an oarsman's servant"
"Ο λόγιος Μπράχμαν Σιντάρτα γίνεται πορθμεάρχης"
"the learned Brahman Siddhartha becomes a ferryman"
"αυτό σου το έχει πει και το ποτάμι"
"this has also been told to you by the river"
«Θα μάθεις και το άλλο πράγμα από αυτό»
"You'll learn the other thing from it as well"
Ο Σιντάρτα μίλησε μετά από μια μεγάλη παύση
Siddhartha spoke after a long pause
«Τι άλλα πράγματα θα μάθω, Βασουντέβα;»
"What other things will I learn, Vasudeva?"
Τριαντάφυλλο Βασουντέβα. «Είναι αργά», είπε
Vasudeva rose. "It is late," he said
και η Βασουντέβα πρότεινε να κοιμηθεί
and Vasudeva proposed going to sleep
«Δεν μπορώ να σου πω κάτι άλλο, ω φίλε»
"I can't tell you that other thing, oh friend"
«Θα μάθεις το άλλο πράγμα, ή ίσως το ξέρεις ήδη»
"You'll learn the other thing, or perhaps you know it already"
«Κοίτα, δεν είμαι μαθημένος άνθρωπος»
"See, I'm no learned man"
«Δεν έχω ιδιαίτερη ικανότητα να μιλάω»
"I have no special skill in speaking"
«Επίσης δεν έχω ιδιαίτερη ικανότητα στη σκέψη»
"I also have no special skill in thinking"
«Το μόνο που μπορώ να κάνω είναι να ακούω και να είμαι ευσεβής»
"All I'm able to do is to listen and to be godly"
«Δεν έχω μάθει τίποτα άλλο»
"I have learned nothing else"

«Αν μπορούσα να το πω και να το διδάξω, μπορεί να ήμουν σοφός άνθρωπος»
"If I was able to say and teach it, I might be a wise man"
"αλλά έτσι είμαι μόνο πορθμέας"
"but like this I am only a ferryman"
«Και είναι καθήκον μου να μεταφέρω ανθρώπους πέρα από το ποτάμι»
"and it is my task to ferry people across the river"
«Έχω μεταφέρει πολλές χιλιάδες ανθρώπους»
"I have transported many thousands of people"
"και για όλους αυτούς, το ποτάμι μου δεν ήταν παρά ένα εμπόδιο"
"and to all of them, my river has been nothing but an obstacle"
«Ήταν κάτι που εμπόδισε τα ταξίδια τους»
"it was something that got in the way of their travels"
«ταξίδεψαν για να αναζητήσουν χρήματα και επιχειρήσεις»
"they travelled to seek money and business"
«ταξίδευαν για γάμους και προσκυνήματα»
"they travelled for weddings and pilgrimages"
«Και το ποτάμι εμπόδιζε το δρόμο τους»
"and the river was obstructing their path"
"Η δουλειά του πορθμείου ήταν να τους περάσει γρήγορα από αυτό το εμπόδιο"
"the ferryman's job was to get them quickly across that obstacle"
«Αλλά για κάποιους από χιλιάδες, λίγους, το ποτάμι έπαψε να είναι εμπόδιο»
"But for some among thousands, a few, the river has stopped being an obstacle"
«Έχουν ακούσει τη φωνή του και την έχουν ακούσει»
"they have heard its voice and they have listened to it"
"και το ποτάμι έγινε ιερό γι' αυτούς"
"and the river has become sacred to them"
"Έγινε ιερό για αυτούς όπως έγινε ιερό για μένα"
"it become sacred to them as it has become sacred to me"

"προς το παρόν, ας ξεκουραστούμε, Σιντάρτα"
"for now, let us rest, Siddhartha"

Ο Σιντάρτα έμεινε με τον φέρι και έμαθε να χειρίζεται το σκάφος
Siddhartha stayed with the ferryman and learned to operate the boat
όταν δεν υπήρχε τίποτα να κάνει στο πλοίο, δούλευε με τη Βασουντέβα στον ορυζώνα
when there was nothing to do at the ferry, he worked with Vasudeva in the rice-field
μάζεψε ξύλα και μάδησε τους καρπούς από τις μπανανιές
he gathered wood and plucked the fruit off the banana-trees
Έμαθε να φτιάχνει ένα κουπί και πώς να επισκευάζει το σκάφος
He learned to build an oar and how to mend the boat
έμαθε να πλέκει καλάθια και πλήρωσε την καλύβα
he learned how to weave baskets and repaid the hut
και ήταν χαρούμενος για όλα όσα έμαθε
and he was joyful because of everything he learned
οι μέρες και οι μήνες πέρασαν γρήγορα
the days and months passed quickly
Αλλά περισσότερα από όσα μπορούσε να του διδάξει η Βασουντέβα, διδάχτηκε δίπλα στο ποτάμι
But more than Vasudeva could teach him, he was taught by the river
Ασταμάτητα, έμαθε από το ποτάμι
Incessantly, he learned from the river
Κυρίως έμαθε να ακούει
Most of all, he learned to listen
έμαθε να προσέχει πολύ με ήσυχη καρδιά
he learned to pay close attention with a quiet heart
έμαθε να κρατά μια αναμονή, ανοιχτή ψυχή
he learned to keep a waiting, open soul
έμαθε να ακούει χωρίς πάθος

he learned to listen without passion
έμαθε να ακούει χωρίς επιθυμία
he learned to listen without a wish
έμαθε να ακούει χωρίς να κρίνει
he learned to listen without judgement
έμαθε να ακούει χωρίς γνώμη
he learned to listen without an opinion

Με φιλικό τρόπο, ζούσε δίπλα-δίπλα με τη Βασουντέβα
In a friendly manner, he lived side by side with Vasudeva
κατά καιρούς αντάλλασσαν κάποια λόγια
occasionally they exchanged some words
μετά, επί μακρόν, σκέφτηκαν τις λέξεις
then, at length, they thought about the words
Η Βασουντέβα δεν ήταν φίλος των λέξεων
Vasudeva was no friend of words
Ο Σιντάρτα σπάνια κατάφερε να τον πείσει να μιλήσει
Siddhartha rarely succeeded in persuading him to speak
«Έμαθες κι εσύ αυτό το μυστικό από το ποτάμι;»
"did you too learn that secret from the river?"
"Το μυστικό ότι δεν υπάρχει χρόνος;"
"the secret that there is no time?"
Το πρόσωπο της Βασουντέβα γέμισε με ένα λαμπερό χαμόγελο
Vasudeva's face was filled with a bright smile
«Ναι, Σιντάρτα», μίλησε
"Yes, Siddhartha," he spoke
"Έμαθα ότι το ποτάμι είναι παντού ταυτόχρονα"
"I learned that the river is everywhere at once"
"Είναι στην πηγή και στις εκβολές του ποταμού"
"it is at the source and at the mouth of the river"
"Είναι στον καταρράκτη και στο πλοίο"
"it is at the waterfall and at the ferry"
«Είναι στα ορμητικά και στη θάλασσα»
"it is at the rapids and in the sea"
"Είναι στα βουνά και παντού ταυτόχρονα"

"it is in the mountains and everywhere at once"
"και έμαθα ότι υπάρχει μόνο ο παρών χρόνος για το ποτάμι"
"and I learned that there is only the present time for the river"
«Δεν έχει τη σκιά του παρελθόντος»
"it does not have the shadow of the past"
"και δεν έχει τη σκιά του μέλλοντος"
"and it does not have the shadow of the future"
"αυτό εννοείς;" ρώτησε
"is this what you mean?" he asked
«Αυτό εννοούσα», είπε ο Σιντάρτα
"This is what I meant," said Siddhartha
«Και όταν το έμαθα, κοίταξα τη ζωή μου»
"And when I had learned it, I looked at my life"
"και η ζωή μου ήταν επίσης ένα ποτάμι"
"and my life was also a river"
"Το αγόρι Σιντάρθα χώριζε από τον άντρα Σιντάρθα μόνο μια σκιά"
"the boy Siddhartha was only separated from the man Siddhartha by a shadow"
«Και μια σκιά χώρισε τον άντρα Σιντάρτα από τον γέρο Σιντάρθα»
"and a shadow separated the man Siddhartha from the old man Siddhartha"
"Τα πράγματα χωρίζονται από μια σκιά, όχι από κάτι αληθινό"
"things are separated by a shadow, not by something real"
"Επίσης, οι προηγούμενες γεννήσεις του Siddhartha δεν ήταν στο παρελθόν"
"Also, Siddhartha's previous births were not in the past"
"και ο θάνατός του και η επιστροφή του στο Μπράχμα δεν είναι στο μέλλον"
"and his death and his return to Brahma is not in the future"
"Τίποτα δεν ήταν, τίποτα δεν θα είναι, αλλά όλα είναι"
"nothing was, nothing will be, but everything is"
"τα πάντα υπάρχουν και είναι παρόντα"

"everything has existence and is present"
Ο Σιντάρτα μίλησε με έκσταση
Siddhartha spoke with ecstasy
αυτή η φώτιση τον είχε χαροποιήσει βαθιά
this enlightenment had delighted him deeply
"Δεν ήταν όλος ο χρόνος που υποφέρουν;"
"was not all suffering time?"
«Δεν ήταν όλες οι μορφές του να βασανίζει κανείς τον εαυτό του μια μορφή χρόνου;»
"were not all forms of tormenting oneself a form of time?"
"Δεν ήταν όλα σκληρά και εχθρικά λόγω του χρόνου;"
"was not everything hard and hostile because of time?"
"Δεν ξεπερνιέται όλα τα κακά όταν κάποιος νικήσει τον χρόνο;"
"is not everything evil overcome when one overcomes time?"
«Μόλις ο χρόνος φεύγει από το μυαλό, φεύγει και ο πόνος;»
"as soon as time leaves the mind, does suffering leave too?"
Ο Σιντάρτα είχε μιλήσει με εκστατική απόλαυση
Siddhartha had spoken in ecstatic delight
αλλά η Βασουντέβα του χαμογέλασε λαμπερά και έγνεψε καταφατικά
but Vasudeva smiled at him brightly and nodded in confirmation
σιωπηλά έγνεψε καταφατικά και πέρασε το χέρι του στον ώμο του Σιντάρτα
silently he nodded and brushed his hand over Siddhartha's shoulder
και μετά γύρισε στη δουλειά του
and then he turned back to his work

Και ο Σιντάρθα ξαναρώτησε τον Βασουντέβα μια άλλη φορά
And Siddhartha asked Vasudeva again another time
το ποτάμι μόλις είχε αυξήσει τη ροή του την εποχή των βροχών

the river had just increased its flow in the rainy season
και έκανε έναν δυνατό θόρυβο
and it made a powerful noise
— Έτσι δεν είναι, ρε φίλε, το ποτάμι έχει πολλές φωνές;
"Isn't it so, oh friend, the river has many voices?"
«Δεν είναι η φωνή ενός βασιλιά και ενός πολεμιστή;»
"Hasn't it the voice of a king and of a warrior?"
«Δεν είναι η φωνή ενός ταύρου και ενός πουλιού της νύχτας;»
"Hasn't it the voice of of a bull and of a bird of the night?"
«Δεν είναι η φωνή μιας γυναίκας που γεννά και ενός άντρα που αναστενάζει;»
"Hasn't it the voice of a woman giving birth and of a sighing man?"
«Και δεν έχει και χίλιες άλλες φωνές;»
"and does it not also have a thousand other voices?"
«Είναι όπως το λες», έγνεψε καταφατικά η Βασουντέβα
"it is as you say it is," Vasudeva nodded
«Όλες οι φωνές των πλασμάτων είναι στη φωνή του»
"all voices of the creatures are in its voice"
«Και ξέρεις...» συνέχισε ο Σιντάρτα
"And do you know..." Siddhartha continued
"Τι λέξη λέει όταν καταφέρνεις να ακούς όλες τις φωνές ταυτόχρονα;"
"what word does it speak when you succeed in hearing all of voices at once?"
Ευτυχώς, το πρόσωπο της Βασουντέβα χαμογελούσε
Happily, Vasudeva's face was smiling
έσκυψε στον Σιντάρθα και του είπε το ιερό Ομ στο αυτί
he bent over to Siddhartha and spoke the holy Om into his ear
Και αυτό ακριβώς άκουγε ο Σιντάρθα
And this had been the very thing which Siddhartha had also been hearing

κάθε φορά, το χαμόγελό του έμοιαζε περισσότερο με του πορθμείου

time after time, his smile became more similar to the ferryman's
**Το χαμόγελό του έγινε σχεδόν το ίδιο λαμπερό με του πορθμείου**
his smile became almost just as bright as the ferryman's
**ήταν σχεδόν εξίσου καλά έλαμπε από ευδαιμονία**
it was almost just as thoroughly glowing with bliss
**λάμπει από χιλιάδες μικρές ρυτίδες**
shining out of thousand small wrinkles
**όπως το χαμόγελο ενός παιδιού**
just like the smile of a child
**όπως το χαμόγελο ενός γέρου**
just like the smile of an old man
**Πολλοί ταξιδιώτες, βλέποντας τους δύο πορθμείους, νόμιζαν ότι ήταν αδέρφια**
Many travellers, seeing the two ferrymen, thought they were brothers
**Συχνά, καθόντουσαν μαζί το βράδυ δίπλα στην τράπεζα**
Often, they sat in the evening together by the bank
**δεν είπαν τίποτα και οι δύο άκουσαν το νερό**
they said nothing and both listened to the water
**το νερό, που δεν τους ήταν νερό**
the water, which was not water to them
**δεν ήταν νερό, αλλά η φωνή της ζωής**
it wasn't water, but the voice of life
**η φωνή αυτού που υπάρχει και αυτού που αιώνια διαμορφώνεται**
the voice of what exists and what is eternally taking shape
**συνέβαινε κατά καιρούς να σκέφτονται και οι δύο το ίδιο πράγμα**
it happened from time to time that both thought of the same thing
**σκέφτηκαν μια κουβέντα από την προηγούμενη μέρα**
they thought of a conversation from the day before
**σκέφτηκαν έναν από τους ταξιδιώτες τους**

they thought of one of their travellers
σκέφτηκαν τον θάνατο και την παιδική τους ηλικία
they thought of death and their childhood
άκουσαν το ποτάμι να τους λέει το ίδιο πράγμα
they heard the river tell them the same thing
και οι δύο χάρηκαν για την ίδια απάντηση στην ίδια ερώτηση
both delighted about the same answer to the same question
Υπήρχε κάτι για τους δύο φέρι που μεταδόθηκε σε άλλους
There was something about the two ferrymen which was transmitted to others
ήταν κάτι που ένιωθαν πολλοί από τους ταξιδιώτες
it was something which many of the travellers felt
οι ταξιδιώτες κοιτούσαν περιστασιακά τα πρόσωπα των πορθμείων
travellers would occasionally look at the faces of the ferrymen
και μετά είπαν την ιστορία της ζωής τους
and then they told the story of their life
ομολόγησαν κάθε λογής κακία
they confessed all sorts of evil things
και ζητούσαν παρηγοριά και συμβουλές
and they asked for comfort and advice
περιστασιακά κάποιος ζητούσε άδεια να μείνει για μια νύχτα
occasionally someone asked for permission to stay for a night
ήθελαν να ακούσουν και το ποτάμι
they also wanted to listen to the river
Έτυχε επίσης να έρθουν περίεργοι
It also happened that curious people came
τους είχαν πει ότι υπήρχαν δύο σοφοί
they had been told that there were two wise men
ή τους είχαν πει ότι ήταν δύο μάγοι
or they had been told there were two sorcerers
Οι περίεργοι έκαναν πολλές ερωτήσεις
The curious people asked many questions

αλλά δεν πήραν απαντήσεις στις ερωτήσεις τους
but they got no answers to their questions
δεν βρήκαν ούτε μάγους ούτε σοφούς
they found neither sorcerers nor wise men
βρήκαν μόνο δύο φιλικά γεροντάκια, που έμοιαζαν βουβοί
they only found two friendly little old men, who seemed to be mute
έμοιαζαν να έχουν γίνει λίγο περίεργα στο δάσος μόνοι τους
they seemed to have become a bit strange in the forest by themselves
Και οι περίεργοι γέλασαν με όσα είχαν ακούσει
And the curious people laughed about what they had heard
είπαν ότι οι απλοί άνθρωποι διέδιδαν ανόητα κενές φήμες
they said common people were foolishly spreading empty rumours

Τα χρόνια περνούσαν και κανείς δεν τα μέτρησε
The years passed by, and nobody counted them
Τότε, κάποια στιγμή, περνούσαν μοναχοί σε ένα προσκύνημα
Then, at one time, monks came by on a pilgrimage
ήταν οπαδοί του Γκοτάμα, του Βούδα
they were followers of Gotama, the Buddha
ζήτησαν να τους περάσουν με φέρι πέρα από το ποτάμι
they asked to be ferried across the river
τους είπαν ότι βιάζονταν να επιστρέψουν στον σοφό δάσκαλό τους
they told them they were in a hurry to get back to their wise teacher
είχαν διαδοθεί είδηση ότι ο εξυψωμένος ήταν θανατηφόρος άρρωστος
news had spread the exalted one was deadly sick

σύντομα θα πέθαινε τον τελευταίο του ανθρώπινο θάνατο
he would soon die his last human death
για να γίνει ένα με τη σωτηρία
in order to become one with the salvation
Δεν άργησε να έρθει ένα νέο ποίμνιο μοναχών
It was not long until a new flock of monks came
ήταν και στο προσκύνημά τους
they were also on their pilgrimage
οι περισσότεροι από τους ταξιδιώτες δεν μιλούσαν για τίποτα άλλο από τον Γκόταμα
most of the travellers spoke of nothing other than Gotama
ο επικείμενος θάνατός του ήταν το μόνο που σκέφτηκαν
his impending death was all they thought about
αν είχε γίνει πόλεμος, τόσοι θα ταξίδευαν
if there had been war, just as many would travel
όπως και πολλοί θα έρχονταν στη στέψη ενός βασιλιά
just as many would come to the coronation of a king
μαζεύτηκαν σαν μυρμήγκια σε σωρό
they gathered like ants in droves
συρρέουν, σαν να τους τραβούσε ένα μαγικό ξόρκι
they flocked, like being drawn onwards by a magic spell
πήγαν εκεί όπου ο μεγάλος Βούδας περίμενε τον θάνατό του
they went to where the great Buddha was awaiting his death
ο τελειοποιημένος μιας εποχής ήταν να γίνει ένα με τη δόξα
the perfected one of an era was to become one with the glory
Συχνά, ο Σιντάρτα σκεφτόταν εκείνες τις μέρες τον ετοιμοθάνατο σοφό άνδρα
Often, Siddhartha thought in those days of the dying wise man
ο μεγάλος δάσκαλος του οποίου η φωνή είχε νουθετεί τα έθνη
the great teacher whose voice had admonished nations

αυτός που είχε ξυπνήσει εκατοντάδες χιλιάδες
the one who had awoken hundreds of thousands
ένας άνθρωπος του οποίου τη φωνή είχε ακούσει και αυτός κάποτε
a man whose voice he had also once heard
ένας δάσκαλος του οποίου το ιερό πρόσωπο είχε επίσης δει κάποτε με σεβασμό
a teacher whose holy face he had also once seen with respect
Ευγενικά, τον σκέφτηκε
Kindly, he thought of him
είδε μπροστά στα μάτια του την πορεία του προς την τελειότητα
he saw his path to perfection before his eyes
και θυμήθηκε με ένα χαμόγελο εκείνα τα λόγια που του είχε πει
and he remembered with a smile those words he had said to him
όταν ήταν νέος και μιλούσε στον υψωμένο
when he was a young man and spoke to the exalted one
Ήταν, έτσι του φάνηκε, περήφανα και πολύτιμα λόγια
They had been, so it seemed to him, proud and precious words
με ένα χαμόγελο, θυμήθηκε τις λέξεις
with a smile, he remembered the the words
ήξερε ότι δεν υπήρχε τίποτα πια ανάμεσα στον Γκόταμα και σε αυτόν
he knew that there was nothing standing between Gotama and him any more
το ήξερε αυτό εδώ και πολύ καιρό
he had known this for a long time already
αν και δεν μπορούσε ακόμα να δεχτεί τις διδασκαλίες του
though he was still unable to accept his teachings
δεν διδάσκεται ένας αληθινά ερευνητής
there was no teaching a truly searching person

κάποιος που πραγματικά ήθελε να βρει, μπορούσε να δεχτεί
someone who truly wanted to find, could accept
Αλλά αυτός που είχε βρει την απάντηση μπορούσε να εγκρίνει οποιαδήποτε διδασκαλία
But he who had found the answer could approve of any teaching
κάθε μονοπάτι, κάθε στόχος, ήταν όλοι ίδιοι
every path, every goal, they were all the same
δεν υπήρχε τίποτα πια ανάμεσα σε αυτόν και σε όλες τις άλλες χιλιάδες
there was nothing standing between him and all the other thousands any more
οι χιλιάδες που έζησαν σε αυτό που είναι αιώνιο
the thousands who lived in that what is eternal
οι χιλιάδες που ανέπνεαν ό,τι είναι θεϊκό
the thousands who breathed what is divine

Μια από αυτές τις μέρες πήγε κοντά του και η Καμάλα
On one of these days, Kamala also went to him
ήταν η πιο όμορφη από τις εταίρες
she used to be the most beautiful of the courtesans
Πριν από πολύ καιρό, είχε αποσυρθεί από την προηγούμενη ζωή της
A long time ago, she had retired from her previous life
είχε κάνει δώρο τον κήπο της στους μοναχούς της Γκοτάμα
she had given her garden to the monks of Gotama as a gift
είχε βρει το καταφύγιό της στις διδασκαλίες
she had taken her refuge in the teachings
ήταν ανάμεσα στους φίλους και ευεργέτες των προσκυνητών
she was among the friends and benefactors of the pilgrims
ήταν μαζί με τον Σιντάρτα, το αγόρι
she was together with Siddhartha, the boy
Ο Σιντάρθα το αγόρι ήταν ο γιος της

Siddhartha the boy was her son
είχε πάρει το δρόμο της λόγω της είδησης του παραλίγο θανάτου του Γκόταμα
she had gone on her way due to the news of the near death of Gotama
ήταν με απλά ρούχα και με τα πόδια
she was in simple clothes and on foot
και ήταν με τον μικρό της γιο
and she was With her little son
ταξίδευε δίπλα στο ποτάμι
she was travelling by the river
αλλά το αγόρι σύντομα είχε κουραστεί
but the boy had soon grown tired
ήθελε να γυρίσει σπίτι
he desired to go back home
ήθελε να ξεκουραστεί και να φάει
he desired to rest and eat
έγινε ανυπάκουος και άρχισε να γκρινιάζει
he became disobedient and started whining
Η Καμάλα έπρεπε συχνά να ξεκουράζεται μαζί του
Kamala often had to take a rest with him
είχε συνηθίσει να παίρνει αυτό που ήθελε
he was accustomed to getting what he wanted
έπρεπε να τον ταΐσει και να τον παρηγορήσει
she had to feed him and comfort him
έπρεπε να τον επιπλήξει για τη συμπεριφορά του
she had to scold him for his behaviour
Δεν καταλάβαινε γιατί έπρεπε να πάει σε αυτό το εξαντλητικό προσκύνημα
He did not comprehend why he had to go on this exhausting pilgrimage
δεν ήξερε γιατί έπρεπε να πάει σε ένα άγνωστο μέρος
he did not know why he had to go to an unknown place
ήξερε γιατί έπρεπε να δει έναν άγιο ετοιμοθάνατο ξένο
he did know why he had to see a holy dying stranger
«Λοιπόν, αν πέθαινε;» παραπονέθηκε

"So what if he died?" he complained
γιατί να τον απασχολεί αυτό;
why should this concern him?
Οι προσκυνητές πλησίαζαν στο πορθμείο της Βασουντέβα
The pilgrims were getting close to Vasudeva's ferry
Ο μικρός Σιντάρθα ανάγκασε για άλλη μια φορά τη μητέρα του να ξεκουραστεί
little Siddhartha once again forced his mother to rest
Η Καμάλα είχε επίσης κουραστεί
Kamala had also become tired
ενώ το αγόρι μασούσε μια μπανάνα, εκείνη έσκυψε στο έδαφος
while the boy was chewing a banana, she crouched down on the ground
έκλεισε λίγο τα μάτια της και ξεκουράστηκε
she closed her eyes a bit and rested
Αλλά ξαφνικά, έβγαλε μια κραυγή
But suddenly, she uttered a wailing scream
το αγόρι την κοίταξε φοβισμένο
the boy looked at her in fear
είδε το πρόσωπό της να έχει χλωμίσει από τη φρίκη
he saw her face had grown pale from horror
και κάτω από το φόρεμά της, ένα μικρό, μαύρο φίδι έφυγε
and from under her dress, a small, black snake fled
ένα φίδι από το οποίο είχε δαγκωθεί η Καμάλα
a snake by which Kamala had been bitten
Έτρεξαν βιαστικά και οι δύο στο μονοπάτι, για να φτάσουν στον κόσμο
Hurriedly, they both ran along the path, to reach people
πλησίασαν στο πορθμείο και η Καμάλα κατέρρευσε
they got near to the ferry and Kamala collapsed
δεν μπορούσε να προχωρήσει περισσότερο
she was not able to go any further
το αγόρι άρχισε να κλαίει άσχημα

the boy started crying miserably
τα κλάματά του διακόπηκαν μόνο όταν φίλησε τη μητέρα του
his cries were only interrupted when he kissed his mother
ένωσε κι εκείνη τις δυνατές κραυγές του για βοήθεια
she also joined his loud screams for help
ούρλιαξε μέχρι που ο ήχος έφτασε στα αυτιά της Βασουντέβα
she screamed until the sound reached Vasudeva's ears
Ο Βασουντέβα ήρθε γρήγορα και πήρε τη γυναίκα στα χέρια του
Vasudeva quickly came and took the woman on his arms
την μετέφερε στη βάρκα και το αγόρι έτρεξε μαζί
he carried her into the boat and the boy ran along
σύντομα έφτασαν στην καλύβα, όπου ο Σιντάρθα στεκόταν δίπλα στη σόμπα
soon they reached the hut, where Siddhartha stood by the stove
μόλις άναβε τη φωτιά
he was just lighting the fire
Σήκωσε το βλέμμα του και είδε πρώτα το πρόσωπο του αγοριού
He looked up and first saw the boy's face
κάτι του θύμισε εκπληκτικά
it wondrously reminded him of something
σαν προειδοποίηση για να θυμηθεί κάτι που είχε ξεχάσει
like a warning to remember something he had forgotten
Τότε είδε την Καμάλα, την οποία αναγνώρισε αμέσως
Then he saw Kamala, whom he instantly recognised
ξάπλωσε αναίσθητη στην αγκαλιά του πορθμείου
she lay unconscious in the ferryman's arms
τώρα ήξερε ότι ήταν ο δικός του γιος
now he knew that it was his own son
ο γιος του που το πρόσωπο του ήταν μια τέτοια προειδοποιητική υπενθύμιση

his son whose face had been such a warning reminder to him
και η καρδιά αναδεύτηκε στο στήθος του
and the heart stirred in his chest
Η πληγή της Καμάλα είχε πλυθεί, αλλά είχε ήδη μαυρίσει
Kamala's wound was washed, but had already turned black
και το σώμα της ήταν πρησμένο
and her body was swollen
την έκαναν να πιει ένα θεραπευτικό φίλτρο
she was made to drink a healing potion
Οι αισθήσεις της επέστρεψε και ξάπλωσε στο κρεβάτι του Σιντάρτα
Her consciousness returned and she lay on Siddhartha's bed
Ο Σιντάρτα στάθηκε πάνω από την Καμάλα, την οποία αγαπούσε τόσο πολύ
Siddhartha stood over Kamala, who he used to love so much
Της φαινόταν σαν όνειρο
It seemed like a dream to her
με ένα χαμόγελο, κοίταξε το πρόσωπο της φίλης της
with a smile, she looked at her friend's face
σιγά σιγά συνειδητοποίησε την κατάστασή της
slowly she realized her situation
θυμήθηκε ότι την είχαν δαγκώσει
she remembered she had been bitten
και φώναξε δειλά τον γιο της
and she timidly called for her son
«Είναι μαζί σου, μην ανησυχείς», είπε ο Σιντάρτα
"He's with you, don't worry," said Siddhartha
Η Καμάλα τον κοίταξε στα μάτια
Kamala looked into his eyes
Μιλούσε με βαριά γλώσσα, παραλυμένη από το δηλητήριο
She spoke with a heavy tongue, paralysed by the poison
«Γέρασες, καλή μου», είπε
"You've become old, my dear," she said
«Έχεις γίνει γκρίζος», πρόσθεσε

"you've become gray," she added
«Μα είσαι σαν τη νεαρή Σαμάνα, που ήρθε χωρίς ρούχα»
"But you are like the young Samana, who came without clothes"
"Είσαι σαν τη Σαμάνα που μπήκε στον κήπο μου με σκονισμένα πόδια"
"you're like the Samana who came into my garden with dusty feet"
«Μοιάζεις πολύ περισσότερο απ' όσο ήσουν όταν με άφησες»
"You are much more like him than you were when you left me"
«Στα μάτια, είσαι σαν αυτόν, Σιντάρτα»
"In the eyes, you're like him, Siddhartha"
«Αλίμονο, γέρασα κι εγώ»
"Alas, I have also grown old"
«Μπορείς ακόμα να με αναγνωρίσεις;»
"could you still recognise me?"
Ο Σιντάρθα χαμογέλασε, «Αμέσως, σε αναγνώρισα, Καμάλα, αγαπητή μου»
Siddhartha smiled, "Instantly, I recognised you, Kamala, my dear"
Η Καμάλα έδειξε το αγόρι της
Kamala pointed to her boy
«Τον αναγνώρισες κι εσύ;»
"Did you recognise him as well?"
«Είναι ο γιος σου», επιβεβαίωσε εκείνη
"He is your son," she confirmed
Τα μάτια της μπερδεύτηκαν και έκλεισαν
Her eyes became confused and fell shut
Το αγόρι έκλαψε και ο Σιντάρθα τον γονάτισε
The boy wept and Siddhartha took him on his knees
τον άφησε να κλάψει και του χάιδεψε τα μαλλιά
he let him weep and petted his hair

στη θέα του προσώπου του παιδιού, του ήρθε στο μυαλό μια προσευχή Μπράχμαν
at the sight of the child's face, a Brahman prayer came to his mind
μια προσευχή που είχε μάθει εδώ και πολύ καιρό
a prayer which he had learned a long time ago
μια εποχή που ήταν και ο ίδιος μικρό αγόρι
a time when he had been a little boy himself
Σιγά-σιγά, με μια τραγουδιστική φωνή, άρχισε να μιλάει
Slowly, with a singing voice, he started to speak
από το παρελθόν και την παιδική του ηλικία, οι λέξεις έτρεχαν πάνω του
from his past and childhood, the words came flowing to him
Και με αυτό το τραγούδι, το αγόρι έγινε ήρεμο
And with that song, the boy became calm
μόνο που και που έβγαζε έναν λυγμό
he was only now and then uttering a sob
και τελικά τον πήρε ο ύπνος
and finally he fell asleep
Ο Σιντάρτα τον τοποθέτησε στο κρεβάτι της Βασουντέβα
Siddhartha placed him on Vasudeva's bed
Η Βασουντέβα στάθηκε δίπλα στη σόμπα και μαγείρεψε ρύζι
Vasudeva stood by the stove and cooked rice
Ο Σιντάρτα του έριξε ένα βλέμμα, το οποίο επέστρεψε με ένα χαμόγελο
Siddhartha gave him a look, which he returned with a smile
«Θα πεθάνει», είπε ήσυχα η Σιντάρτα
"She'll die," Siddhartha said quietly
Η Βασουντέβα ήξερε ότι ήταν αλήθεια και έγνεψε καταφατικά
Vasudeva knew it was true, and nodded
πάνω από το φιλικό του πρόσωπο έτρεχε το φως της φωτιάς της σόμπας

over his friendly face ran the light of the stove's fire
για άλλη μια φορά, η Καμάλα επέστρεψε στις αισθήσεις της
once again, Kamala returned to consciousness
ο πόνος του δηλητηρίου παραμόρφωσε το πρόσωπό της
the pain of the poison distorted her face
Τα μάτια της Σιντάρθα διάβαζαν τα βάσανα στο στόμα της
Siddhartha's eyes read the suffering on her mouth
από τα χλωμά της μάγουλα έβλεπε ότι υπέφερε
from her pale cheeks he could see that she was suffering
Ήσυχα, διάβασε τον πόνο στα μάτια της
Quietly, he read the pain in her eyes
προσεκτικά, περιμένοντας, το μυαλό του γίνεται ένα με τα βάσανά της
attentively, waiting, his mind become one with her suffering
Η Καμάλα το ένιωσε και το βλέμμα της αναζήτησε τα μάτια του
Kamala felt it and her gaze sought his eyes
Κοιτώντας τον μίλησε
Looking at him, she spoke
«Τώρα βλέπω ότι έχουν αλλάξει και τα μάτια σου»
"Now I see that your eyes have changed as well"
«Έχουν γίνει τελείως διαφορετικοί»
"They've become completely different"
«Τι αναγνωρίζω ακόμα σε σένα που είναι ο Σιντάρτα;
"what do I still recognise in you that is Siddhartha?
"Είσαι εσύ και δεν είσαι εσύ"
"It's you, and it's not you"
Ο Σιντάρτα δεν είπε τίποτα, ήρεμα τα μάτια του κοίταξαν τα δικά της
Siddhartha said nothing, quietly his eyes looked at hers
«Το έχεις πετύχει;» ρώτησε εκείνη
"You have achieved it?" she asked
«Βρήκες τη γαλήνη;»
"You have found peace?"

Χαμογέλασε και έβαλε το χέρι του στο δικό της
He smiled and placed his hand on hers
«Το βλέπω» είπε εκείνη
"I'm seeing it" she said
«Κι εγώ θα βρω ειρήνη»
"I too will find peace"
«Το βρήκες», μίλησε ψιθυριστά ο Σιντάρθα
"You have found it," Siddhartha spoke in a whisper
Η Καμάλα δεν σταμάτησε ποτέ να τον κοιτάζει στα μάτια
Kamala never stopped looking into his eyes
Σκέφτηκε το προσκύνημα της στη Γκοτάμα
She thought about her pilgrimage to Gotama
το προσκύνημα που ήθελε να κάνει
the pilgrimage which she wanted to take
για να δει το πρόσωπο του τελειοποιημένου
in order to see the face of the perfected one
για να αναπνεύσει την ειρήνη του
in order to breathe his peace
αλλά τώρα το είχε βρει σε άλλο μέρος
but she had now found it in another place
και αυτό νόμιζε ότι ήταν επίσης καλό
and this she thought that was good too
ήταν το ίδιο καλό σαν να είχε δει την άλλη
it was just as good as if she had seen the other one
Ήθελε να του το πει αυτό
She wanted to tell this to him
αλλά η γλώσσα της δεν υπάκουε πια στο θέλημά της
but her tongue no longer obeyed her will
Χωρίς να μιλήσει, τον κοίταξε
Without speaking, she looked at him
είδε τη ζωή να σβήνει από τα μάτια της
he saw the life fading from her eyes
ο τελικός πόνος γέμισε τα μάτια της και τα έκανε να θαμπώσουν
the final pain filled her eyes and made them grow dim

το τελευταίο ρίγος διέτρεξε τα άκρα της
the final shiver ran through her limbs
το δάχτυλό του της έκλεισε τα βλέφαρα
his finger closed her eyelids

Για πολλή ώρα, καθόταν και κοίταξε το ειρηνικά νεκρό πρόσωπό της
For a long time, he sat and looked at her peacefully dead face
Για πολλή ώρα, παρατήρησε το στόμα της
For a long time, he observed her mouth
το παλιό, κουρασμένο στόμα της, με εκείνα τα χείλη, που είχαν γίνει λεπτά
her old, tired mouth, with those lips, which had become thin
θυμήθηκε ότι συνέκρινε αυτό το στόμα με ένα φρεσκοραγισμένο σύκο
he remembered he used to compare this mouth with a freshly cracked fig
αυτό ήταν την άνοιξη των χρόνων του
this was in the spring of his years
Για πολλή ώρα, καθόταν και διάβαζε το χλωμό πρόσωπο
For a long time, he sat and read the pale face
διάβασε τις κουρασμένες ρυτίδες
he read the tired wrinkles
γέμισε με αυτό το θέαμα
he filled himself with this sight
είδε το πρόσωπό του με τον ίδιο τρόπο
he saw his own face in the same manner
είδε το πρόσωπό του να ήταν το ίδιο λευκό
he saw his face was just as white
είδε το πρόσωπό του να ήταν το ίδιο σβησμένο
he saw his face was just as quenched out
την ίδια στιγμή είδε το πρόσωπό του και το δικό της να είναι νέοι
at the same time he saw his face and hers being young
τα πρόσωπά τους με κόκκινα χείλη και φλογερά μάτια

their faces with red lips and fiery eyes
την αίσθηση ότι και οι δύο είναι αληθινοί ταυτόχρονα
the feeling of both being real at the same time
το αίσθημα της αιωνιότητας γέμισε εντελώς κάθε πτυχή της ύπαρξής του
the feeling of eternity completely filled every aspect of his being
αυτή την ώρα ένιωσε πιο βαθιά από όσο είχε νιώσει ποτέ πριν
in this hour he felt more deeply than than he had ever felt before
ένιωθε το άφθαρτο κάθε ζωής
he felt the indestructibility of every life
ένιωθε την αιωνιότητα κάθε στιγμής
he felt the eternity of every moment
Όταν σηκώθηκε, η Βασουντέβα του είχε ετοιμάσει ρύζι
When he rose, Vasudeva had prepared rice for him
Αλλά ο Σιντάρτα δεν έφαγε εκείνο το βράδυ
But Siddhartha did not eat that night
Στο στάβλο στεκόταν η κατσίκα τους
In the stable their goat stood
οι δύο γέροι ετοίμασαν κρεβάτια από άχυρο για τον εαυτό τους
the two old men prepared beds of straw for themselves
Ο Βασουντέβα ξάπλωσε για ύπνο
Vasudeva laid himself down to sleep
Αλλά ο Σιντάρτα βγήκε έξω και κάθισε μπροστά στην καλύβα
But Siddhartha went outside and sat before the hut
άκουγε το ποτάμι, περικυκλωμένος από το παρελθόν
he listened to the river, surrounded by the past
τον άγγιξαν και τον περικύκλωσαν όλες οι στιγμές της ζωής του ταυτόχρονα
he was touched and encircled by all times of his life at the same time

περιστασιακά σηκωνόταν και πήγαινε στην πόρτα της καλύβας
occasionally he rose and he stepped to the door of the hut
άκουσε αν το αγόρι κοιμόταν
he listened whether the boy was sleeping

πριν προλάβει να φανεί ο ήλιος, η Βασουντέβα βγήκε από τον στάβλο
before the sun could be seen, Vasudeva came out of the stable
πήγε προς τον φίλο του
he walked over to his friend
«Δεν έχεις κοιμηθεί», είπε
"You haven't slept," he said
"Όχι, Βασουντέβα. Κάθισα εδώ"
"No, Vasudeva. I sat here"
«Άκουγα το ποτάμι»
"I was listening to the river"
"Το ποτάμι μου είπε πολλά"
"the river has told me a lot"
«Με έχει γεμίσει βαθιά με τη θεραπευτική σκέψη της ενότητας»
"it has deeply filled me with the healing thought of oneness"
«Έχεις βιώσει βάσανα, Σιντάρτα»
"You've experienced suffering, Siddhartha"
"αλλά βλέπω ότι δεν έχει μπει θλίψη στην καρδιά σου"
"but I see no sadness has entered your heart"
«Όχι, καλή μου, πώς να είμαι λυπημένος;»
"No, my dear, how should I be sad?"
«Εγώ, που ήμουν πλούσιος και ευτυχισμένος»
"I, who have been rich and happy"
«Έχω γίνει ακόμα πιο πλούσιος και πιο ευτυχισμένος τώρα»
"I have become even richer and happier now"
«Ο γιος μου μου δόθηκε»
"My son has been given to me"
«Ο γιος σου θα είναι ευπρόσδεκτος και σε μένα»

"Your son shall be welcome to me as well"
«Αλλά τώρα, Σιντάρτα, ας πιάσουμε δουλειά»
"But now, Siddhartha, let's get to work"
"Υπάρχουν πολλά να γίνουν"
"there is much to be done"
«Η Καμαλά πέθανε στο ίδιο κρεβάτι που είχε πεθάνει η γυναίκα μου»
"Kamala has died on the same bed on which my wife had died"
«Ας φτιάξουμε τον νεκρικό σωρό της Καμάλα στο λόφο»
"Let us build Kamala's funeral pile on the hill"
"ο λόφος στον οποίο είναι ο νεκρικός σωρός της γυναίκας μου"
"the hill on which I my wife's funeral pile is"
Ενώ το αγόρι κοιμόταν ακόμη, έχτισαν τον νεκρικό σωρό
While the boy was still asleep, they built the funeral pile

## Ο Υιός
## The Son

**Συνεσταλμένο και κλαίγοντας, το αγόρι είχε παρευρεθεί στην κηδεία της μητέρας του**
Timid and weeping, the boy had attended his mother's funeral
**ζοφερός και ντροπαλός, είχε ακούσει τον Σιντάρτα**
gloomy and shy, he had listened to Siddhartha
**Ο Σιντάρτα τον χαιρέτησε σαν γιο του**
Siddhartha greeted him as his son
**τον υποδέχτηκε στη θέση του στην καλύβα της Βασουντέβα**
he welcomed him at his place in Vasudeva's hut
**Χλωμός, κάθισε πολλές μέρες δίπλα στο λόφο των νεκρών**
Pale, he sat for many days by the hill of the dead
**δεν ήθελε να φάει**
he did not want to eat
**δεν κοίταξε κανέναν**
he did not look at anyone
**δεν άνοιξε την καρδιά του**
he did not open his heart
**συνάντησε τη μοίρα του με αντίσταση και άρνηση**
he met his fate with resistance and denial
**Ο Σιντάρτα γλίτωσε να του δώσει μαθήματα**
Siddhartha spared giving him lessons
**και τον άφησε να κάνει ό,τι ήθελε**
and he let him do as he pleased
**Ο Σιντάρτα τίμησε το πένθος του γιου του**
Siddhartha honoured his son's mourning
**κατάλαβε ότι ο γιος του δεν τον ήξερε**
he understood that his son did not know him
**κατάλαβε ότι δεν μπορούσε να τον αγαπήσει σαν πατέρα**
he understood that he could not love him like a father

Σιγά-σιγά κατάλαβε κι αυτός ότι ο εντεκάχρονος ήταν χαϊδεμένο αγόρι
Slowly, he also understood that the eleven-year-old was a pampered boy
είδε ότι ήταν αγόρι μάνας
he saw that he was a mother's boy
είδε ότι είχε μεγαλώσει στις συνήθειες των πλουσίων
he saw that he had grown up in the habits of rich people
ήταν συνηθισμένος σε πιο εκλεκτό φαγητό και ένα μαλακό κρεβάτι
he was accustomed to finer food and a soft bed
είχε συνηθίσει να δίνει εντολές σε υπηρέτες
he was accustomed to giving orders to servants
το παιδί που πενθεί δεν μπορούσε ξαφνικά να αρκεστεί σε μια ζωή ανάμεσα σε ξένους
the mourning child could not suddenly be content with a life among strangers
Ο Σιντάρτα κατάλαβε ότι το χαϊδεμένο παιδί δεν θα ήταν πρόθυμα στη φτώχεια
Siddhartha understood the pampered child would not willingly be in poverty
Δεν τον ανάγκασε να κάνει αυτά τα πράγματα
He did not force him to do these these things
Ο Σιντάρτα έκανε πολλές δουλειές για το αγόρι
Siddhartha did many chores for the boy
του φύλαγε πάντα το καλύτερο κομμάτι του γεύματος
he always saved the best piece of the meal for him
Σιγά-σιγά, ήλπιζε να τον κερδίσει, με φιλική υπομονή
Slowly, he hoped to win him over, by friendly patience
Πλούσιος και χαρούμενος, είχε τηλεφωνήσει στον εαυτό του, όταν το αγόρι είχε έρθει κοντά του
Rich and happy, he had called himself, when the boy had come to him
Από τότε είχε περάσει αρκετός καιρός
Since then some time had passed
αλλά το αγόρι παρέμενε ξένος και με ζοφερή διάθεση

but the boy remained a stranger and in a gloomy disposition
επέδειξε μια περήφανη και πεισματικά ανυπάκουη καρδιά
he displayed a proud and stubbornly disobedient heart
δεν ήθελε να κάνει καμία δουλειά
he did not want to do any work
δεν έδινε το σεβασμό του στους γέρους
he did not pay his respect to the old men
έκλεψε από τα οπωροφόρα δέντρα της Βασουντέβα
he stole from Vasudeva's fruit-trees
ο γιος του δεν του είχε φέρει ευτυχία και γαλήνη
his son had not brought him happiness and peace
το αγόρι του είχε φέρει βάσανα και ανησυχία
the boy had brought him suffering and worry
σιγά σιγά ο Σιντάρτα άρχισε να το καταλαβαίνει αυτό
slowly Siddhartha began to understand this
Όμως τον αγαπούσε ανεξάρτητα από τα δεινά που του έφερε
But he loved him regardless of the suffering he brought him
προτίμησε τα βάσανα και τις ανησυχίες της αγάπης από την ευτυχία και τη χαρά χωρίς το αγόρι
he preferred the suffering and worries of love over happiness and joy without the boy
από τότε που ο νεαρός Σιντάρθα ήταν στην καλύβα, οι γέροι είχαν χωρίσει τη δουλειά
from when young Siddhartha was in the hut the old men had split the work
Η Βασουντέβα είχε αναλάβει ξανά τη δουλειά του πορθμείου
Vasudeva had again taken on the job of the ferryman
και ο Σιντάρθα, για να είναι με τον γιο του, έκανε τη δουλειά στην καλύβα και στο χωράφι
and Siddhartha, in order to be with his son, did the work in the hut and the field

επί πολλούς μήνες ο Σιντάρθα περίμενε να τον καταλάβει ο γιος του
for long months Siddhartha waited for his son to understand him
περίμενε να δεχτεί την αγάπη του
he waited for him to accept his love
και περίμενε τον γιο του να του ανταποδώσει ίσως την αγάπη
and he waited for his son to perhaps reciprocate his love
Για πολλούς μήνες η Βασουντέβα περίμενε, παρακολουθώντας
For long months Vasudeva waited, watching
περίμενε και δεν είπε τίποτα
he waited and said nothing
Μια μέρα, ο νεαρός Σιντάρτα βασάνιζε πολύ τον πατέρα του
One day, young Siddhartha tormented his father very much
είχε σπάσει και τα δύο του μπολ με ρύζι
he had broken both of his rice-bowls
Ο Βασουντέβα πήρε τον φίλο του στην άκρη και μίλησε μαζί του
Vasudeva took his friend aside and talked to him
«Συγγνώμη», είπε στον Σιντάρθα
"Pardon me," he said to Siddhartha
"Από φιλική καρδιά, σου μιλάω"
"from a friendly heart, I'm talking to you"
"Βλέπω ότι βασανίζεσαι"
"I'm seeing that you are tormenting yourself"
"Βλέπω ότι είσαι σε θλίψη"
"I'm seeing that you're in grief"
«Ο γιος σου, αγαπητέ μου, σε ανησυχεί»
"Your son, my dear, is worrying you"
"και με ανησυχεί επίσης"
"and he is also worrying me"
«Αυτό το νεαρό πουλί είναι συνηθισμένο σε μια διαφορετική ζωή»

"That young bird is accustomed to a different life"
«Έχει συνηθίσει να ζει σε διαφορετική φωλιά»
"he is used to living in a different nest"
«Δεν έχει σκάσει, όπως εσύ, από τα πλούτη και την πόλη»
"he has not, like you, run away from riches and the city"
«Δεν ήταν αηδιασμένος και βαρεμένος με τη ζωή στη Σανσάρα»
"he was not disgusted and fed up with the life in Sansara"
«έπρεπε να τα κάνει όλα αυτά παρά τη θέλησή του»
"he had to do all these things against his will"
«έπρεπε να τα αφήσει όλα αυτά πίσω»
"he had to leave all this behind"
"Ρώτησα το ποτάμι, ω φίλε"
"I asked the river, oh friend"
«Πολλές φορές έχω ρωτήσει το ποτάμι»
"many times I have asked the river"
«Μα το ποτάμι γελάει με όλα αυτά»
"But the river laughs at all of this"
"Γελάει μαζί μου και γελάει μαζί σου"
"it laughs at me and it laughs at you"
"Το ποτάμι τρέμει από τα γέλια για την ανοησία μας"
"the river is shaking with laughter at our foolishness"
«Το νερό θέλει να ενωθεί με το νερό όπως η νεολαία θέλει να ενωθεί με τη νεολαία»
"Water wants to join water as youth wants to join youth"
"Ο γιος σου δεν είναι στο μέρος όπου μπορεί να ευημερήσει"
"your son is not in the place where he can prosper"
«Θα πρέπει να ρωτήσεις κι εσύ το ποτάμι»
"you too should ask the river"
"Και εσύ να το ακούσεις!"
"you too should listen to it!"
Ταραγμένος, ο Σιντάρτα κοίταξε το φιλικό του πρόσωπο
Troubled, Siddhartha looked into his friendly face

κοίταξε τις πολλές ρυτίδες στις οποίες υπήρχε αδιάκοπη ευθυμία
he looked at the many wrinkles in which there was incessant cheerfulness
«Πώς θα μπορούσα να τον αποχωριστώ;» είπε ήσυχα ντροπιασμένος
"How could I part with him?" he said quietly, ashamed
«Δώσε μου λίγο χρόνο, αγαπητέ μου»
"Give me some more time, my dear"
"Βλέπεις, παλεύω για αυτόν"
"See, I'm fighting for him"
«Προσπαθώ να κερδίσω την καρδιά του»
"I'm seeking to win his heart"
"Με αγάπη και με φιλική υπομονή σκοπεύω να το συλλάβω"
"with love and with friendly patience I intend to capture it"
«Μια μέρα θα του μιλήσει και το ποτάμι»
"One day, the river shall also talk to him"
"καλείται επίσης"
"he also is called upon"
Το χαμόγελο της Βασουντέβα άνθισε πιο ζεστά
Vasudeva's smile flourished more warmly
«Α, ναι, καλείται και αυτός»
"Oh yes, he too is called upon"
«Και αυτός είναι της αιώνιας ζωής»
"he too is of the eternal life"
«Μα εμείς, εσύ κι εγώ, ξέρουμε τι καλείται να κάνει;».
"But do we, you and me, know what he is called upon to do?"
"Ξέρουμε ποιο δρόμο να ακολουθήσουμε και ποιες ενέργειες να κάνουμε"
"we know what path to take and what actions to perform"
"Ξέρουμε τι πόνο πρέπει να αντέξουμε"
"we know what pain we have to endure"
«μα τα ξέρει αυτά;»
"but does he know these things?"
«Όχι μικρός, ο πόνος του θα είναι»

"Not a small one, his pain will be"
«Τελικά η καρδιά του είναι περήφανη και σκληρή»
"after all, his heart is proud and hard"
«Άνθρωποι σαν αυτόν πρέπει να υποφέρουν και να σφάλλουν πολύ»
"people like this have to suffer and err a lot"
«Πρέπει να κάνουν μεγάλη αδικία»
"they have to do much injustice"
«και έχουν φορτώσει τον εαυτό τους με πολλή αμαρτία»
"and they have burden themselves with much sin"
«Πες μου, αγαπητή μου», ρώτησε τον Σιντάρθα
"Tell me, my dear," he asked of Siddhartha
«Δεν αναλαμβάνεις τον έλεγχο της ανατροφής του γιου σου;»
"you're not taking control of your son's upbringing?"
«Δεν τον αναγκάζεις, δεν τον χτυπάς, ούτε τον τιμωρείς;»
"You don't force him, beat him, or punish him?"
«Όχι, Βασουντέβα, δεν κάνω τίποτα από αυτά τα πράγματα»
"No, Vasudeva, I don't do any of these things"
"Το ήξερα. Δεν τον αναγκάζεις"
"I knew it. You don't force him"
"Δεν τον χτυπάς και δεν του δίνεις εντολές"
"you don't beat him and you don't give him orders"
"γιατί ξέρεις ότι η απαλότητα είναι πιο δυνατή από τη σκληρή"
"because you know softness is stronger than hard"
"Ξέρεις ότι το νερό είναι πιο δυνατό από τα βράχια"
"you know water is stronger than rocks"
"Και ξέρεις ότι η αγάπη είναι πιο δυνατή από τη δύναμη"
"and you know love is stronger than force"
"Πολύ καλό, σε επαινώ για αυτό"
"Very good, I praise you for this"
«Μα δεν κάνεις λάθος κατά κάποιο τρόπο;»

"But aren't you mistaken in some way?"
«Δεν νομίζεις ότι τον αναγκάζεις;»
"don't you think that you are forcing him?"
«Μήπως δεν τον τιμωρείς με διαφορετικό τρόπο;»
"don't you perhaps punish him a different way?"
«Δεν τον δεσμεύεις με την αγάπη σου;
"Don't you shackle him with your love?"
«Δεν τον κάνεις να νιώθει κατώτερος κάθε μέρα;»
"Don't you make him feel inferior every day?"
«Η καλοσύνη και η υπομονή σου δεν τον δυσκολεύουν ακόμα περισσότερο;»
"doesn't your kindness and patience make it even harder for him?"
«Δεν τον αναγκάζεις να μένει σε μια καλύβα με δύο παλιομπανανοφάγους;»
"aren't you forcing him to live in a hut with two old banana-eaters?"
«Γέροι που ακόμη και το ρύζι είναι λιχουδιά»
"old men to whom even rice is a delicacy"
«Γέροι που οι σκέψεις τους δεν μπορούν να είναι δικές τους»
"old men whose thoughts can't be his"
«Γέροι που η καρδιά τους είναι γερασμένη και ήσυχη»
"old men whose hearts are old and quiet"
«Γέροι που η καρδιά τους χτυπάει με διαφορετικό ρυθμό από τη δική του»
"old men whose hearts beat in a different pace than his"
«Δεν αναγκάζεται και τιμωρείται από όλα αυτά;»
"Isn't he forced and punished by all this?""
Ταραγμένος, ο Σιντάρτα κοίταξε στο έδαφος
Troubled, Siddhartha looked to the ground
Ήσυχα, ρώτησε: "Τι νομίζεις ότι πρέπει να κάνω;"
Quietly, he asked, "What do you think should I do?"
Ο Βασουντέβα μίλησε: «Φέρτε τον στην πόλη»
Vasudeva spoke, "Bring him into the city"
«Φέρτε τον στο σπίτι της μητέρας του»

"bring him into his mother's house"
«Θα υπάρχουν ακόμα υπηρέτες τριγύρω, δώσε τον σε αυτούς»
"there'll still be servants around, give him to them"
«Κι αν δεν υπάρχουν υπηρέτες, φέρε τον σε δάσκαλο»
"And if there aren't any servants, bring him to a teacher"
"αλλά μην τον φέρετε σε δάσκαλο για χάρη της διδασκαλίας"
"but don't bring him to a teacher for teachings' sake"
«Φέρτε τον σε δάσκαλο για να είναι ανάμεσα στα άλλα παιδιά»
"bring him to a teacher so that he is among other children"
«και φέρε τον στον κόσμο που είναι δικός του»
"and bring him to the world which is his own"
«Δεν το έχεις σκεφτεί ποτέ αυτό;»
"have you never thought of this?"
«Βλέπεις μέσα στην καρδιά μου», είπε λυπημένα η Σιντάρτα
"you're seeing into my heart," Siddhartha spoke sadly
«Συχνά, το έχω σκεφτεί αυτό»
"Often, I have thought of this"
«Μα πώς μπορώ να τον βάλω σε αυτόν τον κόσμο;»
"but how can I put him into this world?"
«Δεν θα γίνει πληθωρικός;
"Won't he become exuberant?"
«Δεν θα χάσει τον εαυτό του από την ευχαρίστηση και την εξουσία;»
"won't he lose himself to pleasure and power?"
«Δεν θα επαναλάβει όλα τα λάθη του πατέρα του;»
"won't he repeat all of his father's mistakes?"
«Μήπως δεν θα χαθεί τελείως στη Σανσάρα;»
"won't he perhaps get entirely lost in Sansara?"
Έντονα, το χαμόγελο του πορθμείου φώτισε
Brightly, the ferryman's smile lit up
απαλά, άγγιξε το μπράτσο του Σιντάρτα
softly, he touched Siddhartha's arm

«Ρώτα το ποτάμι, φίλε μου!»
"Ask the river about it, my friend!"
"Άκου το ποτάμι να γελάει γι' αυτό!"
"Hear the river laugh about it!"
«Θα πίστευες πραγματικά ότι είχες διαπράξει τις ανόητες πράξεις σου;
"Would you actually believe that you had committed your foolish acts?
«για να γλιτώσεις και τον γιο σου από το να τα διαπράξει»
"in order to spare your son from committing them too"
«Και θα μπορούσες με οποιονδήποτε τρόπο να προστατέψεις τον γιο σου από τη Σανσάρα;»
"And could you in any way protect your son from Sansara?"
«Πώς μπόρεσες να τον προστατέψεις από τη Σανσάρα;»
"How could you protect him from Sansara?"
«Με διδασκαλίες, προσευχές, νουθεσίες;»
"By means of teachings, prayer, admonition?"
«Αγαπητέ μου, ξέχασες εντελώς αυτή την ιστορία;»
"My dear, have you entirely forgotten that story?"
"Η ιστορία περιέχει τόσα πολλά μαθήματα"
"the story containing so many lessons"
"Η ιστορία για τον Σιντάρθα, τον γιο του Μπράχμαν"
"the story about Siddhartha, a Brahman's son"
"Η ιστορία που μου είπες κάποτε εδώ σε αυτό το σημείο;"
"the story which you once told me here on this very spot?"
«Ποιος κράτησε τον Samana Siddhartha ασφαλή από τη Sansara;»
"Who has kept the Samana Siddhartha safe from Sansara?"
«Ποιος τον κράτησε από την αμαρτία, την απληστία και την ανοησία;»
"who has kept him from sin, greed, and foolishness?"
«Μπορούσε η θρησκευτική αφοσίωση του πατέρα του να τον κρατήσει ασφαλή;
"Were his father's religious devotion able to keep him safe?

«Μπορούσαν οι προειδοποιήσεις του δασκάλου του να τον κρατήσουν ασφαλή;»
"were his teacher's warnings able to keep him safe?"
«Θα μπορούσε η δική του γνώση να τον κρατήσει ασφαλή;»
"could his own knowledge keep him safe?"
«Μπορούσε η δική του αναζήτηση να τον κρατήσει ασφαλή;»
"was his own search able to keep him safe?"
«Ποιος πατέρας μπόρεσε να προστατεύσει τον γιο του;»
"What father has been able to protect his son?"
«Ποιος πατέρας θα μπορούσε να εμποδίσει τον γιο του να ζήσει τη ζωή του για τον εαυτό του;»
"what father could keep his son from living his life for himself?"
"ποιος δάσκαλος μπόρεσε να προστατεύσει τον μαθητή του;"
"what teacher has been able to protect his student?"
"ποιος δάσκαλος μπορεί να εμποδίσει τον μαθητή του να λερωθεί από τη ζωή;"
"what teacher can stop his student from soiling himself with life?"
«Ποιος θα μπορούσε να τον εμποδίσει από το να επιβαρύνει τον εαυτό του με ενοχές;»
"who could stop him from burdening himself with guilt?"
«Ποιος θα μπορούσε να τον εμποδίσει να πιει το πικρό ποτό για τον εαυτό του;»
"who could stop him from drinking the bitter drink for himself?"
«Ποιος θα μπορούσε να τον εμποδίσει να βρει τον δρόμο του για τον εαυτό του;»
"who could stop him from finding his path for himself?"
«Πίστευες ότι θα μπορούσε κανείς να γλιτώσει από αυτό το μονοπάτι;»
"did you think anybody could be spared from taking this path?"

«Νόμιζες ότι ίσως ο μικρός σου γιος να γλιτώσει;»
"did you think that perhaps your little son would be spared?"
«Νόμιζες ότι η αγάπη σου θα μπορούσε να τα κάνει όλα αυτά;»
"did you think your love could do all that?"
«Νόμιζες ότι η αγάπη σου θα μπορούσε να τον εμποδίσει να υποφέρει;»
"did you think your love could keep him from suffering"
«Πίστευες ότι η αγάπη σου θα μπορούσε να τον προστατέψει από τον πόνο και την απογοήτευση;
"did you think your love could protect him from pain and disappointment?
«Θα μπορούσες να πεθάνεις δέκα φορές για αυτόν»
"you could die ten times for him"
"αλλά δεν μπορούσες να πάρεις κανένα μέρος της μοίρας του πάνω σου"
"but you could take no part of his destiny upon yourself"
Ποτέ πριν, η Βασουντέβα δεν είχε πει τόσα πολλά λόγια
Never before, Vasudeva had spoken so many words
Ευγενικά, ο Σιντάρθα τον ευχαρίστησε
Kindly, Siddhartha thanked him
πήγε προβληματισμένος στην καλύβα
he went troubled into the hut

δεν μπορούσε να κοιμηθεί για πολλή ώρα
he could not sleep for a long time
Η Βασουντέβα δεν του είχε πει τίποτα που δεν είχε ήδη σκεφτεί και γνώριζε
Vasudeva had told him nothing he had not already thought and known
Αλλά αυτή ήταν μια γνώση που δεν μπορούσε να ενεργήσει
But this was a knowledge he could not act upon
πιο δυνατή από τη γνώση ήταν η αγάπη του για το αγόρι
stronger than knowledge was his love for the boy

**πιο δυνατή από τη γνώση ήταν η τρυφερότητά του**
stronger than knowledge was his tenderness
**πιο δυνατός από τη γνώση ήταν ο φόβος του να τον χάσει**
stronger than knowledge was his fear to lose him
**είχε χάσει ποτέ την καρδιά του τόσο πολύ για κάτι;**
had he ever lost his heart so much to something?
**είχε αγαπήσει ποτέ κανέναν τόσο στα τυφλά;**
had he ever loved any person so blindly?
**είχε υποφέρει ποτέ για κάποιον τόσο ανεπιτυχώς;**
had he ever suffered for someone so unsuccessfully?
**είχε κάνει ποτέ τέτοιες θυσίες για κανέναν και όμως ήταν τόσο δυστυχισμένος;**
had he ever made such sacrifices for anyone and yet been so unhappy?
**Ο Σιντάρτα δεν μπορούσε να ακούσει τη συμβουλή του φίλου του**
Siddhartha could not heed his friend's advice
**δεν μπορούσε να εγκαταλείψει το αγόρι**
he could not give up the boy
**Άφησε το αγόρι να του δώσει εντολές**
He let the boy give him orders
**τον άφησε να τον αγνοήσει**
he let him disregard him
**Δεν είπε τίποτα και περίμενε**
He said nothing and waited
**καθημερινά, επιχειρούσε τον αγώνα της φιλικότητας**
daily, he attempted the struggle of friendliness
**ξεκίνησε τον σιωπηλό πόλεμο της υπομονής**
he initiated the silent war of patience
**Η Βασουντέβα δεν είπε τίποτα και περίμενε**
Vasudeva also said nothing and waited
**Ήταν και οι δύο κύριοι της υπομονής**
They were both masters of patience

μια φορά το πρόσωπο του αγοριού του θύμιζε πολύ την Καμάλα

one time the boy's face reminded him very much of Kamala

Ο Σιντάρτα έπρεπε ξαφνικά να σκεφτεί κάτι που είχε πει κάποτε η Καμάλα

Siddhartha suddenly had to think of something Kamala had once said

«Δεν μπορείς να αγαπήσεις» του είχε πει

"You cannot love" she had said to him

και είχε συμφωνήσει μαζί της

and he had agreed with her

και είχε συγκρίνει τον εαυτό του με ένα αστέρι

and he had compared himself with a star

και είχε συγκρίνει τους παιδικούς ανθρώπους με τα φύλλα που πέφτουν

and he had compared the childlike people with falling leaves

αλλά παρόλα αυτά είχε νιώσει και μια κατηγορία σε αυτή τη γραμμή

but nevertheless, he had also sensed an accusation in that line

Πράγματι, δεν μπόρεσε ποτέ να αγαπήσει

Indeed, he had never been able to love

δεν είχε καταφέρει ποτέ να αφοσιωθεί ολοκληρωτικά σε άλλο άτομο

he had never been able to devote himself completely to another person

δεν είχε καταφέρει ποτέ να ξεχάσει τον εαυτό του

he had never been able to to forget himself

ποτέ δεν είχε καταφέρει να διαπράξει ανόητες πράξεις για την αγάπη ενός άλλου προσώπου

he had never been able to commit foolish acts for the love of another person

εκείνη την εποχή φαινόταν να τον ξεχωρίζει από τους παιδικούς ανθρώπους

at that time it seemed to set him apart from the childlike people

Αλλά από τότε που ο γιος του ήταν εδώ, ο Σιντάρτα έγινε επίσης ένας παιδικός άνθρωπος
But ever since his son was here, Siddhartha also become a childlike person
υπέφερε για χάρη άλλου ατόμου
he was suffering for the sake of another person
αγαπούσε ένα άλλο άτομο
he was loving another person
είχε χαθεί από την αγάπη για κάποιον άλλον
he was lost to a love for someone else
είχε γίνει ανόητος εξαιτίας της αγάπης
he had become a fool on account of love
Τώρα ένιωθε κι αυτός το πιο δυνατό και παράξενο από όλα τα πάθη
Now he too felt the strongest and strangest of all passions
υπέφερε από αυτό το πάθος άθλια
he suffered from this passion miserably
και ήταν παρόλα αυτά σε ευδαιμονία
and he was nevertheless in bliss
ανανεώθηκε ωστόσο από μια άποψη
he was nevertheless renewed in one respect
πλουτίστηκε από αυτό το ένα πράγμα
he was enriched by this one thing
Ένιωθε πολύ καλά ότι αυτή η τυφλή αγάπη για τον γιο του ήταν πάθος
He sensed very well that this blind love for his son was a passion
ήξερε ότι ήταν κάτι πολύ ανθρώπινο
he knew that it was something very human
ήξερε ότι ήταν η Σανσάρα
he knew that it was Sansara
ήξερε ότι ήταν μια θολή πηγή, σκοτεινά νερά
he knew that it was a murky source, dark waters
αλλά ένιωθε ότι δεν ήταν άχρηστο, αλλά απαραίτητο
but he felt it was not worthless, but necessary
προήλθε από την ουσία της ίδιας του της ύπαρξης

it came from the essence of his own being
Αυτή η ευχαρίστηση έπρεπε επίσης να εξιλεωθεί
This pleasure also had to be atoned for
κι αυτός ο πόνος έπρεπε να αντέξει
this pain also had to be endured
αυτές οι ανόητες πράξεις έπρεπε επίσης να γίνουν
these foolish acts also had to be committed
Μέσα από όλα αυτά, ο γιος τον άφησε να διαπράξει τις ανόητες πράξεις του
Through all this, the son let him commit his foolish acts
τον άφησε να δικασθεί για τη στοργή του
he let him court for his affection
τον άφηνε να ταπεινώνεται κάθε μέρα
he let him humiliate himself every day
ενέδωσε στις διαθέσεις του γιου του
he gave in to the moods of his son
ο πατέρας του δεν είχε τίποτα που θα μπορούσε να τον ευχαριστήσει
his father had nothing which could have delighted him
και δεν φοβόταν τίποτα το αγόρι
and he nothing that the boy feared
Ήταν καλός άνθρωπος, αυτός ο πατέρας
He was a good man, this father
ήταν καλός, ευγενικός, μαλακός άνθρωπος
he was a good, kind, soft man
ίσως ήταν ένας πολύ ευσεβής άνθρωπος
perhaps he was a very devout man
ίσως ήταν άγιος, σκέφτηκε το αγόρι
perhaps he was a saint, the boy thought
αλλά όλες αυτές οι ιδιότητες δεν μπορούσαν να κερδίσουν το αγόρι
but all these attributes could not win the boy over
Τον βαρέθηκε αυτόν τον πατέρα, που τον κράτησε φυλακισμένο
He was bored by this father, who kept him imprisoned
κρατούμενος σε αυτή την άθλια καλύβα του

a prisoner in this miserable hut of his
βαριόταν να απαντά σε κάθε άτακτο χαμόγελο
he was bored of him answering every naughtiness with a smile
δεν εκτιμούσε τις προσβολές στις οποίες απαντούσε η φιλικότητα
he didn't appreciate insults being responded to by friendliness
δεν του άρεσε η κακία που επέστρεψε στην καλοσύνη
he didn't like viciousness returned in kindness
αυτό ακριβώς το πράγμα ήταν το μισητό κόλπο αυτής της παλιάς κλοπής
this very thing was the hated trick of this old sneak
Πολύ περισσότερο θα άρεσε στο αγόρι αν είχε απειληθεί από αυτόν
Much more the boy would have liked it if he had been threatened by him
ήθελε να τον κακομεταχειριστεί
he wanted to be abused by him

Ήρθε μια μέρα που ο νεαρός Σιντάρτα είχε χορτάσει
A day came when young Siddhartha had had enough
αυτό που είχε στο μυαλό του έσκασε
what was on his mind came bursting forth
και στράφηκε ανοιχτά εναντίον του πατέρα του
and he openly turned against his father
Ο Σιντάρτα του είχε δώσει ένα έργο
Siddhartha had given him a task
του είχε πει να μαζέψει βούρτσα
he had told him to gather brushwood
Αλλά το αγόρι δεν έφυγε από την καλύβα
But the boy did not leave the hut
σε πεισματική ανυπακοή και οργή, έμεινε εκεί που ήταν
in stubborn disobedience and rage, he stayed where he was
χτύπησε στο έδαφος με τα πόδια του
he thumped on the ground with his feet

έσφιξε τις γροθιές του και ούρλιαξε σε ένα δυνατό ξέσπασμα
he clenched his fists and screamed in a powerful outburst
ούρλιαξε το μίσος και την περιφρόνησή του στο πρόσωπο του πατέρα του
he screamed his hatred and contempt into his father's face
"Πάρτε το πινέλο για τον εαυτό σας!" φώναξε βγάζοντας αφρούς από το στόμα
"Get the brushwood for yourself!" he shouted, foaming at the mouth
«Δεν είμαι υπηρέτης σου»
"I'm not your servant"
"Ξέρω ότι δεν θα με χτυπήσεις, δεν θα τολμούσες"
"I know that you won't hit me, you wouldn't dare"
«Ξέρω ότι θέλεις συνέχεια να με τιμωρείς»
"I know that you constantly want to punish me"
«Θέλεις να με καταβάλεις με τη θρησκευτική σου αφοσίωση και την επιείκειά σου»
"you want to put me down with your religious devotion and your indulgence"
«Θέλεις να γίνω σαν εσένα»
"You want me to become like you"
«Θέλεις να είμαι το ίδιο αφοσιωμένος, ευγενικός και σοφός όσο εσύ»
"you want me to be just as devout, soft, and wise as you"
"αλλά δεν θα το κάνω, μόνο και μόνο για να σε κάνω να υποφέρεις"
"but I won't do it, just to make you suffer"
«Προτιμώ να γίνω ληστής παρά να είμαι τόσο μαλακός όσο εσύ»
"I would rather become a highway-robber than be as soft as you"
«Προτιμώ να είμαι δολοφόνος παρά σοφός όσο εσύ»
"I would rather be a murderer than be as wise as you"
«Προτιμώ να πάω στην κόλαση, παρά να γίνω σαν εσένα!»

"I would rather go to hell, than to become like you!"
«Σε μισώ, δεν είσαι ο πατέρας μου
"I hate you, you're not my father
"Ακόμα κι αν έχεις κοιμηθεί δέκα φορές με τη μητέρα μου, δεν είσαι ο πατέρας μου!"
"even if you've slept with my mother ten times, you are not my father!"
Η οργή και η θλίψη έβραζαν μέσα του
Rage and grief boiled over in him
άφριζε τον πατέρα του με εκατό άγρια και πονηρά λόγια
he foamed at his father in a hundred savage and evil words
Τότε το αγόρι έφυγε τρέχοντας στο δάσος
Then the boy ran away into the forest
ήταν αργά το βράδυ όταν το αγόρι επέστρεψε
it was late at night when the boy returned
Αλλά το επόμενο πρωί, είχε εξαφανιστεί
But the next morning, he had disappeared
Αυτό που είχε επίσης εξαφανιστεί ήταν ένα μικρό καλάθι
What had also disappeared was a small basket
το καλάθι στο οποίο κρατούσαν οι φέρι μποτ αυτά τα χάλκινα και ασημένια νομίσματα
the basket in which the ferrymen kept those copper and silver coins
τα νομίσματα που λάμβαναν ως ναύλο
the coins which they received as a fare
Το σκάφος είχε επίσης εξαφανιστεί
The boat had also disappeared
Ο Σιντάρτα είδε τη βάρκα να βρίσκεται στην απέναντι όχθη
Siddhartha saw the boat lying by the opposite bank
Ο Σιντάρτα έτρεμε από θλίψη
Siddhartha had been shivering with grief
οι ομιλίες που είχε πει το αγόρι τον άγγιξαν
the ranting speeches the boy had made touched him

«Πρέπει να τον ακολουθήσω», είπε ο Σιντάρτα
"I must follow him," said Siddhartha
"Ένα παιδί δεν μπορεί να περάσει μόνο του μέσα από το δάσος, θα χαθεί"
"A child can't go through the forest all alone, he'll perish"
«Πρέπει να φτιάξουμε μια σχεδία, Βασουντέβα, για να ξεπεράσουμε το νερό»
"We must build a raft, Vasudeva, to get over the water"
«Θα φτιάξουμε μια σχεδία», είπε η Βασουντέβα
"We will build a raft" said Vasudeva
«Θα το φτιάξουμε για να πάρουμε πίσω το σκάφος μας»
"we will build it to get our boat back"
«Μα δεν θα τρέχεις πίσω από το παιδί σου, φίλε μου»
"But you shall not run after your child, my friend"
«Δεν είναι πια παιδί»
"he is no child anymore"
"Ξέρει πώς να κυκλοφορεί"
"he knows how to get around"
«Ψάχνει το μονοπάτι για την πόλη»
"He's looking for the path to the city"
"Και έχει δίκιο, μην το ξεχνάς"
"and he is right, don't forget that"
"Κάνει αυτό που δεν κατάφερες να κάνεις μόνος σου"
"he's doing what you've failed to do yourself"
"φροντίζει τον εαυτό του"
"he's taking care of himself"
«Κάνει την πορεία του για τον εαυτό του»
"he's taking his course for himself"
«Αλίμονο, Σιντάρτα, σε βλέπω να υποφέρεις»
"Alas, Siddhartha, I see you suffering"
"αλλά υποφέρεις έναν πόνο με τον οποίο κάποιος θα ήθελε να γελάσει"
"but you're suffering a pain at which one would like to laugh"
"Υποφέρεις έναν πόνο με τον οποίο σύντομα θα γελάσεις και ο ίδιος"
"you're suffering a pain at which you'll soon laugh yourself"

Ο Σιντάρτα δεν απάντησε στον φίλο του
Siddhartha did not answer his friend
Κρατούσε ήδη το τσεκούρι στα χέρια του
He already held the axe in his hands
και άρχισε να φτιάχνει μια σχεδία από μπαμπού
and he began to make a raft of bamboo
Η Βασουντέβα τον βοήθησε να δέσει τα καλάμια μεταξύ τους με σχοινιά από γρασίδι
Vasudeva helped him to tie the canes together with ropes of grass
Όταν διέσχισαν το ποτάμι, απομακρύνθηκαν πολύ από την πορεία τους
When they crossed the river they drifted far off their course
τράβηξαν τη σχεδία πάνω στο ποτάμι στην απέναντι όχθη
they pulled the raft upriver on the opposite bank
«Γιατί πήρες το τσεκούρι μαζί σου;» ρώτησε ο Σιντάρτα
"Why did you take the axe along?" asked Siddhartha
«Μπορεί να ήταν πιθανό να χάθηκε το κουπί του σκάφους μας»
"It might have been possible that the oar of our boat got lost"
Όμως ο Σιντάρτα ήξερε τι σκεφτόταν ο φίλος του
But Siddhartha knew what his friend was thinking
Σκέφτηκε ότι το αγόρι θα είχε πετάξει το κουπί
He thought, the boy would have thrown away the oar
για να πάρει κάποιου είδους εκδίκηση
in order to get some kind of revenge
και για να μην τον ακολουθήσουν
and in order to keep them from following him
Και μάλιστα δεν είχε μείνει κουπί στη βάρκα
And in fact, there was no oar left in the boat
Η Βασουντέβα έδειξε τον πάτο του σκάφους
Vasudeva pointed to the bottom of the boat
και κοίταξε τον φίλο του με ένα χαμόγελο
and he looked at his friend with a smile
χαμογέλασε σαν να ήθελε να πει κάτι

he smiled as if he wanted to say something
«Δεν βλέπεις τι προσπαθεί να σου πει ο γιος σου;»
"Don't you see what your son is trying to tell you?"
«Δεν βλέπεις ότι δεν θέλει να τον ακολουθήσουν;
"Don't you see that he doesn't want to be followed?"
Αυτό όμως δεν το είπε με λόγια
But he did not say this in words
Άρχισε να φτιάχνει ένα νέο κουπί
He started making a new oar
Αλλά ο Σιντάρτα αποχαιρέτησε, για να ψάξει για τον δραπέτη
But Siddhartha bid his farewell, to look for the run-away
Η Βασουντέβα δεν τον εμπόδισε να αναζητήσει το παιδί του
Vasudeva did not stop him from looking for his child

Ο Σιντάρτα περπατούσε στο δάσος για πολλή ώρα
Siddhartha had been walking through the forest for a long time
του ήρθε η σκέψη ότι η αναζήτησή του ήταν άχρηστη
the thought occurred to him that his search was useless
Είτε το αγόρι ήταν πολύ μπροστά και είχε ήδη φτάσει στην πόλη
Either the boy was far ahead and had already reached the city
ή θα κρυβόταν από αυτόν
or he would conceal himself from him
συνέχισε να σκέφτεται τον γιο του
he continued thinking about his son
διαπίστωσε ότι δεν ανησυχούσε για τον γιο του
he found that he was not worried for his son
ήξερε βαθιά μέσα του ότι δεν είχε χαθεί
he knew deep inside that he had not perished
ούτε κινδύνευε στο δάσος
nor was he in any danger in the forest
Ωστόσο, έτρεξε χωρίς να σταματήσει
Nevertheless, he ran without stopping

δεν έτρεχε να τον σώσει
he was not running to save him
έτρεχε να ικανοποιήσει την επιθυμία του
he was running to satisfy his desire
ήθελε ίσως να τον δει άλλη μια φορά
he wanted to perhaps see him one more time
Και έτρεξε λίγο έξω από την πόλη
And he ran up to just outside of the city
Όταν, κοντά στην πόλη, έφτασε σε έναν φαρδύ δρόμο
When, near the city, he reached a wide road
σταμάτησε, στην είσοδο του όμορφου κήπου αναψυχής
he stopped, by the entrance of the beautiful pleasure-garden
ο κήπος που ανήκε στην Καμάλα
the garden which used to belong to Kamala
τον κήπο όπου την είχε δει για πρώτη φορά
the garden where he had seen her for the first time
όταν καθόταν στην πολυθρόνα-σεντάν της
when she was sitting in her sedan-chair
Το παρελθόν σηκώθηκε στην ψυχή του
The past rose up in his soul
πάλι, είδε τον εαυτό του να στέκεται εκεί
again, he saw himself standing there
μια νεαρή, γενειοφόρος, γυμνή Σαμάνα
a young, bearded, naked Samana
τα μαλλιά του ήταν γεμάτα σκόνη
his hair hair was full of dust
Για πολλή ώρα, ο Σιντάρτα στεκόταν εκεί
For a long time, Siddhartha stood there
κοίταξε μέσα από την ανοιχτή πύλη στον κήπο
he looked through the open gate into the garden
είδε μοναχούς με κίτρινες ρόμπες να περπατούν
ανάμεσα στα όμορφα δέντρα
he saw monks in yellow robes walking among the beautiful trees
Για πολλή ώρα, στάθηκε εκεί και συλλογιζόταν
For a long time, he stood there, pondering

είδε εικόνες και άκουσε την ιστορία της ζωής του
he saw images and listened to the story of his life
Για πολλή ώρα, στάθηκε εκεί και κοιτούσε τους μοναχούς
For a long time, he stood there looking at the monks
είδε τον νεαρό Σιντάρτα στη θέση τους
he saw young Siddhartha in their place
είδε τη νεαρή Καμάλα να περπατά ανάμεσα στα ψηλά δέντρα
he saw young Kamala walking among the high trees
Σαφώς, είδε τον εαυτό του να σερβίρεται φαγητό και ποτό από την Kamala
Clearly, he saw himself being served food and drink by Kamala
είδε τον εαυτό του να δέχεται το πρώτο του φιλί από αυτήν
he saw himself receiving his first kiss from her
είδε τον εαυτό του να κοιτάζει περήφανα και περιφρονητικά τη ζωή του ως Μπράχμαν
he saw himself looking proudly and disdainfully back on his life as a Brahman
είδε τον εαυτό του να ξεκινά την εγκόσμια ζωή του, περήφανα και γεμάτος πόθο
he saw himself beginning his worldly life, proudly and full of desire
Είδε τον Καμασουάμι, τους υπηρέτες, τα όργια
He saw Kamaswami, the servants, the orgies
είδε τους τζογαδόρους με τα ζάρια
he saw the gamblers with the dice
είδε το τραγούδι-πουλί της Καμάλα στο κλουβί
he saw Kamala's song-bird in the cage
τα έζησε ξανά όλα αυτά
he lived through all this again
ανέπνευσε τη Σανσάρα και ήταν για άλλη μια φορά γέρος και κουρασμένος
he breathed Sansara and was once again old and tired

ένιωσε την αηδία και την επιθυμία να εκμηδενιστεί ξανά
he felt the disgust and the wish to annihilate himself again
και θεραπεύτηκε πάλι από τον άγιο Ομ
and he was healed again by the holy Om
για πολλή ώρα ο Σιντάρτα στεκόταν στην πύλη
for a long time Siddhartha had stood by the gate
συνειδητοποίησε ότι η επιθυμία του ήταν ανόητη
he realised his desire was foolish
συνειδητοποίησε ότι ήταν ανοησία που τον είχε κάνει να ανέβει σε αυτό το μέρος
he realized it was foolishness which had made him go up to this place
συνειδητοποίησε ότι δεν μπορούσε να βοηθήσει τον γιο του
he realized he could not help his son
και κατάλαβε ότι δεν του επέτρεπαν να κολλήσει πάνω του
and he realized that he was not allowed to cling to him
ένιωσε βαθιά στην καρδιά του την αγάπη για τον δραπέτη
he felt the love for the run-away deeply in his heart
η αγάπη για τον γιο του ένιωθε σαν πληγή
the love for his son felt like a wound
αλλά αυτή η πληγή δεν του είχε δοθεί για να γυρίσει το μαχαίρι μέσα της
but this wound had not been given to him in order to turn the knife in it
η πληγή έπρεπε να γίνει άνθος
the wound had to become a blossom
και η πληγή του έπρεπε να λάμψει
and his wound had to shine
Το ότι αυτή η πληγή δεν άνθισε και δεν έλαμψε ακόμα τον στεναχώρησε
That this wound did not blossom or shine yet made him sad
Αντί για τον επιθυμητό στόχο, υπήρχε το κενό

Instead of the desired goal, there was emptiness
το κενό τον είχε τραβήξει εδώ, και δυστυχώς κάθισε
emptiness had drawn him here, and sadly he sat down
ένιωσε κάτι να πεθαίνει στην καρδιά του
he felt something dying in his heart
βίωσε το κενό και δεν έβλεπε πια χαρά
he experienced emptiness and saw no joy any more
δεν υπήρχε στόχος για τον οποίο να στοχεύσω
there was no goal for which to aim for
Κάθισε χαμένος στις σκέψεις του και περίμενε
He sat lost in thought and waited
Αυτό το είχε μάθει δίπλα στο ποτάμι
This he had learned by the river
περιμένοντας, έχοντας υπομονή, ακούγοντας προσεκτικά
waiting, having patience, listening attentively
Και καθόταν και άκουγε, στη σκόνη του δρόμου
And he sat and listened, in the dust of the road
άκουγε την καρδιά του χτυπώντας κουρασμένα και λυπημένα
he listened to his heart, beating tiredly and sadly
και περίμενε μια φωνή
and he waited for a voice
Πολλές ώρες έσκυψε, ακούγοντας
Many an hour he crouched, listening
δεν είδε πια εικόνες
he saw no images any more
έπεσε στο κενό και άφησε τον εαυτό του να πέσει
he fell into emptiness and let himself fall
δεν έβλεπε κανένα μονοπάτι μπροστά του
he could see no path in front of him
Και όταν ένιωσε την πληγή να καίει, μίλησε σιωπηλά το Ομ
And when he felt the wound burning, he silently spoke the Om
γέμισε τον εαυτό του με Ομ

he filled himself with Om
Τον είδαν οι μοναχοί στον κήπο
The monks in the garden saw him
μαζεύτηκε σκόνη στα γκρίζα μαλλιά του
dust was gathering on his gray hair
Αφού έσκυψε για πολλές ώρες, ένας από τους μοναχούς έβαλε μπροστά του δύο μπανάνες
since he crouched for many hours, one of monks placed two bananas in front of him
Ο γέρος δεν τον είδε
The old man did not see him

Από αυτή την απολιθωμένη κατάσταση, τον ξύπνησε ένα χέρι που άγγιξε τον ώμο του
From this petrified state, he was awoken by a hand touching his shoulder
Αμέσως, αναγνώρισε αυτό το τρυφερό ντροπαλό άγγιγμα
Instantly, he recognised this tender bashful touch
Η Βασουντέβα τον είχε ακολουθήσει και περίμενε
Vasudeva had followed him and waited
ανέκτησε τις αισθήσεις του και σηκώθηκε για να χαιρετήσει τη Βασουντέβα
he regained his senses and rose to greet Vasudeva
κοίταξε το φιλικό πρόσωπο της Βασουντέβα
he looked into Vasudeva's friendly face
κοίταξε τις μικρές ρυτίδες
he looked into the small wrinkles
οι ρυτίδες του ήταν σαν να γέμισαν με τίποτα άλλο εκτός από το χαμόγελό του
his wrinkles were as if they were filled with nothing but his smile
κοίταξε στα χαρούμενα μάτια και μετά χαμογέλασε κι εκείνος
he looked into the happy eyes, and then he smiled too
Τώρα είδε τις μπανάνες να βρίσκονται μπροστά του

Now he saw the bananas lying in front of him
μάζεψε τις μπανάνες και έδωσε μια στον πορθμεία
he picked the bananas up and gave one to the ferryman
Αφού έφαγαν τις μπανάνες, πήγαν σιωπηλά πίσω στο δάσος
After eating the bananas, they silently went back into the forest
επέστρεψαν σπίτι στο πλοίο
they returned home to the ferry
Κανείς δεν μίλησε για το τι είχε συμβεί εκείνη την ημέρα
Neither one talked about what had happened that day
κανείς δεν ανέφερε το όνομα του αγοριού
neither one mentioned the boy's name
κανένας δεν μίλησε για αυτόν που έφυγε
neither one spoke about him running away
κανείς δεν μίλησε για την πληγή
neither one spoke about the wound
Στην καλύβα, ο Σιντάρθα ξάπλωσε στο κρεβάτι του
In the hut, Siddhartha lay down on his bed
μετά από λίγο ήρθε κοντά του η Βασουντέβα
after a while Vasudeva came to him
του πρόσφερε ένα μπολ με γάλα καρύδας
he offered him a bowl of coconut-milk
αλλά κοιμόταν ήδη
but he was already asleep

## Ομ
## Om

**Για πολύ καιρό η πληγή συνέχισε να καίει**
For a long time the wound continued to burn
**Ο Σιντάρτα έπρεπε να μεταφέρει πολλούς ταξιδιώτες πέρα από το ποτάμι**
Siddhartha had to ferry many travellers across the river
**πολλοί από τους ταξιδιώτες συνοδεύονταν από έναν γιο ή μια κόρη**
many of the travellers were accompanied by a son or a daughter
**και δεν είδε κανένα από αυτά χωρίς να τους ζηλέψει**
and he saw none of them without envying them
**δεν μπορούσε να τα δει χωρίς να σκεφτεί τον χαμένο γιο του**
he couldn't see them without thinking about his lost son
**«Τόσες χιλιάδες έχουν την πιο γλυκιά καλή τύχη»**
"So many thousands possess the sweetest of good fortunes"
**«Γιατί να μην έχω κι εγώ αυτή την καλή τύχη;»**
"why don't I also possess this good fortune?"
**«ακόμα και οι κλέφτες και οι ληστές έχουν παιδιά και τα αγαπούν»**
"even thieves and robbers have children and love them"
**"και αγαπιούνται από τα παιδιά τους"**
"and they are being loved by their children"
**"Όλοι αγαπιούνται από τα παιδιά τους εκτός από εμένα"**
"all are loved by their children except for me"
**σκέφτηκε τώρα σαν τους παιδικούς ανθρώπους, χωρίς λόγο**
he now thought like the childlike people, without reason
**είχε γίνει ένας από τους παιδικούς ανθρώπους**
he had become one of the childlike people
**έβλεπε τους ανθρώπους διαφορετικά από πριν**
he looked upon people differently than before

ήταν λιγότερο έξυπνος και λιγότερο περήφανος για τον εαυτό του
he was less smart and less proud of himself
αλλά αντίθετα, ήταν πιο ζεστός και πιο περίεργος
but instead, he was warmer and more curious
όταν μετέφερε ταξιδιώτες, συμμετείχε περισσότερο από πριν
when he ferried travellers, he was more involved than before
παιδιά, επιχειρηματίες, πολεμιστές, γυναίκες
childlike people, businessmen, warriors, women
αυτοί οι άνθρωποι δεν του φαίνονταν ξένοι, όπως παλιά
these people did not seem alien to him, as they used to
τους καταλάβαινε και μοιράστηκε τη ζωή τους
he understood them and shared their life
μια ζωή που δεν καθοδηγούνταν από σκέψεις και διορατικότητα
a life which was not guided by thoughts and insight
αλλά μια ζωή που καθοδηγείται αποκλειστικά από ορμές και επιθυμίες
but a life guided solely by urges and wishes
ένιωθε σαν τους παιδικούς ανθρώπους
he felt like the the childlike people
κουβαλούσε την τελευταία του πληγή
he was bearing his final wound
πλησίαζε στην τελειότητα
he was nearing perfection
αλλά οι παιδικοί άνθρωποι έμοιαζαν ακόμα σαν αδέρφια του
but the childlike people still seemed like his brothers
οι ματαιοδοξίες τους, οι επιθυμίες για κατοχή δεν ήταν πλέον γελοίες γι' αυτόν
their vanities, desires for possession were no longer ridiculous to him
έγιναν κατανοητά και αξιαγάπητα
they became understandable and lovable
έγιναν ακόμη και άξιοι σεβασμού σε αυτόν

they even became worthy of veneration to him
Η τυφλή αγάπη της μητέρας για το παιδί της
The blind love of a mother for her child
η ηλίθια, τυφλή περηφάνια ενός αλαζονικού πατέρα για τον μονάκριβο γιο του
the stupid, blind pride of a conceited father for his only son
η τυφλή, άγρια επιθυμία μιας νέας, μάταιης γυναίκας για κοσμήματα
the blind, wild desire of a young, vain woman for jewellery
την επιθυμία της για βλέμματα θαυμασμού από άντρες
her wish for admiring glances from men
όλες αυτές οι απλές προτροπές δεν ήταν παιδικές έννοιες
all of these simple urges were not childish notions
αλλά ήταν απίστευτα δυνατοί, ζωντανοί και επικρατούντες ορμές
but they were immensely strong, living, and prevailing urges
είδε ανθρώπους να ζουν για χάρη των ορμών τους
he saw people living for the sake of their urges
είδε ανθρώπους να πετυχαίνουν σπάνια πράγματα για τις ορμές τους
he saw people achieving rare things for their urges
ταξίδια, διεξαγωγή πολέμων, βάσανα
travelling, conducting wars, suffering
υπέφεραν άπειρα βάσανα
they bore an infinite amount of suffering
και μπορούσε να τους αγαπήσει γι' αυτό, γιατί έβλεπε τη ζωή
and he could love them for it, because he saw life
ότι αυτό που είναι ζωντανό ήταν σε κάθε πάθος τους
that what is alive was in each of their passions
ότι αυτό που είναι άφθαρτο ήταν στις ορμές τους, το Μπράχμαν
that what is is indestructible was in their urges, the Brahman
αυτοί οι άνθρωποι ήταν άξιοι αγάπης και θαυμασμού
these people were worthy of love and admiration

τους άξιζε για την τυφλή πίστη και την τυφλή τους δύναμη
they deserved it for their blind loyalty and blind strength
δεν τους έλειπε τίποτα
there was nothing that they lacked
Ο Σιντάρθα δεν είχε τίποτα που θα τον έβαζε πάνω από τους υπόλοιπους, εκτός από ένα πράγμα
Siddhartha had nothing which would put him above the rest, except one thing
υπήρχε ακόμα ένα μικρό πράγμα που είχε και δεν το είχαν
there still was a small thing he had which they didn't
είχε τη συνειδητή σκέψη της ενότητας όλης της ζωής
he had the conscious thought of the oneness of all life
αλλά ο Σιντάρτα αμφέβαλλε ακόμη και αν αυτή η γνώση έπρεπε να εκτιμηθεί τόσο πολύ
but Siddhartha even doubted whether this knowledge should be valued so highly
μπορεί επίσης να είναι μια παιδική ιδέα των σκεπτόμενων ανθρώπων
it might also be a childish idea of the thinking people
οι κοσμικοί άνθρωποι ήταν ίσοι με τους σοφούς
the worldly people were of equal rank to the wise men
και τα ζώα μπορεί σε κάποιες στιγμές να φαίνονται ανώτερα από τους ανθρώπους
animals too can in some moments seem to be superior to humans
είναι ανώτεροι στη σκληρή, αδυσώπητη απόδοσή τους σε ό,τι είναι απαραίτητο
they are superior in their tough, unrelenting performance of what is necessary
μια ιδέα άνθισε σιγά σιγά στη Σιντάρτα
an idea slowly blossomed in Siddhartha
και η ιδέα ωρίμασε σιγά σιγά μέσα του
and the idea slowly ripened in him
άρχισε να βλέπει τι ήταν στην πραγματικότητα η σοφία

he began to see what wisdom actually was
είδε ποιος ήταν ο στόχος της μακροχρόνιας αναζήτησής του
he saw what the goal of his long search was
η αναζήτησή του δεν ήταν παρά ετοιμότητα ψυχής
his search was nothing but a readiness of the soul
μια μυστική τέχνη να σκέφτεται κάθε στιγμή, ενώ ζει τη ζωή του
a secret art to think every moment, while living his life
ήταν η σκέψη της ενότητας
it was the thought of oneness
να μπορείς να νιώσεις και να εισπνεύσεις την ενότητα
to be able to feel and inhale the oneness
Σιγά σιγά αυτή η επίγνωση άνθισε μέσα του
Slowly this awareness blossomed in him
του έλαμπε από το παλιό, παιδικό πρόσωπο της Βασουντέβα
it was shining back at him from Vasudeva's old, childlike face
αρμονία και γνώση της αιώνιας τελειότητας του κόσμου
harmony and knowledge of the eternal perfection of the world
χαμογελώντας και να είναι μέρος της ενότητας
smiling and to be part of the oneness
Αλλά η πληγή εξακολουθούσε να καίει
But the wound still burned
με λαχτάρα και πικρία ο Σιντάρτα σκέφτηκε τον γιο του
longingly and bitterly Siddhartha thought of his son
έθρεψε την αγάπη και την τρυφερότητά του στην καρδιά του
he nurtured his love and tenderness in his heart
άφησε τον πόνο να τον ροκανίσει
he allowed the pain to gnaw at him
διέπραξε όλες τις ανόητες πράξεις αγάπης
he committed all foolish acts of love
αυτή η φλόγα δεν θα έσβηνε μόνη της
this flame would not go out by itself

μια μέρα η πληγή κάηκε βίαια
one day the wound burned violently
οδηγούμενος από μια λαχτάρα, ο Σιντάρτα διέσχισε το ποτάμι
driven by a yearning, Siddhartha crossed the river
κατέβηκε από τη βάρκα και ήταν πρόθυμος να πάει στην πόλη
he got off the boat and was willing to go to the city
ήθελε να ψάξει ξανά τον γιο του
he wanted to look for his son again
Το ποτάμι κυλούσε απαλά και ήσυχα
The river flowed softly and quietly
ήταν η εποχή της ξηρασίας, αλλά η φωνή του ακουγόταν περίεργη
it was the dry season, but its voice sounded strange
ήταν ξεκάθαρο να ακούγεται ότι το ποτάμι γέλασε
it was clear to hear that the river laughed
γέλασε έντονα και καθαρά με τον γέρο πορθμεία
it laughed brightly and clearly at the old ferryman
έσκυψε πάνω από το νερό, για να ακούσει ακόμα καλύτερα
he bent over the water, in order to hear even better
και είδε το πρόσωπό του να καθρεφτίζεται στα ήσυχα κινούμενα νερά
and he saw his face reflected in the quietly moving waters
σε αυτό το αντικατοπτρισμένο πρόσωπο υπήρχε κάτι
in this reflected face there was something
κάτι που του θύμιζε, αλλά το είχε ξεχάσει
something which reminded him, but he had forgotten
καθώς το σκεφτόταν, το βρήκε
as he thought about it, he found it
αυτό το πρόσωπο έμοιαζε με ένα άλλο πρόσωπο που γνώριζε και αγαπούσε
this face resembled another face which he used to know and love

αλλά συνήθιζε να φοβάται και αυτό το πρόσωπο
but he also used to fear this face
Έμοιαζε με το πρόσωπο του πατέρα του, του Μπράχμαν
It resembled his father's face, the Brahman
θυμήθηκε πώς είχε αναγκάσει τον πατέρα του να τον αφήσει να φύγει
he remembered how he had forced his father to let him go
θυμήθηκε πώς τον είχε αποχαιρετήσει
he remembered how he had bid his farewell to him
θυμήθηκε πώς είχε φύγει και δεν είχε επιστρέψει ποτέ
he remembered how he had gone and had never come back
Δεν είχε και ο πατέρας του τον ίδιο πόνο για εκείνον;
Had his father not also suffered the same pain for him?
Ο πόνος του πατέρα του δεν ήταν ο πόνος που υποφέρει τώρα ο Σιντάρτα;
was his father's pain not the pain Siddhartha is suffering now?
Ο πατέρας του δεν είχε πολύ καιρό πεθάνει;
Had his father not long since died?
είχε πεθάνει χωρίς να έχει ξαναδεί τον γιο του;
had he died without having seen his son again?
Δεν έπρεπε να περιμένει την ίδια τύχη για τον εαυτό του;
Did he not have to expect the same fate for himself?
Δεν ήταν κωμωδία σε μοιραίο κύκλο;
Was it not a comedy in a fateful circle?
Το ποτάμι γέλασε με όλα αυτά
The river laughed about all of this
όλα επέστρεψαν που δεν είχαν υποστεί
everything came back which had not been suffered
όλα επέστρεψαν που δεν είχαν λυθεί
everything came back which had not been solved
ο ίδιος πόνος υπέστη ξανά και ξανά
the same pain was suffered over and over again
Ο Σιντάρτα επέστρεψε στη βάρκα
Siddhartha went back into the boat
και γύρισε πίσω στην καλύβα
and he returned back to the hut

σκεφτόταν τον πατέρα του και τον γιο του
he was thinking of his father and of his son
σκέφτηκε να τον γελούσε το ποτάμι
he thought of having been laughed at by the river
ήταν σε αντίθεση με τον εαυτό του και έτεινε προς την απόγνωση
he was at odds with himself and tending towards despair
αλλά μπήκε και στον πειρασμό να γελάσει
but he was also tempted to laugh
μπορούσε να γελάσει με τον εαυτό του και ολόκληρο τον κόσμο
he could laugh at himself and the entire world
Αλίμονο, η πληγή δεν άνθιζε ακόμα
Alas, the wound was not blossoming yet
η καρδιά του πάλευε ακόμα τη μοίρα του
his heart was still fighting his fate
η ευθυμία και η νίκη δεν έλαμπαν ακόμη από τα βάσανά του
cheerfulness and victory were not yet shining from his suffering
Παρόλα αυτά ένιωθε ελπίδα μαζί με την απόγνωση
Nevertheless, he felt hope along with the despair
μόλις επέστρεψε στην καλύβα ένιωσε μια αήττητη επιθυμία να ανοιχτεί στη Βασουντέβα
once he returned to the hut he felt an undefeatable desire to open up to Vasudeva
ήθελε να του τα δείξει όλα
he wanted to show him everything
ήθελε να πει τα πάντα στον κύριο της ακρόασης
he wanted to say everything to the master of listening

Η Βασουντέβα καθόταν στην καλύβα και ύφαινε ένα καλάθι
Vasudeva was sitting in the hut, weaving a basket
Δεν χρησιμοποιούσε πλέον το ferry-boat
He no longer used the ferry-boat

τα μάτια του είχαν αρχίσει να αδυνατίζουν
his eyes were starting to get weak
τα χέρια και τα χέρια του αδυνάτιζαν επίσης
his arms and hands were getting weak as well
μόνο η χαρά και η εύθυμη καλοσύνη του προσώπου του ήταν αμετάβλητη
only the joy and cheerful benevolence of his face was unchanging
Ο Σιντάρτα κάθισε δίπλα στον γέρο
Siddhartha sat down next to the old man
σιγά σιγά, άρχισε να μιλάει για όσα δεν είχαν μιλήσει ποτέ
slowly, he started talking about what they had never spoke about
του είπε τη βόλτα του στην πόλη
he told him of his walk to the city
του είπε για την φλεγόμενη πληγή
he told at him of the burning wound
του είπε για τον φθόνο να βλέπει ευτυχισμένους μπαμπάδες
he told him about the envy of seeing happy fathers
η γνώση του για την ανοησία τέτοιων επιθυμιών
his knowledge of the foolishness of such wishes
ο μάταιος αγώνας του ενάντια στις επιθυμίες του
his futile fight against his wishes
ήταν σε θέση να πει τα πάντα, ακόμα και τα πιο ντροπιαστικά σημεία
he was able to say everything, even the most embarrassing parts
του είπε όλα όσα μπορούσε να του πει
he told him everything he could tell him
του έδειξε ό,τι μπορούσε να του δείξει
he showed him everything he could show him
Του παρουσίασε την πληγή του
He presented his wound to him
του είπε και πώς είχε τραπεί σε φυγή σήμερα

he also told him how he had fled today
του είπε πώς πέρασε με το φεριμπότ πέρα από το νερό
he told him how he ferried across the water
ένας παιδικός δραπέτης, πρόθυμος να περπατήσει στην πόλη
a childish run-away, willing to walk to the city
και του είπε πώς είχε γελάσει το ποτάμι
and he told him how the river had laughed
μίλησε για πολλή ώρα
he spoke for a long time
Η Βασουντέβα άκουγε με ήσυχο πρόσωπο
Vasudeva was listening with a quiet face
Η ακρόαση της Βασουντέβα έδωσε στον Σιντάρτα μια πιο δυνατή αίσθηση από ποτέ
Vasudeva's listening gave Siddhartha a stronger sensation than ever before
διαισθάνθηκε πώς ο πόνος και οι φόβοι του έπεσαν πάνω του
he sensed how his pain and fears flowed over to him
διαισθάνθηκε πώς η κρυφή του ελπίδα κυλούσε από πάνω του
he sensed how his secret hope flowed over him
Το να δείξεις την πληγή του σε αυτόν τον ακροατή ήταν το ίδιο με το να την λούσεις στο ποτάμι
To show his wound to this listener was the same as bathing it in the river
το ποτάμι θα είχε δροσίσει την πληγή του Σιντάρτα
the river would have cooled Siddhartha's wound
η ήσυχη ακρόαση ξεψύχησε την πληγή του Σιντάρτα
the quiet listening cooled Siddhartha's wound
τον δρόσιζε μέχρι να γίνει ένα με το ποτάμι
it cooled him until he become one with the river
Ενώ μιλούσε ακόμα, παραδεχόταν και ομολογούσε
While he was still speaking, still admitting and confessing
Ο Σιντάρτα ένιωθε όλο και περισσότερο ότι δεν ήταν πια η Βασουντέβα

Siddhartha felt more and more that this was no longer Vasudeva
δεν ήταν πια άνθρωπος που τον άκουγε
it was no longer a human being who was listening to him
αυτός ο ακίνητος ακροατής απορροφούσε την ομολογία του μέσα του
this motionless listener was absorbing his confession into himself
αυτός ο ακίνητος ακροατής ήταν σαν δέντρο η βροχή
this motionless listener was like a tree the rain
αυτός ο ακίνητος άνθρωπος ήταν το ίδιο το ποτάμι
this motionless man was the river itself
αυτός ο ακίνητος άνθρωπος ήταν ο ίδιος ο Θεός
this motionless man was God himself
ο ακίνητος άνθρωπος ήταν ο ίδιος ο αιώνιος
the motionless man was the eternal itself
Ο Σιντάρτα έπαψε να σκέφτεται τον εαυτό του και την πληγή του
Siddhartha stopped thinking of himself and his wound
αυτή η συνειδητοποίηση του αλλαγμένου χαρακτήρα του Βασουντέβα τον κατέλαβε
this realisation of Vasudeva's changed character took possession of him
και όσο περισσότερο έμπαινε σε αυτό, τόσο λιγότερο θαυμαστό γινόταν
and the more he entered into it, the less wondrous it became
τόσο περισσότερο συνειδητοποιούσε ότι όλα ήταν εντάξει και φυσικά
the more he realised that everything was in order and natural
συνειδητοποίησε ότι η Βασουντέβα ήταν ήδη έτσι εδώ και πολύ καιρό
he realised that Vasudeva had already been like this for a long time
απλώς δεν το είχε αναγνωρίσει ακόμα
he had just not quite recognised it yet
ναι, ο ίδιος είχε σχεδόν φτάσει στην ίδια κατάσταση

yes, he himself had almost reached the same state

Ένιωθε ότι έβλεπε τώρα τη γριά Βασουντέβα όπως βλέπουν οι άνθρωποι τους θεούς

He felt, that he was now seeing old Vasudeva as the people see the gods

και ένιωθε ότι αυτό δεν μπορούσε να διαρκέσει

and he felt that this could not last

στην καρδιά του, άρχισε να αποχαιρετά τη Βασουντέβα

in his heart, he started bidding his farewell to Vasudeva

Σε όλο αυτό μιλούσε ασταμάτητα

Throughout all this, he talked incessantly

Όταν τελείωσε την ομιλία του, ο Βασουντέβα έστρεψε τα φιλικά του μάτια προς το μέρος του

When he had finished talking, Vasudeva turned his friendly eyes at him

τα μάτια που είχαν αδυνατίσει ελαφρώς

the eyes which had grown slightly weak

δεν είπε τίποτα, αλλά άφησε τη σιωπηλή αγάπη και το κέφι του να λάμψουν

he said nothing, but let his silent love and cheerfulness shine

η κατανόηση και η γνώση του έλαμψαν από αυτόν

his understanding and knowledge shone from him

Πήρε το χέρι του Σιντάρτα και τον οδήγησε στο κάθισμα δίπλα στην όχθη

He took Siddhartha's hand and led him to the seat by the bank

κάθισε μαζί του και χαμογέλασε στο ποτάμι

he sat down with him and smiled at the river

«Το έχεις ακούσει να γελάει», είπε

"You've heard it laugh," he said

«Μα δεν τα έχεις ακούσει όλα»

"But you haven't heard everything"

"Ας ακούσουμε, θα ακούσετε περισσότερα"

"Let's listen, you'll hear more"

Ακούστηκε απαλά το ποτάμι, τραγουδώντας με πολλές φωνές

Softly sounded the river, singing in many voices

Ο Σιντάρτα κοίταξε μέσα στο νερό
Siddhartha looked into the water
του εμφανίστηκαν εικόνες στο κινούμενο νερό
images appeared to him in the moving water
εμφανίστηκε ο πατέρας του, μοναχικός και θρηνώντας για τον γιο του
his father appeared, lonely and mourning for his son
ο ίδιος εμφανίστηκε στο κινούμενο νερό
he himself appeared in the moving water
ήταν επίσης δεμένος με τα δεσμά της λαχτάρας με τον μακρινό γιο του
he was also being tied with the bondage of yearning to his distant son
εμφανίστηκε ο γιος του, μοναχικός κι αυτός
his son appeared, lonely as well
το αγόρι, που ορμούσε λαίμαργα κατά μήκος της φλεγόμενης πορείας των νεαρών επιθυμιών του
the boy, greedily rushing along the burning course of his young wishes
ο καθένας κατευθυνόταν προς τον στόχο του
each one was heading for his goal
ο καθένας είχε εμμονή με τον στόχο
each one was obsessed by the goal
καθένας υπέφερε από την καταδίωξη
each one was suffering from the pursuit
Το ποτάμι τραγούδησε με μια φωνή οδύνης
The river sang with a voice of suffering
με λαχτάρα τραγούδησε και κυλούσε προς τον στόχο του
longingly it sang and flowed towards its goal
«Ακούς; ρώτησε η Βασουντέβα με βουβό βλέμμα
"Do you hear?" Vasudeva asked with a mute gaze
Ο Σιντάρτα ένευψε καταφατικά ως απάντηση
Siddhartha nodded in reply
«Άκου καλύτερα!» ψιθύρισε η Βασουντέβα
"Listen better!" Vasudeva whispered

Ο Σιντάρτα έκανε μια προσπάθεια να ακούσει καλύτερα
Siddhartha made an effort to listen better
Εμφανίστηκε η εικόνα του πατέρα του
The image of his father appeared
η δική του εικόνα συγχωνεύτηκε με του πατέρα του
his own image merged with his father's
η εικόνα του γιου του συγχωνεύτηκε με την εικόνα του
the image of his son merged with his image
Εμφανίστηκε και η εικόνα της Καμάλα και διαλύθηκε
Kamala's image also appeared and was dispersed
και η εικόνα της Govinda, και άλλες εικόνες
and the image of Govinda, and other images
και όλα τα εικονιζόμενα συγχωνεύτηκαν μεταξύ τους
and all the imaged merged with each other
όλες οι εικόνες μετατράπηκαν στο ποτάμι
all the imaged turned into the river
όντας το ποτάμι, όλοι κατευθύνθηκαν προς το στόχο
being the river, they all headed for the goal
λαχτάρα, επιθυμία, βάσανα κυλούσαν μαζί
longing, desiring, suffering flowed together
και η φωνή του ποταμού ακούστηκε γεμάτη λαχτάρα
and the river's voice sounded full of yearning
η φωνή του ποταμού ήταν γεμάτη καυστικό καημό
the river's voice was full of burning woe
η φωνή του ποταμού ήταν γεμάτη ανικανοποίητη επιθυμία
the river's voice was full of unsatisfiable desire
Για το γκολ έτρεχε το ποτάμι
For the goal, the river was heading
Ο Σιντάρτα είδε το ποτάμι να βιάζεται προς τον στόχο του
Siddhartha saw the river hurrying towards its goal
το ποτάμι αυτού και των αγαπημένων του και όλων των ανθρώπων που είχε δει ποτέ
the river of him and his loved ones and of all people he had ever seen

όλα αυτά τα κύματα και τα νερά ήταν βιαστικά
all of these waves and waters were hurrying
όλοι υπέφεραν για πολλούς στόχους
they were all suffering towards many goals
ο καταρράκτης, η λίμνη, τα ορμητικά νερά, η θάλασσα
the waterfall, the lake, the rapids, the sea
και επιτεύχθηκαν όλοι οι στόχοι
and all goals were reached
και κάθε γκολ ακολουθήθηκε από ένα νέο
and every goal was followed by a new one
και το νερό έγινε ατμός και ανέβηκε στον ουρανό
and the water turned into vapour and rose to the sky
το νερό έγινε βροχή και χύθηκε από τον ουρανό
the water turned into rain and poured down from the sky
το νερό μετατράπηκε σε πηγή
the water turned into a source
τότε η πηγή μετατράπηκε σε ρεύμα
then the source turned into a stream
το ρέμα μετατράπηκε σε ποτάμι
the stream turned into a river
και το ποτάμι κατευθύνθηκε ξανά μπροστά
and the river headed forwards again
Όμως η φωνή της λαχτάρας είχε αλλάξει
But the longing voice had changed
Αντηχούσε ακόμα, γεμάτο βάσανα, ψάξιμο
It still resounded, full of suffering, searching
αλλά άλλες φωνές ενώθηκαν με το ποτάμι
but other voices joined the river
ακούστηκαν φωνές χαράς και πόνου
there were voices of joy and of suffering
καλές και κακές φωνές, γελαστές και θλιμμένες
good and bad voices, laughing and sad ones
εκατό φωνές, χίλιες φωνές
a hundred voices, a thousand voices
Ο Σιντάρτα άκουγε όλες αυτές τις φωνές
Siddhartha listened to all these voices

Δεν ήταν πλέον παρά ένας ακροατής
He was now nothing but a listener
ήταν εντελώς συγκεντρωμένος στο να ακούει
he was completely concentrated on listening
ήταν εντελώς άδειος τώρα
he was completely empty now
ένιωθε ότι τώρα είχε τελειώσει να μαθαίνει να ακούει
he felt that he had now finished learning to listen
Συχνά πριν, τα είχε ακούσει όλα αυτά
Often before, he had heard all this
είχε ακούσει αυτές τις πολλές φωνές στο ποτάμι
he had heard these many voices in the river
σήμερα οι φωνές στο ποτάμι ακούστηκαν νέες
today the voices in the river sounded new
Ήδη, δεν μπορούσε πια να ξεχωρίσει τις πολλές φωνές
Already, he could no longer tell the many voices apart
δεν υπήρχε διαφορά ανάμεσα στις χαρούμενες φωνές και στις κλαίγουσες
there was no difference between the happy voices and the weeping ones
οι φωνές των παιδιών και οι φωνές των αντρών ήταν μία
the voices of children and the voices of men were one
όλες αυτές οι φωνές ανήκαν μαζί
all these voices belonged together
ο θρήνος της λαχτάρας και το γέλιο του ενημερωμένου
the lamentation of yearning and the laughter of the knowledgeable one
η κραυγή της οργής και η γκρίνια των ετοιμοθάνατων
the scream of rage and the moaning of the dying ones
όλα ήταν ένα και όλα ήταν αλληλένδετα
everything was one and everything was intertwined
όλα συνδέθηκαν και μπλέχτηκαν χίλιες φορές
everything was connected and entangled a thousand times
όλα μαζί, όλες οι φωνές, όλοι οι στόχοι
everything together, all voices, all goals

όλη λαχτάρα, όλα τα βάσανα, όλη η ευχαρίστηση
all yearning, all suffering, all pleasure
ό,τι ήταν καλό και κακό
all that was good and evil
όλα αυτά μαζί ήταν ο κόσμος
all of this together was the world
Όλα μαζί ήταν η ροή των γεγονότων
All of it together was the flow of events
όλα ήταν η μουσική της ζωής
all of it was the music of life
όταν ο Σιντάρτα άκουγε με προσοχή αυτό το ποτάμι
when Siddhartha was listening attentively to this river
το τραγούδι των χιλίων φωνών
the song of a thousand voices
όταν δεν άκουγε ούτε τα βάσανα ούτε τα γέλια
when he neither listened to the suffering nor the laughter
όταν δεν έδενε την ψυχή του σε κάποια συγκεκριμένη φωνή
when he did not tie his soul to any particular voice
όταν βύθισε τον εαυτό του στο ποτάμι
when he submerged his self into the river
αλλά όταν τα άκουσε όλα, αντιλήφθηκε το σύνολο, την ενότητα
but when he heard them all he perceived the whole, the oneness
τότε το μεγάλο τραγούδι των χιλίων φωνών αποτελούνταν από μια μόνο λέξη
then the great song of the thousand voices consisted of a single word
αυτή η λέξη ήταν Ομ. την τελειότητα
this word was Om; the perfection

«Ακούς» ξαναρώτησε το βλέμμα της Βασουντέβα
"Do you hear" Vasudeva's gaze asked again
Λαμπερά, το χαμόγελο της Βασουντέβα έλαμπε
Brightly, Vasudeva's smile was shining

επέπλεε λαμπερά πάνω από όλες τις ρυτίδες του γερασμένου προσώπου του
it was floating radiantly over all the wrinkles of his old face
με τον ίδιο τρόπο που το Om επέπλεε στον αέρα πάνω από όλες τις φωνές του ποταμού
the same way the Om was floating in the air over all the voices of the river
Το χαμόγελό του έλαμπε έντονα, όταν κοίταξε τον φίλο του
Brightly his smile was shining, when he looked at his friend
και λαμπερά το ίδιο χαμόγελο άρχιζε τώρα να λάμπει στο πρόσωπο του Σιντάρτα
and brightly the same smile was now starting to shine on Siddhartha's face
Η πληγή του είχε ανθίσει και τα βάσανά του έλαμπε
His wound had blossomed and his suffering was shining
ο εαυτός του είχε πετάξει στην ενότητα
his self had flown into the oneness
Αυτή την ώρα, ο Σιντάρτα σταμάτησε να πολεμά τη μοίρα του
In this hour, Siddhartha stopped fighting his fate
ταυτόχρονα έπαψε να υποφέρει
at the same time he stopped suffering
Στο πρόσωπό του άνθιζε η ευθυμία μιας γνώσης
On his face flourished the cheerfulness of a knowledge
μια γνώση που δεν αντιμετώπιζε πλέον καμία βούληση
a knowledge which was no longer opposed by any will
μια γνώση που γνωρίζει την τελειότητα
a knowledge which knows perfection
μια γνώση που συμφωνεί με τη ροή των γεγονότων
a knowledge which is in agreement with the flow of events
μια γνώση που είναι με το ρεύμα της ζωής
a knowledge which is with the current of life
γεμάτος συμπάθεια για τον πόνο των άλλων
full of sympathy for the pain of others
γεμάτος συμπάθεια για την ευχαρίστηση των άλλων

full of sympathy for the pleasure of others
αφοσιωμένος στη ροή, που ανήκει στην ενότητα
devoted to the flow, belonging to the oneness
Η Βασουντέβα σηκώθηκε από τη θέση δίπλα στην τράπεζα
Vasudeva rose from the seat by the bank
κοίταξε στα μάτια τη Σιντάρτα
he looked into Siddhartha's eyes
και είδε τη χαρά της γνώσης να λάμπει στα μάτια του
and he saw the cheerfulness of the knowledge shining in his eyes
άγγιξε απαλά τον ώμο του με το χέρι του
he softly touched his shoulder with his hand
«Αυτή την ώρα περίμενα καλή μου»
"I've been waiting for this hour, my dear"
«Τώρα που ήρθε, άσε με να φύγω»
"Now that it has come, let me leave"
"Εδώ και πολύ καιρό, περίμενα αυτή την ώρα"
"For a long time, I've been waiting for this hour"
"Για πολύ καιρό, είμαι ο Βασουντέβα ο πορθμείας"
"for a long time, I've been Vasudeva the ferryman"
"Τώρα φτάνει. Αντίο"
"Now it's enough. Farewell"
"αντίο ποτάμι, αντίο Σιντάρτα!"
"farewell river, farewell Siddhartha!"
Ο Σιντάρτα έκανε μια βαθιά υπόκλιση μπροστά σε αυτόν που τον αποχαιρέτισε
Siddhartha made a deep bow before him who bid his farewell
«Το ήξερα», είπε ήσυχα
"I've known it," he said quietly
«Θα πας στα δάση;»
"You'll go into the forests?"
«Πηγαίνω στα δάση»
"I'm going into the forests"
«Πηγαίνω στην ενότητα» είπε η Βασουντέβα με ένα λαμπερό χαμόγελο

"I'm going into the oneness" spoke Vasudeva with a bright smile
Με ένα λαμπερό χαμόγελο, έφυγε
With a bright smile, he left
Ο Σιντάρτα τον παρακολούθησε να φεύγει
Siddhartha watched him leaving
Με βαθιά χαρά, με βαθιά επισημότητα τον παρακολουθούσε να φεύγει
With deep joy, with deep solemnity he watched him leave
είδε τα βήματά του να είναι γεμάτα γαλήνη
he saw his steps were full of peace
είδε το κεφάλι του να είναι γεμάτο λάμψη
he saw his head was full of lustre
είδε το σώμα του να είναι γεμάτο φως
he saw his body was full of light

# Γκοβίντα
## Govinda

**Η Γκοβίντα ήταν με τους μοναχούς για πολύ καιρό**
Govinda had been with the monks for a long time

**όταν δεν ήταν σε προσκυνήματα, περνούσε την ώρα του στον κήπο αναψυχής**
when not on pilgrimages, he spent his time in the pleasure-garden

**τον κήπο που η εταίρα Καμάλα είχε χαρίσει στους οπαδούς της Γκόταμα**
the garden which the courtesan Kamala had given the followers of Gotama

**άκουσε να μιλάνε για έναν γέρο πορθμέα, που έμενε μια μέρα ταξίδι μακριά**
he heard talk of an old ferryman, who lived a day's journey away

**άκουσε ότι πολλοί τον θεωρούσαν σοφό άνθρωπο**
he heard many regarded him as a wise man

**Όταν ο Γκοβίντα επέστρεψε, διάλεξε το μονοπάτι για το πλοίο**
When Govinda went back, he chose the path to the ferry

**ανυπομονούσε να δει τον φέρι**
he was eager to see the ferryman

**είχε ζήσει όλη του τη ζωή με τους κανόνες**
he had lived his entire life by the rules

**οι νεότεροι μοναχοί τον έβλεπαν με σεβασμό**
he was looked upon with veneration by the younger monks

**σεβάστηκαν την ηλικία και τη σεμνότητά του**
they respected his age and modesty

**αλλά η ανησυχία του δεν είχε χαθεί από την καρδιά του**
but his restlessness had not perished from his heart

**έψαχνε για ό,τι δεν είχε βρει**
he was searching for what he had not found

**Ήρθε στο ποτάμι και ζήτησε από τον γέρο να τον μεταφέρει**

He came to the river and asked the old man to ferry him over
όταν κατέβηκαν από τη βάρκα στην άλλη πλευρά, μίλησε με τον γέρο
when they got off the boat on the other side, he spoke with the old man

«Είσαι πολύ καλός με εμάς τους μοναχούς και τους προσκυνητές»
"You're very good to us monks and pilgrims"
"Έχεις περάσει πολλούς από εμάς στο ποτάμι"
"you have ferried many of us across the river"
«Δεν είσαι κι εσύ, φέρι, που ψάχνεις τον σωστό δρόμο;»
"Aren't you too, ferryman, a searcher for the right path?"
χαμογελώντας από τα γερασμένα μάτια του, μίλησε ο Σιντάρτα
smiling from his old eyes, Siddhartha spoke
«Ω σεβάσμιε, λέγεις τον εαυτό σου ερευνητή;».
"oh venerable one, do you call yourself a searcher?"
"Είσαι ακόμα ψάχνοντας, αν και ήδη καλά εδώ και χρόνια;"
"are you still a searcher, although already well in years?"
«Ψάχνεις φορώντας τη ρόμπα των μοναχών του Γκόταμα;»
"do you search while wearing the robe of Gotama's monks?"
«Είναι αλήθεια, είμαι μεγάλος», είπε ο Γκοβίντα
"It's true, I'm old," spoke Govinda
"αλλά δεν σταμάτησα να ψάχνω"
"but I haven't stopped searching"
«Δεν θα σταματήσω ποτέ να ψάχνω»
"I will never stop searching"
"Αυτή φαίνεται να είναι η μοίρα μου"
"this seems to be my destiny"
«Κι εσύ, έτσι μου φαίνεται, έψαχνες»
"You too, so it seems to me, have been searching"
«Θες να μου πεις κάτι, ω αξιότιμε;
"Would you like to tell me something, oh honourable one?"

«Τι θα μπορούσα να σου πω, ω σεβάσμιε;»
"What might I have that I could tell you, oh venerable one?"
«Ίσως θα μπορούσα να σου πω ότι ψάχνεις πάρα πολύ;»
"Perhaps I could tell you that you're searching far too much?"
«Θα μπορούσα να σου πω ότι δεν βρίσκεις χρόνο για να βρεις;»
"Could I tell you that you don't make time for finding?"
«Πώς γίνεται;» ρώτησε η Γκοβίντα
"How come?" asked Govinda
"Όταν κάποιος ψάχνει μπορεί να δει μόνο αυτό που ψάχνει"
"When someone is searching they might only see what they search for"
«Μπορεί να μην μπορεί να αφήσει τίποτα άλλο να μπει στο μυαλό του»
"he might not be able to let anything else enter his mind"
"Δεν βλέπει αυτό που δεν ψάχνει"
"he doesn't see what he is not searching for"
«γιατί πάντα δεν σκέφτεται τίποτα άλλο παρά το αντικείμενο της αναζήτησής του»
"because he always thinks of nothing but the object of his search"
«Έχει έναν στόχο, με τον οποίο έχει εμμονή»
"he has a goal, which he is obsessed with"
"Αναζήτηση σημαίνει να έχεις στόχο"
"Searching means having a goal"
«Αλλά να βρίσκεις σημαίνει να είσαι ελεύθερος, ανοιχτός και να μην έχεις στόχο»
"But finding means being free, open, and having no goal"
«Εσύ, ω σεβάσμιε, ίσως είσαι πράγματι ερευνητής»
"You, oh venerable one, are perhaps indeed a searcher"
"γιατί, όταν προσπαθείς για τον στόχο σου, υπάρχουν πολλά πράγματα που δεν βλέπεις"
"because, when striving for your goal, there are many things you don't see"

"Μπορεί να μην βλέπεις πράγματα που είναι ακριβώς μπροστά στα μάτια σου"
"you might not see things which are directly in front of your eyes"
«Δεν έχω καταλάβει ακόμα καλά», είπε η Γκοβίντα, «τι εννοείς με αυτό;»
"I don't quite understand yet," said Govinda, "what do you mean by this?"
"Ω σεβάσμιε, έχεις ξαναπάει σε αυτό το ποτάμι, εδώ και πολύ καιρό"
"oh venerable one, you've been at this river before, a long time ago"
"Και βρήκες έναν άντρα που κοιμάται δίπλα στο ποτάμι"
"and you have found a sleeping man by the river"
«Κάθισες μαζί του για να φυλάξεις τον ύπνο του»
"you have sat down with him to guard his sleep"
«Μα, ω Γκοβίντα, δεν αναγνώρισες τον κοιμισμένο»
"but, oh Govinda, you did not recognise the sleeping man"
Ο Γκοβίντα έμεινε έκπληκτος, σαν να είχε γίνει αντικείμενο μαγικού ξόρκι
Govinda was astonished, as if he had been the object of a magic spell
ο μοναχός κοίταξε στα μάτια του πορθμείου
the monk looked into the ferryman's eyes
«Είσαι ο Σιντάρθα;» ρώτησε με δειλή φωνή
"Are you Siddhartha?" he asked with a timid voice
«Ούτε αυτή τη φορά θα σε αναγνώριζα!
"I wouldn't have recognised you this time either!"
"Από την καρδιά μου, σε χαιρετώ, Σιντάρτα"
"from my heart, I'm greeting you, Siddhartha"
«Μέσα από την καρδιά μου, χαίρομαι που σε ξαναβλέπω!»
"from my heart, I'm happy to see you once again!"
"Έχεις αλλάξει πολύ φίλε μου"
"You've changed a lot, my friend"

"Και τώρα έγινες πορθμέας;"
"and you've now become a ferryman?"
Με φιλικό τρόπο, ο Σιντάρτα γέλασε
In a friendly manner, Siddhartha laughed
"Ναι, είμαι πορθμεία"
"yes, I am a ferryman"
«Πολλοί άνθρωποι, Γκοβίντα, πρέπει να αλλάξουν πολλά»
"Many people, Govinda, have to change a lot"
«Πρέπει να φορούν πολλές ρόμπες»
"they have to wear many robes"
«Είμαι από αυτούς που έπρεπε να αλλάξουν πολλά»
"I am one of those who had to change a lot"
«Καλώς ήρθες, Γκοβίντα, και πέρασε τη νύχτα στην καλύβα μου»
"Be welcome, Govinda, and spend the night in my hut"
Η Γκοβίντα έμεινε τη νύχτα στην καλύβα
Govinda stayed the night in the hut
κοιμόταν στο κρεβάτι που ήταν το κρεβάτι της Βασουντέβα
he slept on the bed which used to be Vasudeva's bed
έθεσε πολλές ερωτήσεις στον φίλο της νιότης του
he posed many questions to the friend of his youth
Ο Σιντάρτα έπρεπε να του πει πολλά πράγματα από τη ζωή του
Siddhartha had to tell him many things from his life

μετά ήρθε το επόμενο πρωί
then the next morning came
είχε έρθει η ώρα να ξεκινήσει το ταξίδι της ημέρας
the time had come to start the day's journey
χωρίς δισταγμό, η Γκοβίντα έκανε μια ακόμη ερώτηση
without hesitation, Govinda asked one more question
«Πριν συνεχίσω στο δρόμο μου, Σιντάρτα, επιτρέψτε μου να κάνω μια ακόμη ερώτηση»

"Before I continue on my path, Siddhartha, permit me to ask one more question"
"Έχετε μια διδασκαλία που σας καθοδηγεί;"
"Do you have a teaching that guides you?"
"Έχεις πίστη ή γνώση που ακολουθείς"
"Do you have a faith or a knowledge you follow"
"Υπάρχει κάποια γνώση που σε βοηθά να ζεις και να κάνεις σωστά;"
"is there a knowledge which helps you to live and do right?"
«Ξέρεις καλά, αγαπητέ μου, πάντα ήμουν δυσπιστία στους δασκάλους»
"You know well, my dear, I have always been distrustful of teachers"
«Σαν νέος άρχισα ήδη να αμφιβάλλω για τους δασκάλους»
"as a young man I already started to doubt teachers"
"Όταν ζούσαμε με τους μετανοούντες στο δάσος, δεν εμπιστευόμουν τις διδασκαλίες τους"
"when we lived with the penitents in the forest, I distrusted their teachings"
"και τους γύρισα την πλάτη"
"and I turned my back to them"
«Έχω παραμείνει δύσπιστος στους δασκάλους»
"I have remained distrustful of teachers"
«Παρόλα αυτά, έχω πολλούς δασκάλους από τότε»
"Nevertheless, I have had many teachers since then"
«Μια όμορφη εταίρα είναι δάσκαλός μου εδώ και πολύ καιρό»
"A beautiful courtesan has been my teacher for a long time"
"Ένας πλούσιος έμπορος ήταν ο δάσκαλός μου"
"a rich merchant was my teacher"
"και μερικοί τζογαδόροι με ζάρια με δίδαξαν"
"and some gamblers with dice taught me"
"Κάποτε, ακόμη και ένας οπαδός του Βούδα ήταν δάσκαλός μου"
"Once, even a follower of Buddha has been my teacher"

«ταξίδευε με τα πόδια, προσκυνητής»
"he was travelling on foot, pilgering"
«Και κάθισε μαζί μου όταν με είχε πάρει ο ύπνος στο δάσος»
"and he sat with me when I had fallen asleep in the forest"
«Έχω μάθει κι εγώ από αυτόν, για το οποίο είμαι πολύ ευγνώμων»
"I've also learned from him, for which I'm very grateful"
"Αλλά πάνω από όλα, έχω μάθει από αυτό το ποτάμι"
"But most of all, I have learned from this river"
«Και έχω μάθει τα περισσότερα από τον προκάτοχό μου, τον πορθμεία Βασουντέβα»
"and I have learned most from my predecessor, the ferryman Vasudeva"
«Ήταν ένας πολύ απλός άνθρωπος, Βασουντέβα, δεν ήταν σκεπτόμενος»
"He was a very simple person, Vasudeva, he was no thinker"
"αλλά ήξερε τι ήταν απαραίτητο εξίσου καλά με τον Gotama"
"but he knew what is necessary just as well as Gotama"
«Ήταν τέλειος άνθρωπος, άγιος»
"he was a perfect man, a saint"
«Ο Σιντάρτα εξακολουθεί να λατρεύει να κοροϊδεύει τους ανθρώπους, μου φαίνεται»
"Siddhartha still loves to mock people, it seems to me"
«Πιστεύω σε σένα και ξέρω ότι δεν έχεις ακολουθήσει δάσκαλο»
"I believe in you and I know that you haven't followed a teacher"
«Μα δεν έχεις βρει κάτι μόνος σου;»
"But haven't you found something by yourself?"
"Αν και δεν έχετε βρει διδασκαλίες, εξακολουθείτε να έχετε βρει ορισμένες σκέψεις"
"though you've found no teachings, you still found certain thoughts"
"ορισμένες γνώσεις, οι οποίες είναι δικές σας"

"certain insights, which are your own"
"εννοήσεις που σε βοηθούν να ζήσεις"
"insights which help you to live"
«Δεν έχεις βρει κάτι τέτοιο;»
"Haven't you found something like this?"
«Αν θέλεις να μου πεις, θα χαρείς την καρδιά μου»
"If you would like to tell me, you would delight my heart"
"Έχεις δίκιο, είχα σκέψεις και απέκτησα πολλές γνώσεις"
"you are right, I have had thoughts and gained many insights"
«Μερικές φορές ένιωσα γνώση μέσα μου για μια ώρα»
"Sometimes I have felt knowledge in me for an hour"
«άλλες φορές ένιωθα γνώση μέσα μου για μια ολόκληρη μέρα»
"at other times I have felt knowledge in me for an entire day"
«την ίδια γνώση που νιώθει κανείς όταν νιώθει τη ζωή στην καρδιά του»
"the same knowledge one feels when one feels life in one's heart"
«Έγιναν πολλές σκέψεις»
"There have been many thoughts"
«Αλλά θα ήταν δύσκολο για μένα να σας μεταφέρω αυτές τις σκέψεις»
"but it would be hard for me to convey these thoughts to you"
«Αγαπητέ μου Γκοβίντα, αυτή είναι μια από τις σκέψεις μου που βρήκα»
"my dear Govinda, this is one of my thoughts which I have found"
«Η σοφία δεν μπορεί να μεταδοθεί»
"wisdom cannot be passed on"
«Η σοφία που προσπαθεί να μεταδώσει ένας σοφός ακούγεται πάντα σαν ανοησία»
"Wisdom which a wise man tries to pass on always sounds like foolishness"
«Πλάκα κάνεις; ρώτησε η Γκοβίντα
"Are you kidding?" asked Govinda

«Δεν κάνω πλάκα, σου λέω τι βρήκα»
"I'm not kidding, I'm telling you what I have found"
«Η γνώση μπορεί να μεταδοθεί, αλλά η σοφία όχι»
"Knowledge can be conveyed, but wisdom can't"
"Η σοφία μπορεί να βρεθεί, μπορεί να ζηθεί"
"wisdom can be found, it can be lived"
"είναι δυνατό να κουβαληθεί από τη σοφία"
"it is possible to be carried by wisdom"
«Τα θαύματα μπορούν να γίνουν με σοφία»
"miracles can be performed with wisdom"
«αλλά η σοφία δεν μπορεί να εκφραστεί με λόγια ούτε να διδαχθεί»
"but wisdom cannot be expressed in words or taught"
«Αυτό υποψιαζόμουν μερικές φορές, ακόμη και ως νεαρός άνδρας»
"This was what I sometimes suspected, even as a young man"
«Αυτό είναι που με έχει απομακρύνει από τους δασκάλους»
"this is what has driven me away from the teachers"
«Βρήκα μια σκέψη που θα τη θεωρήσεις ανόητη»
"I have found a thought which you'll regard as foolishness"
"αλλά αυτή η σκέψη ήταν η καλύτερή μου"
"but this thought has been my best"
"Το αντίθετο κάθε αλήθειας είναι εξίσου αληθινό!"
"The opposite of every truth is just as true!"
"Οποιαδήποτε αλήθεια μπορεί να εκφραστεί μόνο όταν είναι μονόπλευρη"
"any truth can only be expressed when it is one-sided"
«Μόνο μονόπλευρα πράγματα μπορούν να περιγραφούν με λέξεις»
"only one sided things can be put into words"
«Ό,τι μπορεί να σκεφτεί κανείς είναι μονόπλευρο»
"Everything which can be thought is one-sided"
"Είναι όλα μονόπλευρα, άρα είναι μόνο το ένα μισό"
"it's all one-sided, so it's just one half"

«όλα στερούνται πληρότητας, στρογγυλότητας και ενότητας»
"it all lacks completeness, roundness, and oneness"
"ο εξυψωμένος Gotama μίλησε στις διδασκαλίες του για τον κόσμο"
"the exalted Gotama spoke in his teachings of the world"
"αλλά έπρεπε να χωρίσει τον κόσμο σε Sansara και Nirvana"
"but he had to divide the world into Sansara and Nirvana"
«Είχε χωρίσει τον κόσμο σε απάτη και αλήθεια»
"he had divided the world into deception and truth"
«Είχε χωρίσει τον κόσμο σε βάσανα και σωτηρία»
"he had divided the world into suffering and salvation"
«Ο κόσμος δεν μπορεί να εξηγηθεί αλλιώς»
"the world cannot be explained any other way"
"Δεν υπάρχει άλλος τρόπος να το εξηγήσω, για όσους θέλουν να διδάξουν"
"there is no other way to explain it, for those who want to teach"
«Αλλά ο ίδιος ο κόσμος δεν είναι ποτέ μονόπλευρος»
"But the world itself is never one-sided"
"ο κόσμος υπάρχει γύρω μας και μέσα μας"
"the world exists around us and inside of us"
"Ένα άτομο ή μια πράξη δεν είναι ποτέ εντελώς Sansara ή εντελώς Nirvana"
"A person or an act is never entirely Sansara or entirely Nirvana"
"ένα άτομο δεν είναι ποτέ εντελώς άγιο ή εντελώς αμαρτωλό"
"a person is never entirely holy or entirely sinful"
«Φαίνεται ότι ο κόσμος μπορεί να χωριστεί σε αυτά τα αντίθετα»
"It seems like the world can be divided into these opposites"
"Αλλά αυτό συμβαίνει επειδή είμαστε υποκείμενοι σε εξαπάτηση"
"but that's because we are subject to deception"

"Είναι σαν να ήταν κάτι αληθινό η εξαπάτηση"
"it's as if the deception was something real"
«Ο χρόνος δεν είναι αληθινός, Γκοβίντα»
"Time is not real, Govinda"
«Το έχω βιώσει συχνά και συχνά ξανά»
"I have experienced this often and often again"
«Όταν ο χρόνος δεν είναι πραγματικός, το χάσμα μεταξύ του κόσμου και της αιωνιότητας είναι επίσης απάτη»
"when time is not real, the gap between the world and the eternity is also a deception"
"Το χάσμα μεταξύ του πόνου και της ευδαιμονίας δεν είναι πραγματικό"
"the gap between suffering and blissfulness is not real"
«Δεν υπάρχει χάσμα μεταξύ του κακού και του καλού»
"there is no gap between evil and good"
"όλα αυτά τα κενά είναι απάτες"
"all of these gaps are deceptions"
"αλλά αυτά τα κενά μας φαίνονται παρ' όλα αυτά"
"but these gaps appear to us nonetheless"
«Πώς γίνεται;» ρώτησε δειλά ο Γκοβίντα
"How come?" asked Govinda timidly
«Άκου καλά, αγαπητέ μου», απάντησε ο Σιντάρθα
"Listen well, my dear," answered Siddhartha
«Ο αμαρτωλός, που είμαι εγώ και που είσαι εσύ, είναι αμαρτωλός»
"The sinner, which I am and which you are, is a sinner"
"Αλλά στους επόμενους καιρούς ο αμαρτωλός θα είναι πάλι Μπράχμα"
"but in times to come the sinner will be Brahma again"
«Θα φτάσει στη Νιρβάνα και θα γίνει Βούδας»
"he will reach the Nirvana and be Buddha"
«Οι καιροί που έρχονται είναι μια απάτη»
"the times to come are a deception"
"Οι καιροί που έρχονται είναι μόνο μια παραβολή!"
"the times to come are only a parable!"

"Ο αμαρτωλός δεν είναι στο δρόμο του να γίνει Βούδας"
"The sinner is not on his way to become a Buddha"
«Δεν βρίσκεται σε διαδικασία ανάπτυξης»
"he is not in the process of developing"
"Η ικανότητά μας να σκεφτόμαστε δεν ξέρει πώς αλλιώς να απεικονίσει αυτά τα πράγματα"
"our capacity for thinking does not know how else to picture these things"
"Όχι, μέσα στον αμαρτωλό υπάρχει ήδη ο μελλοντικός Βούδας"
"No, within the sinner there already is the future Buddha"
«Το μέλλον του είναι ήδη εκεί»
"his future is already all there"
"πρέπει να λατρεύεις τον Βούδα στον αμαρτωλό"
"you have to worship the Buddha in the sinner"
"Πρέπει να λατρεύεις τον Βούδα που κρύβεται σε όλους"
"you have to worship the Buddha hidden in everyone"
"ο κρυμμένος Βούδας που έρχεται σε ύπαρξη το δυνατό"
"the hidden Buddha which is coming into being the possible"
«Ο κόσμος, φίλε μου Γκοβίντα, δεν είναι ατελής»
"The world, my friend Govinda, is not imperfect"
«Ο κόσμος δεν βρίσκεται σε αργή πορεία προς την τελειότητα»
"the world is on no slow path towards perfection"
"Όχι, ο κόσμος είναι τέλειος σε κάθε στιγμή"
"no, the world is perfect in every moment"
«Όλη η αμαρτία φέρει ήδη τη θεία συγχώρεση από μόνη της»
"all sin already carries the divine forgiveness in itself"
"όλα τα μικρά παιδιά έχουν ήδη τον ηλικιωμένο άνθρωπο μέσα τους"
"all small children already have the old person in themselves"
«όλα τα βρέφη έχουν ήδη θάνατο μέσα τους»
"all infants already have death in them"
«Όλοι οι άνθρωποι που πεθαίνουν έχουν την αιώνια ζωή»

"all dying people have the eternal life"
"Δεν μπορούμε να δούμε πόσο μακριά έχει ήδη προχωρήσει ένας άλλος στο δρόμο του"
"we can't see how far another one has already progressed on his path"
«Στον ληστή και τον τζογαδόρο, ο Βούδας περιμένει»
"in the robber and dice-gambler, the Buddha is waiting"
"Στο Μπράχμαν, ο ληστής περιμένει"
"in the Brahman, the robber is waiting"
"στο βαθύ διαλογισμό, υπάρχει η δυνατότητα να βάλεις το χρόνο εκτός ύπαρξης"
"in deep meditation, there is the possibility to put time out of existence"
"υπάρχει η δυνατότητα να δεις όλη τη ζωή ταυτόχρονα"
"there is the possibility to see all life simultaneously"
«Είναι δυνατό να δεις όλη τη ζωή που ήταν, είναι και θα είναι»
"it is possible to see all life which was, is, and will be"
"Και εκεί όλα είναι καλά, τέλεια και μπράχμαν"
"and there everything is good, perfect, and Brahman"
"Ως εκ τούτου, βλέπω ότι υπάρχει ως καλό"
"Therefore, I see whatever exists as good"
"Ο θάνατος είναι για μένα σαν ζωή"
"death is to me like life"
«Για μένα η αμαρτία είναι σαν την αγιότητα»
"to me sin is like holiness"
"Η σοφία μπορεί να είναι σαν την ανοησία"
"wisdom can be like foolishness"
«όλα πρέπει να είναι όπως είναι»
"everything has to be as it is"
«όλα απαιτούν μόνο τη συγκατάθεση και την προθυμία μου»
"everything only requires my consent and willingness"
«Το μόνο που απαιτεί η άποψή μου είναι η στοργική μου συμφωνία να είναι καλό για μένα»

"all that my view requires is my loving agreement to be good for me"
«Η άποψή μου δεν πρέπει να κάνει τίποτα άλλο παρά να δουλεύει προς όφελός μου»
"my view has to do nothing but work for my benefit"
«Και τότε η αντίληψή μου δεν μπορεί ποτέ να με βλάψει»
"and then my perception is unable to ever harm me"
«Έχω βιώσει ότι χρειαζόμουν πολύ την αμαρτία»
"I have experienced that I needed sin very much"
«Το έχω βιώσει στο σώμα και στην ψυχή μου»
"I have experienced this in my body and in my soul"
«Χρειαζόμουν τη λαγνεία, την επιθυμία για υπάρχοντα και τη ματαιοδοξία»
"I needed lust, the desire for possessions, and vanity"
"και χρειαζόμουν την πιο επαίσχυντη απόγνωση"
"and I needed the most shameful despair"
"για να μάθουμε πώς να εγκαταλείπουμε κάθε αντίσταση"
"in order to learn how to give up all resistance"
"για να μάθω πώς να αγαπάς τον κόσμο"
"in order to learn how to love the world"
"για να σταματήσω να συγκρίνω πράγματα με κάποιον κόσμο που ήθελα"
"in order to stop comparing things to some world I wished for"
«Φαντάστηκα κάποια τελειότητα που είχα φτιάξει»
"I imagined some kind of perfection I had made up"
"αλλά έχω μάθει να αφήνω τον κόσμο όπως είναι"
"but I have learned to leave the world as it is"
"Έμαθα να αγαπώ τον κόσμο όπως είναι"
"I have learned to love the world as it is"
"και έμαθα να απολαμβάνω να είμαι μέρος του"
"and I learned to enjoy being a part of it"
«Αυτές, ω Γκοβίντα, είναι μερικές από τις σκέψεις που έχουν έρθει στο μυαλό μου»

"These, oh Govinda, are some of the thoughts which have come into my mind"

Ο Σιντάρτα έσκυψε και σήκωσε μια πέτρα από το έδαφος
Siddhartha bent down and picked up a stone from the ground
ζύγισε την πέτρα στο χέρι του
he weighed the stone in his hand
«Αυτό εδώ», είπε παίζοντας με το βράχο, «είναι μια πέτρα»
"This here," he said playing with the rock, "is a stone"
«Αυτή η πέτρα, μετά από κάποιο χρονικό διάστημα, ίσως γίνει χώμα»
"this stone will, after a certain time, perhaps turn into soil"
«θα μετατραπεί από το έδαφος σε φυτό ή ζώο ή άνθρωπο»
"it will turn from soil into a plant or animal or human being"
"Στο παρελθόν, θα έλεγα ότι αυτή η πέτρα είναι απλώς μια πέτρα"
"In the past, I would have said this stone is just a stone"
«Μπορεί να έλεγα ότι δεν αξίζει»
"I might have said it is worthless"
"Θα σου έλεγα ότι αυτή η πέτρα ανήκει στον κόσμο των Μάγια"
"I would have told you this stone belongs to the world of the Maya"
"αλλά δεν θα είχα δει ότι έχει σημασία"
"but I wouldn't have seen that it has importance"
«Μπορεί να γίνει πνεύμα στον κύκλο των μεταμορφώσεων»
"it might be able to become a spirit in the cycle of transformations"
«επομένως του δίνω και εγώ σημασία»
"therefore I also grant it importance"
«Έτσι, ίσως θα σκεφτόμουν στο παρελθόν»
"Thus, I would perhaps have thought in the past"

«Αλλά σήμερα σκέφτομαι διαφορετικά για την πέτρα»
"But today I think differently about the stone"

"Αυτή η πέτρα είναι μια πέτρα, και είναι επίσης ζώο, θεός και Βούδας"
"this stone is a stone, and it is also animal, god, and Buddha"

«Δεν το λατρεύω και δεν το αγαπώ γιατί θα μπορούσε να μετατραπεί σε αυτό ή εκείνο»
"I do not venerate and love it because it could turn into this or that"

«Μου αρέσει γιατί είναι αυτά τα πράγματα»
"I love it because it is those things"

"Αυτή η πέτρα είναι ήδη τα πάντα"
"this stone is already everything"

«Μου φαίνεται τώρα και σήμερα σαν πέτρα»
"it appears to me now and today as a stone"

"γι' αυτό μου αρέσει αυτό"
"that is why I love this"

"γι' αυτό βλέπω αξία και σκοπό σε κάθε φλέβα και κοιλότητα του"
"that is why I see worth and purpose in each of its veins and cavities"

«Βλέπω αξία στο κίτρινο, το γκρι και τη σκληρότητά του»
"I see value in its yellow, gray, and hardness"

"Εκτιμούσα τον ήχο που κάνει όταν τον χτυπάω"
"I appreciated the sound it makes when I knock at it"

«Λατρεύω την ξηρότητα ή την υγρασία της επιφάνειάς του»
"I love the dryness or wetness of its surface"

"Υπάρχουν πέτρες που αισθάνονται σαν λάδι ή σαπούνι"
"There are stones which feel like oil or soap"

"και άλλες πέτρες έχουν σαν φύλλα ή άμμο"
"and other stones feel like leaves or sand"

"Και κάθε πέτρα είναι ξεχωριστή και προσεύχεται το Ομ με τον δικό της τρόπο"

"and every stone is special and prays the Om in its own way"
"Κάθε πέτρα είναι Μπράχμαν"
"each stone is Brahman"
"αλλά ταυτόχρονα, και εξίσου, είναι μια πέτρα"
"but simultaneously, and just as much, it is a stone"
"Είναι πέτρα ανεξάρτητα από το αν είναι λιπαρό ή ζουμερό"
"it is a stone regardless of whether it's oily or juicy"
"και γι' αυτό μου αρέσει και θεωρώ αυτή την πέτρα"
"and this why I like and regard this stone"
"είναι υπέροχο και άξιο λατρείας"
"it is wonderful and worthy of worship"
«Αλλά επιτρέψτε μου να μην μιλήσω άλλο για αυτό»
"But let me speak no more of this"
"Οι λέξεις δεν είναι καλές για να μεταδώσουν το μυστικό νόημα"
"words are not good for transmitting the secret meaning"
"Όλα πάντα γίνονται λίγο διαφορετικά, μόλις ειπωθούν με λέξεις"
"everything always becomes a bit different, as soon as it is put into words"
"όλα παραμορφώνονται λίγο με τις λέξεις"
"everything gets distorted a little by words"
"Και μετά η εξήγηση γίνεται λίγο ανόητη"
"and then the explanation becomes a bit silly"
"Ναι, και αυτό είναι επίσης πολύ καλό, και μου αρέσει πολύ"
"yes, and this is also very good, and I like it a lot"
«Συμφωνώ επίσης πολύ με αυτό»
"I also very much agree with this"
«Ο θησαυρός και η σοφία ενός ανθρώπου ακούγονται πάντα σαν ανοησία σε έναν άλλον»
"one man's treasure and wisdom always sounds like foolishness to another person"
Η Γκοβίντα άκουγε σιωπηλά τι έλεγε ο Σιντάρτα
Govinda listened silently to what Siddhartha was saying

έγινε μια παύση και η Γκοβίντα έκανε διστακτικά μια ερώτηση
there was a pause and Govinda hesitantly asked a question
«Γιατί μου το είπες αυτό για την πέτρα;»
"Why have you told me this about the stone?"
«Το έκανα χωρίς συγκεκριμένη πρόθεση»
"I did it without any specific intention"
"Ίσως αυτό που εννοούσα ήταν ότι μου αρέσει αυτή η πέτρα και το ποτάμι"
"perhaps what I meant was, that I love this stone and the river"
"και μου αρέσουν όλα αυτά τα πράγματα που κοιτάμε"
"and I love all these things we are looking at"
"και μπορούμε να μάθουμε από όλα αυτά τα πράγματα"
"and we can learn from all these things"
«Μπορώ να αγαπήσω μια πέτρα, Γκοβίντα»
"I can love a stone, Govinda"
"και μπορώ επίσης να αγαπήσω ένα δέντρο ή ένα κομμάτι φλοιού"
"and I can also love a tree or a piece of bark"
«Αυτά είναι πράγματα και τα πράγματα μπορούν να αγαπηθούν»
"These are things, and things can be loved"
"αλλά δεν μπορώ να αγαπήσω τα λόγια"
"but I cannot love words"
«Επομένως, οι διδασκαλίες δεν είναι καλές για μένα»
"therefore, teachings are no good for me"
"Οι διδασκαλίες δεν έχουν σκληρότητα, απαλότητα, χρώματα, άκρες, μυρωδιά ή γεύση"
"teachings have no hardness, softness, colours, edges, smell, or taste"
«Οι διδασκαλίες δεν έχουν παρά λόγια»
"teachings have nothing but words"
"Ίσως είναι τα λόγια που σε εμποδίζουν να βρεις ειρήνη"
"perhaps it is words which keep you from finding peace"
«γιατί η σωτηρία και η αρετή είναι απλά λόγια»

"because salvation and virtue are mere words"
«Η Σανσάρα και η Νιρβάνα είναι επίσης απλά λόγια, Γκοβίντα»
"Sansara and Nirvana are also just mere words, Govinda"
«Δεν υπάρχει κάτι που θα ήταν Νιρβάνα»
"there is no thing which would be Nirvana"
" Γι' αυτό το Nirvana είναι απλώς η λέξη"
"therefore Nirvana is just the word"
Ο Γκοβίντα αντιτάχθηκε: «Ο Νιρβάνα δεν είναι απλώς μια λέξη, φίλε μου»
Govinda objected, "Nirvana is not just a word, my friend"
«Ο Νιρβάνα είναι μια λέξη, αλλά και μια σκέψη»
"Nirvana is a word, but also it is a thought"
Ο Σιντάρτα συνέχισε, «μπορεί να είναι μια σκέψη»
Siddhartha continued, "it might be a thought"
«Πρέπει να ομολογήσω, δεν διακρίνω πολύ τις σκέψεις και τις λέξεις»
"I must confess, I don't differentiate much between thoughts and words"
"Για να είμαι ειλικρινής, δεν έχω επίσης υψηλή γνώμη για τις σκέψεις"
"to be honest, I also have no high opinion of thoughts"
«Έχω καλύτερη γνώμη για τα πράγματα παρά για τις σκέψεις»
"I have a better opinion of things than thoughts"
«Εδώ σε αυτό το ferry-boat, για παράδειγμα, ένας άντρας ήταν ο προκάτοχός μου»
"Here on this ferry-boat, for instance, a man has been my predecessor"
"Ήταν επίσης ένας από τους δασκάλους μου"
"he was also one of my teachers"
"ένας άγιος άνθρωπος, που για πολλά χρόνια απλά πίστευε στο ποτάμι"
"a holy man, who has for many years simply believed in the river"
«Και δεν πίστευε σε τίποτα άλλο»

"and he believed in nothing else"
«Είχε παρατηρήσει ότι του μίλησε το ποτάμι»
"He had noticed that the river spoke to him"
«Έμαθε από το ποτάμι»
"he learned from the river"
«Το ποτάμι τον μόρφωσε και τον δίδαξε»
"the river educated and taught him"
«Το ποτάμι του φαινόταν θεός»
"the river seemed to be a god to him"
«για πολλά χρόνια δεν ήξερε ότι όλα ήταν τόσο θεϊκά όσο το ποτάμι»
"for many years he did not know that everything was as divine as the river"
"ο άνεμος, κάθε σύννεφο, κάθε πουλί, κάθε σκαθάρι"
"the wind, every cloud, every bird, every beetle"
«Μπορούν να διδάξουν όσο το ποτάμι»
"they can teach just as much as the river"
«Αλλά όταν αυτός ο άγιος άνθρωπος πήγε στα δάση, ήξερε τα πάντα»
"But when this holy man went into the forests, he knew everything"
"ήξερε περισσότερα από εσένα και εμένα, χωρίς δασκάλους και βιβλία"
"he knew more than you and me, without teachers or books"
«ήξερε περισσότερα από εμάς μόνο επειδή πίστευε στο ποτάμι»
"he knew more than us only because he had believed in the river"

Η Γκοβίντα είχε ακόμα αμφιβολίες και ερωτήσεις
Govinda still had doubts and questions
«Αλλά είναι αυτό που ονομάζετε τα πράγματα στην πραγματικότητα κάτι αληθινό;»
"But is that what you call things actually something real?"
"Υπάρχουν αυτά τα πράγματα;"
"do these things have existence?"

"Δεν είναι απλώς μια εξαπάτηση των Μάγια"
"Isn't it just a deception of the Maya"
«Δεν είναι όλα αυτά μια εικόνα και μια ψευδαίσθηση;»
"aren't all these things an image and illusion?"
«Η πέτρα σου, το δέντρο σου, το ποτάμι σου»
"Your stone, your tree, your river"
«Είναι πράγματι πραγματικότητα;»
"are they actually a reality?"
«Κι αυτό», είπε ο Σιντάρθα, «δεν με ενδιαφέρει και πολύ»
"This too," spoke Siddhartha, "I do not care very much about"
«Ας είναι τα πράγματα ψευδαισθήσεις ή όχι»
"Let the things be illusions or not"
«Τελικά, τότε θα ήμουν κι εγώ μια ψευδαίσθηση»
"after all, I would then also be an illusion"
"και αν αυτά τα πράγματα είναι ψευδαισθήσεις, τότε είναι σαν εμένα"
"and if these things are illusions then they are like me"
«Αυτό είναι που τους κάνει τόσο αγαπητούς και άξιους σεβασμού για μένα»
"This is what makes them so dear and worthy of veneration for me"
«Αυτά τα πράγματα είναι σαν εμένα και έτσι μπορώ να τα αγαπήσω»
"these things are like me and that is how I can love them"
"Αυτή είναι μια διδασκαλία με την οποία θα γελάσετε"
"this is a teaching you will laugh about"
"Η αγάπη, ω Γκοβίντα, μου φαίνεται ότι είναι το πιο σημαντικό πράγμα από όλα"
"love, oh Govinda, seems to me to be the most important thing of all"
"Το να κατανοήσουν πλήρως τον κόσμο μπορεί να είναι αυτό που κάνουν οι μεγάλοι στοχαστές"
"to thoroughly understand the world may be what great thinkers do"
«εξηγούν τον κόσμο και τον περιφρονούν»
"they explain the world and despise it"

«Αλλά με ενδιαφέρει μόνο να μπορώ να αγαπήσω τον κόσμο»
"But I'm only interested in being able to love the world"
«Δεν με ενδιαφέρει να περιφρονήσω τον κόσμο»
"I am not interested in despising the world"
«Δεν θέλω να μισώ τον κόσμο»
"I don't want to hate the world"
"και δεν θέλω να με μισήσει ο κόσμος"
"and I don't want the world to hate me"
«Θέλω να μπορώ να βλέπω τον κόσμο και τον εαυτό μου με αγάπη»
"I want to be able to look upon the world and myself with love"
«Θέλω να βλέπω όλα τα όντα με θαυμασμό»
"I want to look upon all beings with admiration"
«Θέλω να έχω μεγάλο σεβασμό για τα πάντα»
"I want to have a great respect for everything"
«Αυτό καταλαβαίνω», είπε ο Γκοβίντα
"This I understand," spoke Govinda
«Αλλά αυτό ακριβώς το πράγμα ανακάλυψε ο εξυψωμένος ότι ήταν απάτη»
"But this very thing was discovered by the exalted one to be a deception"
«Προστάζει καλοσύνη, επιείκεια, συμπάθεια, ανεκτικότητα»
"He commands benevolence, clemency, sympathy, tolerance"
"αλλά δεν προστάζει αγάπη"
"but he does not command love"
«Μας απαγόρευσε να δέσουμε την καρδιά μας στην αγάπη με τα γήινα πράγματα»
"he forbade us to tie our heart in love to earthly things"
«Το ξέρω, Γκοβίντα», είπε ο Σιντάρθα και το χαμόγελό του έλαμψε χρυσαφί
"I know it, Govinda," said Siddhartha, and his smile shone golden

«Και ιδού, με αυτό είμαστε σωστοί στο σωρό των απόψεων»
"And behold, with this we are right in the thicket of opinions"
«Τώρα βρισκόμαστε στη διαμάχη για τα λόγια»
"now we are in the dispute about words"
"Γιατί δεν μπορώ να αρνηθώ, τα λόγια αγάπης μου είναι μια αντίφαση"
"For I cannot deny, my words of love are a contradiction"
"Φαίνεται να έρχονται σε αντίθεση με τα λόγια του Gotama"
"they seem to be in contradiction with Gotama's words"
«Για αυτόν ακριβώς τον λόγο, δεν εμπιστεύομαι τόσο πολύ τα λόγια»
"For this very reason, I distrust words so much"
"γιατί ξέρω ότι αυτή η αντίφαση είναι εξαπάτηση"
"because I know this contradiction is a deception"
"Ξέρω ότι συμφωνώ με τον Gotama"
"I know that I am in agreement with Gotama"
«Πώς θα μπορούσε να μην γνωρίζει την αγάπη όταν έχει ανακαλύψει όλα τα στοιχεία της ανθρώπινης ύπαρξης»
"How could he not know love when he has discovered all elements of human existence"
«ανακάλυψε την παροδικότητα και την ανούσια τους»
"he has discovered their transitoriness and their meaninglessness"
«Κι όμως αγαπούσε πολύ τους ανθρώπους»
"and yet he loved people very much"
«χρησιμοποίησε μια μακρά, επίπονη ζωή μόνο για να τους βοηθήσει και να τους διδάξει!»
"he used a long, laborious life only to help and teach them!"
«Ακόμα και με τον μεγάλο σου δάσκαλο, προτιμώ τα πράγματα από τα λόγια»
"Even with your great teacher, I prefer things over the words"
«Δίνω μεγαλύτερη σημασία στις πράξεις και τη ζωή του παρά στις ομιλίες του»

"I place more importance on his acts and life than on his speeches"
«Εκτιμώ τις χειρονομίες του χεριού του περισσότερο από τις απόψεις του»
"I value the gestures of his hand more than his opinions"
«Για μένα δεν υπήρχε τίποτα στον λόγο και τις σκέψεις του»
"for me there was nothing in his speech and thoughts"
«Βλέπω το μεγαλείο του μόνο στις πράξεις του και στη ζωή του»
"I see his greatness only in his actions and in his life"

Για πολλή ώρα οι δύο γέροι δεν είπαν τίποτα
For a long time, the two old men said nothing
Μετά μίλησε η Γκοβίντα, ενώ υποκλίθηκε για έναν αποχαιρετισμό
Then Govinda spoke, while bowing for a farewell
«Σε ευχαριστώ, Σιντάρτα, που μου είπες μερικές από τις σκέψεις σου»
"I thank you, Siddhartha, for telling me some of your thoughts"
«Αυτές οι σκέψεις είναι εν μέρει περίεργες για μένα»
"These thoughts are partially strange to me"
«Δεν μου έγιναν αμέσως κατανοητές όλες αυτές οι σκέψεις»
"not all of these thoughts have been instantly understandable to me"
"Όπως και να έχει, σας ευχαριστώ"
"This being as it may, I thank you"
"και σας εύχομαι να έχετε ήρεμες μέρες"
"and I wish you to have calm days"
Όμως κρυφά σκέφτηκε κάτι άλλο για τον εαυτό του
But secretly he thought something else to himself
"Αυτός ο Σιντάρτα είναι ένας παράξενος άνθρωπος"
"This Siddhartha is a bizarre person"
«εκφράζει περίεργες σκέψεις»

"he expresses bizarre thoughts"
«οι διδασκαλίες του ακούγονται ανόητες»
"his teachings sound foolish"
"Οι αγνές διδασκαλίες του εξυψωμένου ακούγονται πολύ διαφορετικές"
"the exalted one's pure teachings sound very different"
«αυτές οι διδασκαλίες είναι πιο σαφείς, πιο καθαρές, πιο κατανοητές»
"those teachings are clearer, purer, more comprehensible"
"Δεν υπάρχει τίποτα περίεργο, ανόητο ή ανόητο σε αυτές τις διδασκαλίες"
"there is nothing strange, foolish, or silly in those teachings"
«Αλλά τα χέρια του Σιντάρτα έμοιαζαν διαφορετικά από τις σκέψεις του»
"But Siddhartha's hands seemed different from his thoughts"
«Τα πόδια του, τα μάτια του, το μέτωπό του, η ανάσα του»
"his feet, his eyes, his forehead, his breath"
"Το χαμόγελό του, ο χαιρετισμός του, η βόλτα του"
"his smile, his greeting, his walk"
«Δεν έχω γνωρίσει άλλον άνθρωπο σαν αυτόν από τότε που ο Gotama έγινε ένα με τους Nirvana»
"I haven't met another man like him since Gotama became one with the Nirvana"
«από τότε δεν έχω νιώσει την παρουσία ενός ιερού ανθρώπου»
"since then I haven't felt the presence of a holy man"
«Έχω βρει μόνο τον Σιντάρθα, που είναι έτσι»
"I have only found Siddhartha, who is like this"
«Οι διδασκαλίες του μπορεί να είναι παράξενες και τα λόγια του μπορεί να ακούγονται ανόητα»
"his teachings may be strange and his words may sound foolish"
"αλλά η αγνότητα λάμπει από το βλέμμα και το χέρι του"
"but purity shines out of his gaze and hand"

"Το δέρμα και τα μαλλιά του ακτινοβολούν αγνότητα"
"his skin and his hair radiates purity"
"Η αγνότητα λάμπει από κάθε μέρος του"
"purity shines out of every part of him"
"μια ηρεμία, ευθυμία, πραότητα και αγιότητα λάμπει από αυτόν"
"a calmness, cheerfulness, mildness and holiness shines from him"
"κάτι που δεν έχω δει σε κανένα άλλο πρόσωπο"
"something which I have seen in no other person"
«Δεν το έχω δει από τον οριστικό θάνατο του εξαιρετικού μας δασκάλου»
"I have not seen it since the final death of our exalted teacher"
Ενώ ο Γκοβίντα σκεφτόταν έτσι, υπήρχε μια σύγκρουση στην καρδιά του
While Govinda thought like this, there was a conflict in his heart
υποκλίθηκε για άλλη μια φορά στον Σιντάρθα
he once again bowed to Siddhartha
ένιωθε ότι τον τραβούσε μπροστά η αγάπη
he felt he was drawn forward by love
υποκλίθηκε βαθιά σε αυτόν που καθόταν ήρεμα
he bowed deeply to him who was calmly sitting
«Σιντάρτα», είπε, «γίναμε γέροι»
"Siddhartha," he spoke, "we have become old men"
«Είναι απίθανο ο ένας από εμάς να ξαναδεί τον άλλον σε αυτή την ενσάρκωση»
"It is unlikely for one of us to see the other again in this incarnation"
«Βλέπω, αγαπημένη, ότι βρήκες την ειρήνη»
"I see, beloved, that you have found peace"
«Ομολογώ ότι δεν το βρήκα»
"I confess that I haven't found it"
«Πες μου, αξιότιμε, μια λέξη ακόμα»
"Tell me, oh honourable one, one more word"
«Δώσε μου κάτι στο δρόμο μου που μπορώ να πιάσω»

"give me something on my way which I can grasp"
"Δώσε μου κάτι που μπορώ να καταλάβω!"
"give me something which I can understand!"
«Δώσε μου κάτι που μπορώ να πάρω μαζί μου στο δρόμο μου»
"give me something I can take with me on my path"
"Το μονοπάτι μου είναι συχνά σκληρό και σκοτεινό, Σιντάρτα"
"my path is often hard and dark, Siddhartha"
Ο Σιντάρτα δεν είπε τίποτα και τον κοίταξε
Siddhartha said nothing and looked at him
τον κοίταξε με το πάντα αναλλοίωτο, ήσυχο χαμόγελό του
he looked at him with his ever unchanged, quiet smile
Η Γκοβίντα κοίταξε το πρόσωπό του με φόβο
Govinda stared at his face with fear
υπήρχε λαχτάρα και βάσανα στα μάτια του
there was yearning and suffering in his eyes
η αιώνια αναζήτηση φαινόταν στο βλέμμα του
the eternal search was visible in his look
μπορούσες να δεις την αιώνια ανικανότητά του να βρει
you could see his eternal inability to find
Ο Σιντάρτα το είδε και χαμογέλασε
Siddhartha saw it and smiled
"Σκύψε σε μένα!" ψιθύρισε ήσυχα στο αυτί της Γκοβίντα
"Bend down to me!" he whispered quietly in Govinda's ear
"Κάντε αυτό, και έλα ακόμα πιο κοντά!"
"Like this, and come even closer!"
«Φίλησέ μου το μέτωπο, Γκοβίντα!»
"Kiss my forehead, Govinda!"
Η Γκοβίντα έμεινε έκπληκτη, αλλά παρασύρθηκε από μεγάλη αγάπη και προσδοκία
Govinda was astonished, but drawn on by great love and expectation
υπάκουσε στα λόγια του και έσκυψε κοντά του
he obeyed his words and bent down closely to him

και άγγιξε το μέτωπό του με τα χείλη του
and he touched his forehead with his lips
όταν το έκανε αυτό, του συνέβη κάτι θαύμα
when he did this, something miraculous happened to him
οι σκέψεις του έμεναν ακόμα στα θαυμαστά λόγια του Σιντάρτα
his thoughts were still dwelling on Siddhartha's wondrous words
εξακολουθούσε να αγωνίζεται απρόθυμα να σκεφτεί τον χρόνο
he was still reluctantly struggling to think away time
προσπαθούσε ακόμα να φανταστεί τον Νιρβάνα και τη Σανσάρα σαν ένα
he was still trying to imagine Nirvana and Sansara as one
υπήρχε ακόμα μια κάποια περιφρόνηση για τα λόγια του φίλου του
there was still a certain contempt for the words of his friend
αυτά τα λόγια πάλευαν ακόμα μέσα του
those words were still fighting in him
αυτά τα λόγια εξακολουθούσαν να πολεμούν ενάντια σε μια απέραντη αγάπη και σεβασμό
those words were still fighting against an immense love and veneration
και σε όλες αυτές τις σκέψεις του συνέβη κάτι άλλο
and during all these thoughts, something else happened to him
Δεν έβλεπε πια το πρόσωπο του φίλου του Σιντάρθα
He no longer saw the face of his friend Siddhartha
αντί για το πρόσωπο του Σιντάρτα, είδε άλλα πρόσωπα
instead of Siddhartha's face, he saw other faces
είδε μια μακρά σειρά προσώπων
he saw a long sequence of faces
είδε ένα ποτάμι από πρόσωπα που κυλούσε
he saw a flowing river of faces
εκατοντάδες και χιλιάδες πρόσωπα, που όλα ήρθαν και εξαφανίστηκαν

hundreds and thousands of faces, which all came and disappeared
κι όμως όλοι έμοιαζαν να είναι εκεί ταυτόχρονα
and yet they all seemed to be there simultaneously
άλλαζαν και ανανεώνονταν συνεχώς
they constantly changed and renewed themselves
ήταν ο εαυτός τους και ήταν ακόμα όλοι το πρόσωπο του Σιντάρτα
they were themselves and they were still all Siddhartha's face
είδε το πρόσωπο ενός ψαριού με απείρως οδυνηρά ανοιχτό στόμα
he saw the face of a fish with an infinitely painfully opened mouth
το πρόσωπο ενός ψαριού που πεθαίνει, με μάτια που ξεθωριάζουν
the face of a dying fish, with fading eyes
είδε το πρόσωπο ενός νεογέννητου παιδιού, κόκκινο και γεμάτο ρυτίδες
he saw the face of a new-born child, red and full of wrinkles
παραμορφώθηκε από το κλάμα
it was distorted from crying
είδε το πρόσωπο ενός δολοφόνου
he saw the face of a murderer
τον είδε να βάζει ένα μαχαίρι στο σώμα άλλου ατόμου
he saw him plunging a knife into the body of another person
είδε, την ίδια στιγμή, αυτόν τον εγκληματία σε σκλαβιά
he saw, in the same moment, this criminal in bondage
τον είδε να γονατίζει μπροστά σε ένα πλήθος
he saw him kneeling before a crowd
και είδε να του κόβει το κεφάλι ο δήμιος
and he saw his head being chopped off by the executioner
είδε σώματα ανδρών και γυναικών
he saw the bodies of men and women
ήταν γυμνοί σε στάσεις και κράμπες ξέφρενης αγάπης
they were naked in positions and cramps of frenzied love
είδε πτώματα απλωμένα, ακίνητα, κρύα, κενά

he saw corpses stretched out, motionless, cold, void
είδε κεφάλια ζώων
he saw the heads of animals
κεφάλια κάπρων, κροκοδείλων και ελεφάντων
heads of boars, of crocodiles, and of elephants
είδε κεφάλια ταύρων και πουλιών
he saw the heads of bulls and of birds
είδε θεούς. Κρίσνα και Άγκνι
he saw gods; Krishna and Agni
είδε όλες αυτές τις φιγούρες και τα πρόσωπα σε χίλιες σχέσεις μεταξύ τους
he saw all of these figures and faces in a thousand relationships with one another
κάθε φιγούρα βοηθούσε την άλλη
each figure was helping the other
κάθε φιγούρα αγαπούσε τη σχέση τους
each figure was loving their relationship
κάθε φιγούρα μισούσε τη σχέση τους, την κατέστρεφε
each figure was hating their relationship, destroying it
και κάθε φιγούρα ξαναγεννούσε τη σχέση τους
and each figure was giving re-birth to their relationship
κάθε φιγούρα ήταν μια θέληση για θάνατο
each figure was a will to die
ήταν παθιασμένα επώδυνες ομολογίες παροδικότητας
they were passionately painful confessions of transitoriness
και όμως κανένας από αυτούς δεν πέθανε, ο καθένας μόνο μεταμορφώθηκε
and yet none of them died, each one only transformed
πάντα ξαναγεννιόντουσαν και έπαιρναν όλο και περισσότερα νέα πρόσωπα
they were always reborn and received more and more new faces
δεν πέρασε χρόνος ανάμεσα στο ένα πρόσωπο και στο άλλο
no time passed between the one face and the other
όλες αυτές οι φιγούρες και τα πρόσωπα ξεκουράστηκαν

all of these figures and faces rested
έρεαν και δημιουργήθηκαν οι ίδιοι
they flowed and generated themselves
επέπλεαν κατά μήκος και συγχωνεύτηκαν μεταξύ τους
they floated along and merged with each other
και ήταν όλα διαρκώς καλυμμένα από κάτι λεπτό
and they were all constantly covered by something thin
δεν είχαν δική τους ατομικότητα
they had no individuality of their own
αλλά παρόλα αυτά υπήρχαν
but yet they were existing
ήταν σαν ένα λεπτό ποτήρι ή πάγο
they were like a thin glass or ice
ήταν σαν διάφανο δέρμα
they were like a transparent skin
ήταν σαν κοχύλι ή καλούπι ή μάσκα νερού
they were like a shell or mould or mask of water
και αυτή η μάσκα χαμογελούσε
and this mask was smiling
και αυτή η μάσκα ήταν το χαμογελαστό πρόσωπο του Σιντάρτα
and this mask was Siddhartha's smiling face
τη μάσκα που άγγιζε ο Γκοβίντα με τα χείλη του
the mask which Govinda was touching with his lips
Και ο Γκοβίντα το είδε έτσι
And, Govinda saw it like this
το χαμόγελο της μάσκας
the smile of the mask
το χαμόγελο της ενότητας πάνω από τις ρέουσες μορφές
the smile of oneness above the flowing forms
το χαμόγελο της ταυτόχρονης πάνω από τις χίλιες γεννήσεις και θανάτους
the smile of simultaneousness above the thousand births and deaths
το χαμόγελο του Σιντάρτα ήταν ακριβώς το ίδιο

the smile of Siddhartha's was precisely the same
Το χαμόγελο του Σιντάρτα ήταν το ίδιο με το ήσυχο χαμόγελο του Γκοτάμα, του Βούδα
Siddhartha's smile was the same as the quiet smile of Gotama, the Buddha
ήταν λεπτό και αδιαπέραστο χαμόγελο
it was delicate and impenetrable smile
ίσως ήταν καλοπροαίρετο και χλευαστικό και σοφό
perhaps it was benevolent and mocking, and wise
το χιλιοειπωμένο χαμόγελο του Γκοτάμα, του Βούδα
the thousand-fold smile of Gotama, the Buddha
όπως το είχε δει ο ίδιος με μεγάλο σεβασμό εκατό φορές
as he had seen it himself with great respect a hundred times
Κάπως έτσι, ήξερε η Γκοβίντα, οι τελειοποιημένοι χαμογελούν
Like this, Govinda knew, the perfected ones are smiling
δεν ήξερε πια αν υπήρχε χρόνος
he did not know anymore whether time existed
δεν ήξερε αν το όραμα είχε κρατήσει ένα δευτερόλεπτο ή εκατό χρόνια
he did not know whether the vision had lasted a second or a hundred years
δεν ήξερε αν υπήρχε ένας Σιντάρτα ή ένας Γκοτάμα
he did not know whether a Siddhartha or a Gotama existed
δεν ήξερε αν υπήρχε ένα εγώ ή ένα εσύ
he did not know if a me or a you existed
ένιωθε μέσα του σαν να είχε πληγωθεί από θεϊκό βέλος
he felt in his as if he had been wounded by a divine arrow
το βέλος διαπέρασε τον εσώτερο εαυτό του
the arrow pierced his innermost self
ο τραυματισμός του θεϊκού βέλους είχε γλυκιά γεύση
the injury of the divine arrow tasted sweet
Ο Γκοβίντα μαγεύτηκε και διαλύθηκε στον εσώτερο εαυτό του
Govinda was enchanted and dissolved in his innermost self
έμεινε για λίγο ακίνητος

he stood still for a little while
έσκυψε πάνω από το ήσυχο πρόσωπο της Σιντάρθα, που μόλις είχε φιλήσει
he bent over Siddhartha's quiet face, which he had just kissed
το πρόσωπο στο οποίο μόλις είχε δει τη σκηνή όλων των εκδηλώσεων
the face in which he had just seen the scene of all manifestations
το πρόσωπο όλων των μεταμορφώσεων και κάθε ύπαρξης
the face of all transformations and all existence
το πρόσωπο που κοιτούσε ήταν αναλλοίωτο
the face he was looking at was unchanged
κάτω από την επιφάνειά του, το βάθος των χιλίων πτυχών είχε κλείσει ξανά
under its surface, the depth of the thousand folds had closed up again
χαμογέλασε σιωπηλά, ήσυχα και απαλά
he smiled silently, quietly, and softly
ίσως χαμογέλασε πολύ καλοπροαίρετα και κοροϊδευτικά
perhaps he smiled very benevolently and mockingly
ακριβώς έτσι χαμογέλασε ο εξυψωμένος
precisely this was how the exalted one smiled
Βαθιά, ο Γκοβίντα υποκλίθηκε στον Σιντάρτα
Deeply, Govinda bowed to Siddhartha
δάκρυα για τα οποία δεν ήξερε τίποτα κύλησαν στο γερασμένο πρόσωπό του
tears he knew nothing of ran down his old face
τα δάκρυά του έκαιγαν σαν φωτιά της πιο οικείας αγάπης
his tears burned like a fire of the most intimate love
ένιωσε την πιο ταπεινή σεβασμό στην καρδιά του
he felt the humblest veneration in his heart
Βαθιά, έσκυψε, αγγίζοντας το έδαφος
Deeply, he bowed, touching the ground

**υποκλίθηκε μπροστά σε αυτόν που καθόταν ακίνητος**
he bowed before him who was sitting motionlessly

**το χαμόγελό του του θύμισε όλα όσα είχε αγαπήσει στη ζωή του**
his smile reminded him of everything he had ever loved in his life

**το χαμόγελό του του θύμιζε όλα όσα στη ζωή του έβρισκε πολύτιμα και ιερά**
his smile reminded him of everything in his life that he found valuable and holy

www.ingramcontent.com/pod-product-compliance
Lightning Source LLC
Chambersburg PA
CBHW012001090526
44590CB00026B/3814